博士生导师学术文库

A Library of Academics by
Ph.D.Supervisors

《道德经》新识
及其生态文明启示

———— · ————

钟茂初 著

光明日报出版社

图书在版编目（CIP）数据

《道德经》新识及其生态文明启示 / 钟茂初著 .-- 北京：光明日报出版社，2019.5

（博士生导师学术文库）

ISBN 978 - 7 - 5194 - 5339 - 8

Ⅰ. ①道… Ⅱ. ①钟… Ⅲ. ①《道德经》—生态学—研究 Ⅳ. ① B223.15

中国版本图书馆 CIP 数据核字（2019）第 093589 号

《道德经》新识及其生态文明启示

《DAODEJING》XINSHI JIQI SHENGTAI WENMING QISHI

著　　者：钟茂初

责任编辑：宋　悦　　　　　　　责任校对：赵鸣鸣
封面设计：一站出版网　　　　　责任印制：曹　净

出版发行：光明日报出版社
地　　址：北京市西城区永安路 106 号，100050
电　　话：010-63169890（咨询），63131930(邮购)
传　　真：010-63169890
网　　址：http://book.gmw.cn
E - mail：songyue@gmw.cn
法律顾问：北京德恒律师事务所龚柳方律师，电话：010-67019571

印　　刷：三河市华东印刷有限公司
装　　订：三河市华东印刷有限公司
本书如有破损、缺页、装订错误，请与本社联系调换

开　　本：170mm×240mm
字　　数：319 千字　　　　　　印　　张：21.5
版　　次：2020 年 1 月第 1 版　　印　　次：2020 年 1 月第 1 次印刷
书　　号：ISBN 978 - 7 - 5194 - 5339 - 8

定　　价：95.00 元

目　录
CONTENTS

导　论·· 1

第一章·· 13

第二章·· 20

第三章·· 25

第四章·· 30

第五章·· 33

第六章·· 37

第七章·· 39

第八章·· 42

第九章·· 45

第十章·· 47

第十一章··· 51

第十二章··· 54

第十三章··· 57

第十四章··· 60

第十五章··· 64

第十六章··· 68

第十七章···71

第十八章···74

第十九章···77

第二十章···81

第二十一章···84

第二十二章···87

第二十三章···91

第二十四章···94

第二十五章···97

第二十六章··100

第二十七章··102

第二十八章··105

第二十九章··109

第三十章··111

第三十一章··115

第三十二章··119

第三十三章··122

第三十四章··124

第三十五章··127

第三十六章··129

第三十七章··132

第三十八章··135

第三十九章··142

第四十章··146

第四十一章··149

第四十二章··153

第四十三章··156

第四十四章··159

第四十五章……………………………………………………161

第四十六章……………………………………………………163

第四十七章……………………………………………………165

第四十八章……………………………………………………169

第四十九章……………………………………………………172

第五十章………………………………………………………175

第五十一章……………………………………………………178

第五十二章……………………………………………………181

第五十三章……………………………………………………184

第五十四章……………………………………………………186

第五十五章……………………………………………………189

第五十六章……………………………………………………192

第五十七章……………………………………………………195

第五十八章……………………………………………………198

第五十九章……………………………………………………201

第六十章………………………………………………………203

第六十一章……………………………………………………206

第六十二章……………………………………………………209

第六十三章……………………………………………………212

第六十四章……………………………………………………215

第六十五章……………………………………………………219

第六十六章……………………………………………………222

第六十七章……………………………………………………224

第六十八章……………………………………………………229

第六十九章……………………………………………………233

第七十章………………………………………………………236

第七十一章……………………………………………………239

第七十二章……………………………………………………242

第七十三章 ……………………………………………………… 245

第七十四章 ……………………………………………………… 248

第七十五章 ……………………………………………………… 251

第七十六章 ……………………………………………………… 254

第七十七章 ……………………………………………………… 257

第七十八章 ……………………………………………………… 260

第七十九章 ……………………………………………………… 263

第八十章 ………………………………………………………… 265

第八十一章 ……………………………………………………… 268

附录一 《道德经》哲理的白话梗概 …………………………… 271

附录二 《道德经》各章的核心概念及逻辑关系 ……………… 293

附录三 《道德经》构建的道—德—仁—义—礼递进关系 …… 300

附录四 《道德经》关键词索引及新识 ………………………… 312

参考文献 ………………………………………………………… 327

后　记 …………………………………………………………… 329

导　论

　　2000多年前的《道德经》思想与当今时代的生态文明思想、可持续发展思想有联系吗？有！《道德经》是一个关于认识自然、认识人类与自然的关系、认识人类社会与自然世界关系的哲学思想体系；当今时代的生态文明思想、可持续发展思想，则是关注人类赖以生存的自然生态系统的可持续性、关注人类与自然生态系统的关系、关注人类社会行为对于自然生态系统的影响。两者对人类与自然系统的良性或异化关系的深切关怀，使得两者之间有着天然的相通性。2000多年前的智者已经深刻地意识到的人类行为与自然关系的异化问题，通过2000多年的经济社会发展，从问题的初发端倪转化为无处不在、无时不在的显现。古人深邃智慧已经意识到了的问题，不妨从古人所给出的方法中寻求其解决思路。再者，当今时代面对着前所未有的生态环境问题，或许已是"不识庐山真面目，只缘身在此山中"，更应从古人局外的视角来审视这一问题。从《道德经》之中寻求问题成因的认识启示、解决路径的认识启示，自然是生态文明认识、可持续发展认识的应有之义。这是本书写作的初始动因。如何读懂和理解《道德经》的原本意涵，则是写作本书的另一动因。从以下几方面说明本书作者的基本认识和基本思路。

一、《道德经》的逻辑体系

　　本书作者认为，《道德经》是以"道法自然"为公理性假设的哲学体系。

《道德经》全篇主要论述了以下四方面的问题。

其一，什么是"道"？"道"是宇宙世界、天下万物运行的规律，也是自然而然的客观存在。这些规律和存在，也以一定的形式体现在社会系统之中。

其二，如何来认识"道"的本质特征？也就是，采用什么样的方式方法能够深刻地认识自然世界的微观本质和宏观运行规律？

其三，如何在现实行为中遵从和践行"道"及其基本准则？"德"就是"遵循'道'之准则的行为及效果"。

其四，如何认识并纠正现实中违反自然规律的人为行为，即纠正"不道""道废"行为。

二、如何更为准确地理解《道德经》的内涵

过往诸多解读《道德经》的注家，较少关注全篇章节之间、同章上下文的内在逻辑联系，无视全篇类同文字释义的一致性；忽略了全书的主旨；忽视《道德经》在行文过程中的思维逻辑性。所以，本书作者提出，要准确地理解《道德经》的内涵，须把握以下几个原则。

其一，《道德经》之中，有若干个专有哲学字词，如：道、德、无、有、朴……在阅读理解《道德经》的具体词句时，对于这些字词，首先要把它作为专有哲学名词来看待，而不可简单地以一个普通的汉语字词来理解其含义。如，对于"无为"的理解，首先要把"无"作为专有哲学名词来看待，其含义是"符合'道'的事物"，所以，"无为"的哲学含义是"符合'道'的行为"，不可把"无"当作简单的否定词语，而把"无为"解释为"不作为"。由此可知，"无为而无不为"的哲学含义是：既要坚持符合"道"的"为"，也要坚持符合"道"的"不为"。

其二，在阅读和理解《道德经》时，首先要把《道德经》作为一部有严密逻辑的哲学著作来看待。同一章上下文之间，必定存在较严谨的逻辑关系，一般不会出现前后文无逻辑的语句。当用固有的认识来理解而发现逻辑无关的语句时，应反思某些字词的语义是否理解正确。如，"治大国若烹小鲜"，该章后文的文字均论及鬼神，与该句毫无关联性。反过来

思考，就会发现传统认识对"烹"字的理解有误，合理的解释应当是与鬼神相关的"祭享"。因此，该章所论述的内容，也是以祭祀相关问题来类比自然统摄问题、社会治理问题，而不是以烹饪相关问题来类比社会治理问题。

其三，在阅读和理解《道德经》时，要认识到《道德经》所阐述哲学思想的基本表述方式。《道德经》同时论述了关于自然宇宙观、社会系统思想、认识规律的方法论。在论述过程中，其对三方面的问题，是采取"互训"的方式，即，既通过比拟自然世界的现象来阐释社会系统的规律，也通过比拟社会系统中的现象来阐释自然世界的规律；既借鉴认识自然规律的方法作为认识社会规律的方法，也借鉴认识社会规律的方法作为认识自然规律的方法。对于一些具体事例的表述，应理解其是以具体事例来阐释其哲学思想，不应简单地理解为老子的具体实践主张，如对"小国寡民……使民复结绳而用之。甘其食，美其服，安其居，乐其俗。邻国相望，鸡犬之声相闻，民至老死不相往来"的理解。

其四，每一章，其主旨是论述宇宙观，还是论述方法论，还是论述社会系统，还是论述个人修为，应先行判定。不应在同一章兼而论述多种问题。《道德经》阐述的是哲学思想，而不是某一具体学科的理论认识，所以，不可生搬硬套地当作具体学科的具体观点来阐释。但可以采用其哲学思想去阐释各学科的问题，这不是《道德经》本身的内容，而是对《道德经》哲学思想的运用。

其五，在阅读和理解《道德经》时，不可陷入"以儒解老"的思维窠臼，即，不可自觉不自觉地采用司空见惯的儒家解释，尤其不可以当下流行的所谓"心灵鸡汤"的语义来牵强地阐释。在部分内容的表述方面，《道德经》的文字表述与儒家思想的表述有近似的地方。但是，一定要认识到《道德经》的哲学思想与儒家的哲学思想是"泾渭分明"的，所以，解读《道德经》的词句意涵，要从道家的基本哲学思想出发，而不能采用儒家思想来阐释。例如，《道德经》第四十九章，"圣人无常心，以百姓心为心"，不可用儒家的"民本"思想来阐释。从道家的基本哲学思想来理解的话，应当解读为：以"道"治理社会的统治者，并没有固化其社会方向，而是具有因应百姓意向的机制，对于顺应"道"的意向，有其相应的因应机制，对于未顺应"道"的意向，也有其相应的因应机制，这些机制的目标都是符合"道"的原则，也具有使相应群体意向转向顺应"道"的方向的促进作用。

其六，在阅读和理解《道德经》时，不可陷入"以玄虚解老""以道士解老"的思维定式，即，不可沿用某些故弄玄虚的解释。如，第七十一章"知不知，上"，有的版本解释为"明明知道却以为不知道，是真正的高明"；再如，第三十六章"将欲歙之，必固张之。将欲弱之，必固强之。将欲废之，必固兴之。将欲夺之，必固与之"，有的版本解释为这是老子的后发制人策略；再如，第四十一章的"大象无形"等，众多释本都作了"虚玄"的阐释。这些都不符合《道德经》的哲学思想，《道德经》的哲学思维是非常朴素的，那种"虚玄"的阐释是不符合《道德经》本意的。在阅读和理解《道德经》时，也不可陷入"以庄解老"的思维定式。尽管一般把老子和庄子统称为老庄道学，但是老子与庄子还是有很大的区别。至少在论述问题和观点之时，庄子往往把事理推向极端情形，而老子很少作这样的表述。

其七，读《道德经》时，不可陷入"以今解老""以西解老"的思维定式，尤其是不可"以辩证论解老"。对于其中的一些用词，不可用现代人的褒义词、贬义词标准去理解，其实老子使用这些词语是中性的，其只是对所论述对象特征的描述，并不包含明确的价值判断。

三、更为准确地读懂《道德经》的语文问题

过往诸多解读《道德经》的注家，往往忽视作品语文（句式、主语、宾语、使动等）的逻辑性和一致性。所以，本书作者还提出，读《道德经》，还应注意以下语文问题。

其一，在阅读和理解《道德经》时，对于任何字词，首先要用《道德经》成文时期的汉语词义去理解，而不可以中古时期乃至于现代汉语词义来理解。如，"自然"这个词语，切不可简单地等同于现代语境下的"大自然"，更准确的含义是"自然而然"或"自来如此"，相当于现代科学理

论中的"公理"，亦即指，在人类认识的时空极限尺度范围内是稳定不变的"规律"。例如，"道法自然"，准确的含义应当是"'道'就是'自然而然'"，而不可简单地理解为"'道'遵从于大自然"。

其二，各章如果使用了同一概念，那么，其概念内涵应当是一致的。不应出现各章对同一概念指称不同的情形。

其三，同一章的行为主体应一致。即，"释译"过程中，首先要确定"主语"是谁，不可轻易调换"主语"。在阅读和理解《道德经》时，要准确地判断该句的主语是什么。如果主语理解错了，那么，整体的意涵可能就是完全相反的。《道德经》各章的主语，主要有五个：一是"万物""天下"，二是拟人化的"道"（"我"），三是《道德经》作者（"吾"），四是"圣人"，五是"民"。

其四，同一章的各句之间必须有逻辑联系，即，"释译"过程中，不应出现逻辑跳跃的语句。特别要考虑到"排比句"逻辑顺序的连贯性，有些排比句是并列的关系，有些排比句则是递进的关系。

其五，每一语句，宜逐字探其本义，以后世所用之双音或多音词语来理解，极易产生歧义。因为先秦老子之时，多为单音之词。某一字词，在当时的一般释义是什么，可比照同时期其他文献同一字词的释义。例如，"道可道，非常道"句中第二个"道"和第三个"道"，通行释义为"言说"。但是，《论语》《离骚》等先秦的文献之中，未见"道"作"言说"的例子。可见，"道可道，非常道"的通行释义是不准确的，更合理的释义是："道"是可以践行的，但不是那种可以完全规范化的践行方式。

其六，在阅读和理解《道德经》时，要理解其行文的方式。如，对于一些排比句，前面几句主要是"起兴"，主要是为了引出最后落脚的哲学观点。所以，对于作起兴之用的语句，理解其大意即可，没有必要深度解读。解读重点要放在其最终落脚的语句上，也就是放在阐述其核心观点的语句上。当然，读懂那些起辅助性作用的语句，对于更好地理解核心观点也有重要的启发作用。

其七，《道德经》与成文时期的其他哲学文献和哲学思想，有着可比照的关联关系，特别是《易》。《道德经》与《易》类同的字句，应当尽可能地寻找其相通的释义。再者,《黄帝内经》中的一些类同字句,也应寻求其关联性。尽管《黄帝内经》成书于稍晚时期,但其内容和思想甚至部分字句,都可合理推论为《道德经》长期流传而来的。

四、"通行本"、马王堆"帛书本"、郭店"楚简本"相互参照的问题

如何看待"通行本"、马王堆"帛书本"、郭店"楚简本"的关系?假定有一"老子原本",那么,这四者之间是什么样的关系?本书作者对此有如下认识。

其一,"通行本"成书时代较晚,显然,根据当时的思想认识、当时文字流传的含义变化,特别是当时的一些"避讳",对"老子原本"做了相应的修改,有些字词的增改只是为修辞考量而为。但是,这种修改只是基于修订者对于"老子原本"的认识,并不是如后世明太祖删《孟子》、清高宗删修《四库全书》那样有极强的政治目的。

其二,"通行本"、马王堆"帛书本"、郭店"楚简本",虽然存在着时代的先后,但逻辑上并不能完备地证明时代越早的版本,就越接近"老子原本"。也不能证明时代越早的版本删改就越少,时代越晚的版本删改就越多。以"天下万物生于有,有生于无"句为例,郭店"楚简本"作"天下万物生于有,生于无",到底哪一版本有错讹,从逻辑上无从判断。两者的含义,到底有没有本质性的差异,其实也无从判断。所以,三种版本之间,只具有相互参照的价值,而不具有哪一版本更权威的意义。

其三,"通行本"较之其他版本,具有较严密的体系性,这种"体系性"极有可能是在"老子原本"流传到"通行本"的历史过程中,不断完善而形成的。即使加入了基于体系逻辑性的编辑、基于体系完整性的增益、基于各时代新认识的修正、基于语言文字变化的词语替换、基于文体句式变化的修改,但其基本哲学思想是一以贯之的,并没有发生显著的变化。退一万步讲,即使"通行本"与"老子原本"的思想有着极大的变化,我们也可以把"通行本"当作起源于"老子原本"而成熟于"通行本"的中国哲学经典吧?为什么一定要先验地认定"老子原本"才是经典,而"通行

本"就不可能是经典呢？或许可以用一个不甚贴切的例子来比拟，《三国志》是经典，丝毫不影响本于《三国志》而内容又有所"篡改"的《三国演义》也成为经典。所以，综合而言，我们不应很极端地批判"通行本"是对"老子原本"的篡改，是对老子伟大哲学思想的篡改。那样，其实是以后世的"小人之心"度先人的"君子之腹"。本书作者对于古本与通行本关系的基本看法是：通行本的整理者，只是按照当时的文字、语言习惯，对原本作了适当的"翻译"和"修订"，以便于时人的阅读和理解，并无恶性的刻意篡改。其中，难免有因理解上的歧义而导致错讹的改动和增删，但都是在"容错"的范围之内。

五、本书对《道德经》的新认识若干例举

本书基于上述读解《道德经》的基本准则，力图得出若干"《道德经》新识"。本书相较于诸多注家，有哪些新认识？兹将本书的若干新认识例举如下。

1. "道可道，非常道"的含义是，"道"是可认知、可践行的，但不是那种可以完全清晰刻画的认知方式，也不是那种可亦步亦趋的践行路径。

2. "虚其心，实其腹；弱其志，强其骨"的含义是，一个社会系统，也和人体系统一样，要使系统的"整体状态"归于平衡，就要使"社会系统"的各构成因素正常地发挥其功能，避免局部因素过当或不足。

3. "塞其兑，闭其门，挫其锐，解其纷，和其光，同其尘"的含义是，要将外在强加于自然事物的内容摒除，回复到自然事物的本真状态，才能够认识到自然事物的本质。让它被强化的欢愉回归到平常状态，让它被强化的智能回归到平常状态，让它被强化的声调回归到平常状态，让它被约束的纷乱回归到平常状态，让它被强化的光芒回归到平常状态，让它被强化的独特性回归到平常状态。所见之世界就是其初始状态。

4. "天地不仁，以万物为刍狗"的含义是，天地对于万物之生命是重视的，赋予万物各自旺盛的生命力。但是，天地对于万物的成长生灭，是任其自生自成的，不会施加特定的影响。

5. "谷神不死"的含义是，"谷""神""不死"，是天地万物繁衍的三

个基本条件，"谷"是适合繁衍之域，"神"是能够孕育成长的"种子"，"不死"是能够完全传承的"遗传性"。

6. "希言自然"的含义是，"希"（稀疏的规制）是宇宙世界自然而然统摄万物的重要特征。

7. "轻则失本，躁则失君"的含义是，偏好风险，就会失去确定性而失去根本；总是大起大落，就会失去稳定而远离根本目标。"重为轻根，静为躁君"的含义是，任何系统，都以确定性的稳态为其根本，以不确定性的、非收敛的状态为防范。

8. "夫兵者，不祥之器，物或恶之，故有道者不处"的含义是，战争之类的强力手段用于解决问题，预期后果是不确定的、高风险的，综合考虑可能的关联影响、长远影响、反馈影响，其预期的风险损失大于风险收益，所以，理性的行为者通常不会选择这一手段作为常规手段。

9. "朴虽小，天下莫能臣。侯王若能守之"的含义是，"朴"是使事物收敛的内在机制，万物都无法摆脱或改变这一内在机制。社会系统的统治者如果对"道"有认知的话，也会遵从这一机制。

10. "无为而无不为"的含义是，遵循"道"的"为"，同时也遵循"道"的"不为"。

11. "上德无为而无以为，下德为之而有以为。上仁为之而无以为，上义为之而有以为，上礼为之而莫之应"的含义是，上德，完全遵循"道"的行为，且这个行为对"道"的遵从是内化于心的自主行为，并非刻意而为；下德，完全遵循"道"而决定其行为，但这个行为对"道"的遵从是刻意而为，尚未内化于心；上仁，意愿上是遵循"道"规则而行为，但在行为过程中无意中加入了"公平""仁爱"等其他的自身价值，尽管从具体相关者角度而言是"良善"的，但对于整体而言未必是合理的；上义，与上仁的行为基本类似，但是这个行为是刻意将自身价值强加于"道"规则之上；上礼，行为并不以"道"规则为主要遵循，而是以话语权大的部分群体的价值来规定，并采取具有一定强制力的方式予以推行。即，人类行为中不断加入自身的价值判断和行为规定性，使得"顺应自然"准则被逐步异化，导致以"顺应自然"为根本的"道""德"行为准则，逐步异化为以"人为规定"为主的行为规范"仁""义""礼"。

12. "反者道之动，弱者道之用"的含义是，系统必须能够循环往复，才标志着系统的稳态；保证系统的稳态，是"道"的功用为世间万物所取用的前提条件和约束条件；利用"道"的功用之"创生物"，更是受制于这一约束。

13. "故物或损之而益，或益之而损……强梁者不得其死"的含义是，"乾卦"只有阳没有阴，一般来说是不吉祥的卦象。每一个卦，不吉祥的，只要稍微有所变化，就有可能转化为吉祥的；吉祥的，如果稍微有所变化，也可能转化为不吉祥。正因为有这样的机理，所以，"乾卦"这种只有阳没有阴的极端情形也不会走入绝境。

14. "天下有道，却走马以粪。天下无道，戎马生于郊"的含义是，社会运行符合"道"的话，人们则知足而不贪，即使有好马也不愿用于奔驰远方；反之，社会运行不符合"道"的话，人们则贪而不知足，即使是西域的好马也会想方设法地获得。

15. "祸兮，福之所倚；福兮，祸之所伏。孰知其极？"的含义是，行为过程中，不要过多地去评判最终是福是祸，一要认识到其不确定性，二要对于可能的走向都有所预防以防走向极端。

16. "治大国若烹小鲜"的含义是，君主治理大国，就如同祭献神祇，并不需要特别隆重的祭献，发自内心真诚的祭献才是最重要的。

17. "合抱之木，生于毫末；九层之台，起于累土；千里之行，始于足下。为者败之，执者失之"的含义是，"木"之能够成材，"台"之能够成层，"行"之能够积千里，都是因为在整个过程之中始终坚持不轻易地份外"作为"。

18. "以其不争，故天下莫能与之争"的含义是，圣人追求的是整个社会系统的稳态利益，而不会与民众在同一层级上争夺利益。这是民众接受其统治的利益机制。

19. "我有三宝，持而保之。一曰慈，二曰俭，三曰不敢为天下先"的含义是，自然世界中，存在慈（自然伦理）的正当性、俭（自然效率）的合理性、不敢为天下先（自然发展时序）的有序性。这些准则，同样适用于社会系统。在社会系统中，就是明确哪一类的行为是正当利益的追求，每一个体在无穷广阔世界的有限行动范围，每一主体不可超越时代的超前行为。

20.“言有宗，事有君”的含义是，凡是作出认识判断，都有其逻辑起点和合乎逻辑的推理过程；凡是作出行为决策，都有其哲学基础和逻辑过程。

21.“不敢为主而为客”的含义是，在博弈双方已处于均衡状态之时，主动打破均衡，是非正义性的或者非正当性的。主动打破均衡，也意味着己方增加了不确定性风险和成本，所以，也是非理性的，结果也将是得不偿失的。

22.“天网恢恢，疏而不失”的含义是，自然系统、社会系统的统治，都必然是稀疏不密的，但对于整个系统而言又是严密而有效的，任何追加的人为规则都必然破坏系统的整体性。

23.“人之生也柔弱，其死也坚强”的含义是，“柔弱性”是一个事物具有生命力以及生命力向上的重要表征，而“坚强性”则是一个事物生命力向下的重要表征。一个事物在尚具“柔弱”调整能力的条件下，放弃柔弱调整能力而一味地表现“坚强”，则人为地限制了自身生命力的向上。因此，社会系统以“柔弱”方式统治是最具有生命力的，反之，以“坚强”方式统治则损害其生命力。

24.“和大怨，必有余怨；报怨以德”的含义是，任何事物都会产生其关联影响，直接的问题解决了，却可能因解决这个直接问题而在关联领域产生其他影响。处理问题、解决矛盾，还应当从遵循“道”的整体性和关联性来考虑方式方法，寻求到能设身处地为相关者着想的解决途径。在和解恩怨的过程中，不宜简单地解决直接矛盾，要从事情的整体性和关联性来考虑，尤其要考虑到解决矛盾方式的后续关联影响。

25.“小国寡民，使有什伯之器而不用；使民重死而不远徙。虽有舟舆，无所乘之；虽有甲兵，无所陈之。使民复结绳而用之”的含义是，站在当下的状态下，反过来推想人类社会的初始状态会是什么样子。那时，一个邦国的范围很小，民众也不多。现在所拥有的十人百人共用的大用具，即使出现在那个时代，人们也不会去使用；即使像现在这样，民众有着各种沉重负担，也不会远徙而客死他乡；即使像现在这样，有各种舟车交通工具，民众也不会乘用而交通远方；即使像现在这样，能够组成强大的甲兵队伍，也不会用来征伐他邦；即使像现在这样，有各种契约方式，那时的人们也不会去使用，而会依然采用结绳记事的方式。可以推想出来，人类初始社会是一个自得其乐、与世无争、与世隔绝的状态。

26. "信言不美，美言不信；善者不多，多者不善；知者不博，博者不知"的含义是，《道德经》的论说是符合自然而可信的，并不以当下受众接受与否为依凭；顺应自然者不会超出其所需，超出所需的行为不是顺应者所为；对一个事物认识深刻的话，就不会使事物朝着不确定的方向发展变化。反之，如果把一个事物的发展变化看作是概率性的、不确定的，那么，即意味着对事物的发展变化规律并没有真正认识。

27. "天之道，利而不害；人之道，为而不争"的含义是，自然系统之道是，让万物顺利而为，而不妨害它们，也不会有意设置障碍以妨害它们做各种选择；社会系统之道是，引导民众自然而为，而不与民众利益相争，也不会强行为民作为。

六、如何从《道德经》得到生态文明启示

《道德经》如何用于阐释生态环境与可持续发展问题？本书并不是生搬硬套地把两者联系起来，本书作者也不认为2000多年前的老子就已经深刻地认识到了生态环境问题之于现代人类的重要性。笔者的思路是：老子的《道德经》是一部伟大的哲学著作，其中抽象而深邃的哲学思想和思维方法，可以用于讨论现代科学意义上的诸多问题，生态环境问题是其中之一，由其哲理可推演出有关生态环境问题的一般认识，或者说，从《道德经》的哲学思想去思考生态环境问题，可以给现代人类深刻认识这一问题带来诸多全新视角的启示。生态文明和可持续发展理论所倡导的"尊重自然、顺应自然、敬畏自然"思想，极为符合老子《道德经》所蕴含的哲学思想。故而，《道德经》所阐释的整体哲学思想和具体的哲学概念，都可能对可持续发展理论带来诸多启示，生态文明的完善也必定可从《道德经》之中汲取合理养分。《道德经》之中，"为"与"无为"等对偶性哲学概念，非常适用于讨论"人类经济活动"与"生态环境影响"之间的关联

关系。因此，《道德经》所提出的诸多哲学认识，有助于生态文明、可持续发展理论对人与自然关系展开深入而系统的讨论。

本书各章之"生态文明启示"，是笔者通过参悟《道德经》而对生态文明、可持续发展相关问题的引申思考，并不是认定《道德经》本身已经作出了相关认识。换言之，是《道德经》的哲学思想启发并引导本书作者对于现实问题作出了各种延伸的思考。《道德经》的作者，生态文明、可持续发展的现代认识者，都是通过观察和思考自然与人类的关系，而得出相关认识。因而，在一些问题上有共通的认知是合理的。笔者一方面借鉴《道德经》的思想，来思考现代经济社会所遭遇的生态环境危机问题；另一方面，也借鉴现代社会的生态文明认识、可持续发展思想，反过来体悟《道德经》可能蕴涵的思想认识。这种对于《道德经》的"新认识"，未必是《道德经》的"历史真实"，但力求是《道德经》的"逻辑真实"，亦即，这些"新认识与新释译"与《道德经》的哲学思想是相通的，可兼容的。

七、本书的体例

本书依据《道德经》原文共安排八十一章，每一章由以下几部分构成！

其一，【原文通释】（包括：通行本原文、通行释译）。列出《道德经》原文及通行断句，并列出通行的白话释译，以作为本书"新认识与新释译"的对照比较参考。

其二，【新认识与新释译】（包括：本章要点的新释译、本章的衔续关系、本章的关键词、本章的哲学意涵）。从文字本义、语文逻辑、论述逻辑等角度，对本章主要内容作出"新释译"。从哲学思想和论述逻辑角度，阐述该章与前后各章的关系、与全篇的关系；归纳各章的核心概念；对各章的哲学思想作出现代语义下的阐释和归纳。

其三，【生态文明启示】（包括：生态文明启示、关联知识或其他启示）。借鉴《道德经》的哲学思想，用于阐释现实中的生态文明相关问题及其他科学问题。

第一章

【原文通释】

通行本原文[①]：道可道，非常道；名可名，非常名。无名天地之始；有名万物之母。故常无欲以观其妙；常有欲以观其徼。此两者，同出而异名，同谓之玄。玄之又玄，众妙之门。

通行释译[②]："道"如果可以用言语来表述，那它就是常"道"（"道"是可以用言语来表述的，它并非一般的"道"）；"名"如果可以用文辞去命名，那它就是常"名"（"名"也是可以说明的，它并非普通的"名"）。"无名"可以用来表述天地混沌未开之际的状况；而"有名"，则是宇宙万物产生之本原。因此，要从"无欲"中去观察领悟"道"的奥妙；要从"有欲"中去观察体会"道"的端倪。"无"与"有"这两者，来源相同而名称相异，都可以称之为玄妙、深奥。它不是一般的玄妙、深奥，而是玄妙又玄妙、深奥又深奥，是宇宙天地万物之奥妙的总门（从"有名"的奥妙到达无形的奥妙，"道"是洞悉一切奥妙变化的门径）。

[①] 本书各章原文均引自陈鼓应《老子今注今译》，该著正文前说明：老子书，错简、衍文、脱字及误字不少，今依王弼本为蓝本，参看帛书及傅奕本等古本，根据历代校诂学者可取的见解，加以订正。

[②] 本书各章的通行译文主要引自老子道德经网 http://www.daodejing.org/，并参考其他各译本作适当修订。

【新认识与新释译】

本章要点的新释译

"道可道，非常道；名可名，非常名"是什么意思？对此作出准确的释义，对于读懂《道德经》全篇是非常重要的。因为，这是《道德经》开篇的第一句话，也是《道德经》全篇思想内涵的总括。一旦对这句话作出了偏颇的解读，也就可能导致对《道德经》全篇思想认识的偏差。

"道可道，非常道"句中的第一个"道"字的含义，是很明确的。作为高度抽象的哲学范畴，即表述"自然世界以及自然万物的总规律"，也就是《道德经》全篇的核心概念——"道"。而第二个"道"字和第三个"道"字是什么意思呢？通行的释译都为"言说"。是否准确，值得深究。因为，先秦的文献之中，"道"作"言说"的例子极少。如屈原的《离骚》之中，"既遵道而得路；何桀纣之猖披兮""夫孰异道而相安；屈心而抑志兮""悔相道之不察兮""吾将远逝以自疏；遭吾道夫昆仑兮"各句之中的"道"，均不可作"言说"释义。《论语》全篇中大约有87个"道"字，勉强可作"言说"解的仅有一句，其他均不可作"言说"释义①。《说文解字》对"道"的释义是"道，所行道也"。"道可道"之中后一个"道"的含义，就是由"所行道"而引申的动词，可释为"践行"；"非常道"之中"道"的含义，就是"所行道"的本意。因此，"道可道，非常道"的含义应当是："道"是可认知、可践行的，但不是那种可以完全清晰刻画的认知方式，也不是那种可亦步亦趋的践行路径。

"名可名，非常名"句中"名"字。《说文解字》对"名"的释义为"名，自命也"，即他人对自己的称呼。此句中第一个"名"的含义就是指称事物的界定名称，采用现代学术语言，就是"概念"。此"名"字的含义与春秋战国时代诸子百家之一的"名家"之"名"，含义是相近的。句中第

---

① 本书作者对《论语》中含有"道"字的句子，逐句分析，得出这一论断。即使勉强可作"言说"释义的这一句——子曰：君子道者三，我无能焉。仁者不忧，知者不惑，勇者不惧。子贡曰："夫子自道也"，从语境上来看，以子贡的学生身份不可能说出"夫子是说自己呢"之类的话。如果根据由"道"的本义引申出来的"践行"来释义，较为合理。其大意是：孔子说，君子应当践行三种德行，仁者不忧，知者不惑，勇者不惧。子贡说，孔子自己就是这么践行的。

二个"名"字和第三个"名"字，则是由"概念"之义而引申的动词、动名词，即"定义概念""界定概念"之意。所以，"名可名，非常名"的含义是，关于自然世界和自然万物，是可以通过定义概念的方式来认识的，但难以清晰界定定义，难以完全概念化。

"故常无欲以观其妙；常有欲以观其徼"的含义是，要从观察和思维中去领悟"道"的整体奥妙；要从"实验"中去观察体会"道"在具体物象中的反应表现。该句帛书本作"故恒无欲也，以观其眇也。恒有欲也，以观其所徼也"。《说文解字》对于"眇"的释义为"眇，一目小也"，《汉字源流字典》对其引申释义为"高远"，因为，一目眇则视不清，高远也同样看不清。其分化字"渺"，表示大水辽远无际的样子。所以，"以观其眇也"的含义是，站在高远之处，观察事物整体的宏观特征，不可释为"微之极"之意；《说文解字注》对于"激"字的释义为"水流碍邪急曰激也。与徼、邀音义略同"，即"徼"亦有"水流受阻后急速腾溅的水波"之意，所以，"以观其所徼也"的含义是，通过设置一定的障碍物以观察水流冲击障碍物所形成的反应。以现代学术语言来表述的话，一方面是采用"理论物理学"的方法来认识规律，另一方面则是采用"实验物理学"的方法来发现或验证规律。

"无欲"，可理解为"不对观察事物进行干预"；"有欲"，则可理解为"对事物进行一定的干预以便于观察事物的反应"。《汉字源流字典》对"欲"的释义为：从欠（表示渴求），从谷（表示空谷），会贪求如空谷纳物之意，俗所谓欲壑也。参照此释义，《道德经》中的"欲"字，实有"超出自然之需以满足超出自身能力的欲求"之义。

"无名天地之始；有名万物之母"，一般版本断句为"无名，天地之始；有名，万物之母"。较为合理的断句应为："'无'，名天地之始；'有'，名万物之母。"因为，前面一句提出可以通过定义概念来认识世界和万物，所以，接着就提出了认识自然世界和自然万物的两个重要概念——"无"和"有"。

如何理解"无"，可以先从"有"来认识和理解。"有"字，《说文解字》的释义为"有，不宜有也"。那么，"无"作为"有"的相对概念，即是"无,宜有也"。以现代科学术语来理解,"无"即是自然世界的基本状态①,而"有"即是基本状态发生了某些改变后的状态。

《说文解字》对"始"的释义是"始,女之初也",即女人受胎孕育("未形")之意,引申为"事物发生的最初开端"。《说文解字》对"母"的一种释义是"母,一曰象乳子形",即养育子女之意,引申为"事物的生成育成过程"("有形")。所以,由"无名天地之始;有名万物之母"句可知,"无"这一核心概念的基本含义是自然万物的初始状态和本质特征;"有"这一核心概念的基本含义是自然万物的发展过程和个性化特征。

关于"无",有学者通过对比帛书本与通行本发现,帛书本之中的"无"与"無"是有区别的;但是,通行本之中,两者没有区别,统一为"無"②。因此,"无"在《道德经》之中,有其特定的哲学含义,在文字上也有其体现③。再者,"无"作为词语前缀时,如"无知""无欲"等,此时可理解为:以符合自然的程度为比较基准,未超出该程度的,即视为"无~"。不可理解为绝对意义的"没有";与"无~"相对的词语是"多~",即"超出基准"之义。

"同谓之玄。玄之又玄,众妙之门",句中之"玄",是什么含义?《说文解字》的释义是"玄,幽远也。黑而有赤色者为玄,象幽而入覆之也"。在该句中的含义是:寻找到与背景有所差异的特性,亦即从这些特性中寻求其规律之意。"同谓之玄"的意思是,"无"具"无"的一般特性,"有"具"有"的个性特性。"玄之又玄,众妙之门"的意思是,从一般特性中分析认识万物的个性特征,又从万物个性特征中归纳认识一般特性,是全面认识自然世界及自然万物规律的路径、方法、手段。采用现代学术语言表述的话,即为:从普遍性到特殊性,再从特殊性到普遍性。

---

① 在量子力学中,将"最小能量状态"称之为"量子真空"。"量子真空"其实不是真空状态,而是基本状态,是当作讨论问题的一般背景而提出的。《道德经》中的"无",与此"真空"概念,有相类的含义。

② "無"字,就其字源而言,据庞朴考证,在上古与人们试图和不可感知的神灵相交通的乐舞密切相关,因而"無"不表示"没有",只是无形无象、难以直接感知而已。所以"無"字的本义是"似无而实有"。

③ 帛书《老子》的密码 [EB/OL]. 新华网,2015–05–08.

本章的衔续关系：《道德经》全篇主要论述了以下问题。其一，什么是"道"？"道"是宇宙世界、天下万物运行的规律，也是自然而然的客观存在。这些规律和存在，也以一定的形式体现在社会系统之中。其二，如何来认识"道"的本质特征？其三，如何在现实行为中遵从和践行"道"及其基本准则？其四，如何认识并纠正现实行为中的"不道"。本章为《道德经》开篇，引出"道"、如何认识"道"等关乎全篇的核心问题。

本章的关键词：无；有

本章的哲学意涵：自然世界、社会系统都有其客观规律（客观规律的总和可称之为"道"），人类或可通过理论思想、理论模型来拟合自然规律、社会规律，并践行这一认识规律（理论认识、践行路径，称之为"可道"）。但是，任何理论只是人类的一种认识，自然世界、社会系统的客观规律并不能被人类全面而清晰地认知。"无"，用以定义抽象事物的初始状态、事物的本质；"有"，用以定义具象万物的形成源头和本质。讨论"无"，意图理解抽象的精妙深邃；讨论"有"，则意图了解万物之间的差异（物与物之间的质变条件、边界）。"无"与"有"，同出一源，前者表现一般抽象特征，有其抽象深刻之妙；后者则表现差异具象特征，有其细化具体之妙。抽象之包罗万象于一理，具体之万物万象、一切事物，都可从抽象和具象的玄妙中去认知，以其所认知的规律去践行。

【生态文明启示】

本章对生态文明的启示在于，"生态文明"作为一个抽象的理念，能够切实地践行吗？生态文明的理论基础是"可持续发展"。可持续发展的最基本原则是，发展应以"自然生态系统完好"的可持续性为约束前提。"自然生态系统的完好"，有着内在的规律（犹如《道德经》之中的"道"），尽管可以通过"可持续发展"相关的方方面面对其加以认识，如，经济活动规模及强度在生态承载力约束范围内（以保障生态系统功能不因过度的经济活动而劣化）、不开发土地面积的比例的最低安全标准（以保障生态功能得以在自然状态下维护）、污染物及废弃物排放不超过环境自净化能力（以保障生态环境质量不因污染物废弃物累积而下降）、维护生物物种多样性（以保持生态系统的复杂性和抵御外在扰动的能力）、自然资本的财富持恒（以保障自然资本不因人造资本的增加而减少）、自然资源环境的代际公平（以保障后代人的生存发展需求）等，但这些方面的认识，都只是"自然生态系统的完好"的某些具体表现，并不能完备地体现"自然生态系统的完好"的全部内涵（犹如《道德经》之中的"可道"）。所以，我们在认识和维护自然生态系统的过程中，既要通过"可持续发展"的方方面面来认识其具体形式，也要努力认识自然生态系统作为一个整体的抽象内涵。在现实中，即使制定了"可持续发展"的指标体系，也只是意味着人类在当前认识条件下所尽的一份努力，并不意味着必定能够保障自然生态系统完好传承。最根本的原则还在于人类社会各主体各成员切实形成"尊重自然、顺应自然、敬畏自然"的行为理念。

关联知识或其他启示："故常无欲以观其妙；常有欲以观其徼"的含义是，要从观察和思维中去领悟"道"的整体奥妙；要从"实验"中去观察体会"道"的在具体物象中的反应表现。如果以现代学术思想来理解的话，"无欲"相当于规范研究方法，"有欲"相当于规范实证研究方法。规范性研究就是从理论出发看待一个事物应该是怎么样的，是通过公理、定理逐渐证明事物应该按照什么规律运行；实证分析则是通过对研究对象的观察和实验，获取关联理据，从个别到一般，归纳出事物的本质属性和发展规律。

从方法论角度来看，自然科学也好，社会科学也好，对于自然系统、社会系统中各要素的功能及联系，人类或可按照自身的认识来分门别类、予以命名（定义"概念"）。但是，理论的分类定义，只是人类的一种认识，万物在自然系统中的功能及联系并不能被人类全面地认知。以经济学为例，人类个体满足自身需求的活动，因何而转化形成为相互关联的经济活动系统？其初始的动因是通过交换以实现更大的效用。不同的经济学派，把经济活动系统的本质因素作出了不同的抽象。古典经济学将之抽象为"理性经济人"和"资源有效配置"，制度经济学将之抽象为"分工"

和"交易成本"，马克思经济学将之抽象为"价值"和"使用价值"。有了这些抽象性的一般概念之后，就可通过这些基本概念来理解和认识具体的经济主体行为（消费者行为、生产者行为等）、具体的经济活动组织和工具（企业、货币、市场等），以及衍生的经济活动内容（产业、金融、保险、期货等）。对于某一个事物，又可按照抽象归纳、具体分析的方式，予以讨论。如，对"企业"，可抽象为"成本"与"效率"，由这些抽象概念又可具体引申出劳动力、土地、资本、技术等影响成本的生产要素，具体引申出企业家才能、竞争、垄断、规模经济、范围经济等影响效率的组织要素，还可更为具体地讨论具体企业的各要素情况。

第二章

【原文通释】

通行本原文：天下皆知"美"之为美，其恶已；皆知"善"之为善，斯不善已。"有""无"相生，难易相成，长短相形，高下相盈，音声相和，前后相随。是以圣人处"无为"之事，行"不言"之教。万物作而不为始，生而弗有，为而不恃，功成而弗居。夫唯弗居，是以不去。

通行释译：天下人都知道"美"之所以为美，那是由于有"丑"的存在。都知道"善"之所以为善，那是因为有"恶"的存在。所以有和无互相转化，难和易互相形成，长和短互相显现，高和下互相充实，音与声互相谐和，前和后互相接随——这是永恒的。因此圣人用无为的观点对待世事，用不言的方式施行教化：听任万物自然兴起而不为其创始，有所施为，但不加自己的倾向，功成业就而不自居。正由于不居功，就无所谓失去。

【新认识与新释译】

本章要点的新释译

"无为"的含义是什么？这既是《道德经》全篇的核心概念，也是《道德经》全篇的核心思想。如果不能对其作出准确的解读，那么，对《道德经》全篇思想的认识，也必然偏离《道德经》本意。第一章，已经提出了"无""有"这一对概念，也对其作出了基本定义。注意，"无为"之"无"，应作为一个专有哲学名词来看待。如果把"无"作为一个专有哲学名词来认识的话，"无为"的含义应当是"'符合事物本质特征和总规律'的行为"，可简述为"符合'道'的行为"。

"天下皆知美之为美，其恶已；皆知善之为善，斯不善已。有无相生，难易相成，长短相形，高下相盈，音声相和，前后相随"句，所要表达的意涵是，美丑、善恶、有无、难易、长短、高下、单调合音、前后，是一个整体的两个方面，规定了其中一方面的概念范围，那么，其对应的另一方面的概念范围也就相应地确定了。以"美"这个概念为例，如果具体规定了"美"的概念范围，那么，其对应的"不美"的概念范围也就相应地确定了。以现代学术思想来理解的话，相当于逻辑关系中的互补律，假设以"1"代表整体、以"A"代表"美"，那么，"不美"就是"1-A"。如图2-1所示意。其他各概念皆如是。《道德经》对美丑、善恶等，并无褒贬之价值评判，只是强调两个概念的同一性。《道德经》提出这些两两相对的概念，主要的意涵是：以这些日常所见的例子，引证"为"与"无为"之间的关系，同时也为后文论述"无为"与"无不为"之间的关系提供了论据。

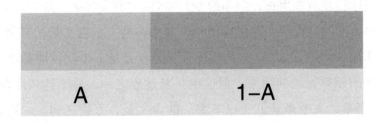

图 2-1

如果将"无为"概念定义为"'符合事物本质特征和总规律'的行为"的话，那么，"无不为"概念也就相应地定义了，即"不作不符合'道'的行为"，并不是"无所作为"之意。

"圣人"的含义是什么？《汉字源流字典》根据《说文解字》等的释义将"圣"解释为"原指听觉灵敏，后引申为明达事理、无所不通"，因此，《道德经》之中的"圣人"即是指"通晓'道'理并把'道'作为社会系统统治思想的人"，与后文的"俗人"是相对的，"俗人"即是指"并不通晓'道'理而从众的一般人"。

　　"是以圣人处无为之事，行不言之教"的含义是，有道的社会系统统治者，与其说他们所为之事都是符合"道"的，不如说他们坚守着符合"道"的"不为"；与其说他们所作的对民众的指令都是符合"道"的指令，不如说他们坚守着符合"道"的"不言"。该句与上文的行文逻辑是连续的，是指"无为"与"无不为"两个概念的同一性关系，"言"与"不言"两个概念的同一性关系。同样的道理，"不言"的含义是，"符合'道'的指令"，亦即，"不作不符合'道'的指令"。《说文解字》对"言"的释义为"言，直言曰言，论难曰语"。

　　"万物，作而不为始，生而弗有，为而不恃，功成而弗居"的意涵是，有道的统治者，其"无为"体现在万物之中，有这样一些具体表现，其本质与其说是"无为"，不如说"无不为"更为准确。该句与上文的行文逻辑依然是连续的，是指具体行为中的"无为"与"无不为"两个概念的同一性关系。"万物，作而不为始"的含义是，万物按照自然规律持续运行而不是创始新的运行。"始"的含义，与第一章相同，即"事物发生的最初开端"。"作"的含义是"运行"。"生而弗有"的含义是，万物之间按照自然规律相互滋养生长，但不改变其特性。"有"与第一章的含义相同，即"事物的发展过程和个性化特征"。"为而不恃"的含义是，万物之间相互有所作用，但不强加。"功成而弗居"的含义是，事物发展都将走向一个阶段性的相对完满的结果，但这也只是过程之一，并不持久停留于此。"功成而弗居，夫唯弗居，是以不去"的含义是，万物之间，一物助成他物成功，但并不会成为他物的一部分，助成之后依然回归自身，而其助成作用却永远存在。"居"的含义，就是其本意"处于"的意思，而不是"占据""据有"的意思。

　　关于"弗"与"不"，帛书本对于两者的使用是有区别的；而通行本对于两者是混用，基本上没有区别，且将帛书本之中多数的"弗"改为了"不"。《说文解字》对于"弗"的释义是"弗，矫也"，即"矫正其不直"之义。《汉字源流字典》对"弗"的用法有一释义：后虚化为副词，是"弗＋（前置宾语）"的省略，故其后的动词一般不再带宾语，表示否定。所以，"生而弗有"的含义是，不参与其所滋助之物；"功成而弗居"的含义是，不居于其所助成之所。

本章的衔续关系：本章在承接上一章有关提出"无""有"基本概念的基础上，进一步分析了两者的相互关系，进而提出了"无为"的自然原理和社会准则。

本章的关键词：无；有；无为（主要针对自然系统）

本章的哲学意涵：认识事物需要界定概念，对于一个整体事物而言，如果对一个方面作出了具体界定，其实与之相对的另一方面也已经被界定了。例如，"无为"的概念界定，那么，"无不为"的概念也就被界定。这就是"圣人"统治社会的逻辑，亦即"统治"本意是"作为"，却可以衍生采取"无为而治""不言而教"方式治理社会的逻辑。"无为"，其实就是坚守符合"道"的"不为"。天地统摄万物，也是同样的逻辑。天地"无为"，万物就会顺应自然而发展。我们应充分认识到：在事物有所孕育、有所创造、有所成功之时，统摄者的有效作用就是顺应自然规律而坚守"不为"。社会统治者也应由此认识到自己合理的作为就是顺应规律而坚守"不为"，有了"无为""无不为"这样的社会意识，统治才能够得以稳定和持久。

【生态文明启示】

本章对生态文明的启示体现在"有无相生……"各句，其启示意义为：经济活动与生态环境破坏，两者之间是相随相行的（是一个事物的两面），如果过度强调经济发展，那么，必然强化对生态环境的破坏。如果强化经济增长的要素，亦即意味着强化生态环境破坏的要素。例如，强化了劳动力要素对于经济增长的核心作用，那么，就必定会强化人类经济活动的范围和强度，人类经济活动对自然生态系统的破坏性影响就会扩展和强化；强化了土地要素对于经济增长的核心作用，那么，就必定会强化承载生态功能的土地迅速转变为开发性土地，迅速降低其生态功能，破坏相关物种的生存传承条件进而影响生物多样性；强化了资本要素和工业产业对于经济增长的核心作用，那么，就必定会在短时间内大规模地强化自然资源高强度开发，环境污染物高强度排放并累积，对生态环境高强度地施加影响；强化了技术创新要素对于经济增长的核心作用，那么，就必定会强化技术创新和推广所遗留的生态风险和对生态环境影响的不确定性影响。反之，如果过度强调"保护生态环境"，如果经济活动的影响远远低于自然生态系统的承载力，其实也不会对生态环境有促进作用。"可持续发展"，作为一种发展理念，并不是要主张什么样的发展模式，而是要求经济活动必须顾及自然生态系统的承载力限度，在生态承载力范围之内发展。

第三章

【原文通释】

通行本原文：不尚贤，使民不争；不贵难得之货，使民不为盗；不见可欲，使民心不乱。是以圣人之治，虚其心，实其腹；弱其志，强其骨。常使民无知无欲，使夫智者不敢为也。为无为，则无不治。

通行释译：不推崇有才德的人，导使百姓不互相争夺；不珍爱难得的财物，导使百姓不去窃取；不显耀足以引起贪心的事物，导使民心不被迷乱。因此，圣人的治理原则是：排空百姓的心机，填饱百姓的肚腹，减弱百姓的竞争意图，增强百姓的筋骨体魄，经常使百姓无取巧之心，无贪得之欲。致使那些有才智的人也不敢妄为造事。圣人按照"无为"的原则去做，顺应自然，那么，天下就太平了。

【新认识与新释译】

本章要点的新释译

"不尚贤"的含义是，"贤"，只是在特定背景条件下，才有其特定的正面价值。如果，大众不顾条件地追逐，不仅无法实现其预期价值，结果极有可能是适得其反。亦即，在社会系统中，不要确立标杆或评价指标。使大众自身量能而为，不因非分欲望而产生争竞之心。因为，一旦确立了标杆或评价指标，就必定会出现异化现象。"不贵难得之货"的含义是，"难得"之物，并非一定是重要之物，也未必是大众所需之物，把非必要、非重要之物作为珍贵之物的话，诱导民众去追求，实质上就是误导歧途。亦即，在社会系统中，不要让各种外在规定、各种既有认识充满统治者和社会成员之心，不要诱使他们有各种突破自然的念头和指向，让他们能够适应自然条件而生存。亦即，使民众消除走捷径获益的心理（不生为盗取利的念头）。"可欲"即为"预期利益引致的欲望"，"不见可欲"的含义即是，不以预期利益诱发民众非分欲望，避免民众因考虑预期收益而扰乱了其符合自然的行为，从而避免社会系统陷入混乱。

"不尚贤，使民不争；不贵难得之货，使民不为盗；不见可欲，使民心不乱"句，是描述一般情形下一般社会成员的行为取向，既可以是作为统治者的圣人，也可以是一般民众。如同第十二章"难得之货，令人行妨"，本章中的"使民"是"令人……"的意思，而不是通常所释译的"导使民众百姓"的意思。

本章"是以圣人之治，虚其心，实其腹；弱其志，强其骨"，第十二章"是以圣人为腹不为目，故去彼取此"句的表述，句中的"其"应当是指代统治者自身，而不是指代民众百姓。"虚其心，实其腹；弱其志，强其骨"的含义是①，作为一个社会系统，也和人体系统一样，要使社会系统的"整体状态"归于平衡，就要使"社会系统"的各构成因素正常地发挥其功能，避免个别因素过当或不足。"弱"，可理解为"强"的反义词，即"非强行的，可承受的"之意，所以，"弱其志，强其骨"还有一层含义，即，社会系统之"志"不可超越系统的承载力。本章的"弱"，与第四十章"弱者道之用"之"弱"有相通的意涵。

"常使民无知无欲，使夫智者不敢为也"的含义是，如果能让自身及

---

① 如何理解"虚其心，实其腹；弱其志，强其骨"的意涵，或可借鉴《黄帝内经》有关"情志"与"五脏"的关系。五志（喜、怒、思、忧、恐），表现于外的情绪。《黄帝内经》将其分属于五脏（心、肝、脾、肺、肾）功能化生：心志喜；肝志怒；脾志思；肺志忧；肾志恐。"虚其心""弱其志"的意思就是，要使过当的"情志"回复到平常状态，不要因"情志"的过当而影响到相关联的脏器正常功能，进而影响整个人体系统的正常运行。"实其腹""强其骨"的意思是，从脏器的正常养护角度，强化脏器的正常功能，以使"情志"归于常态。由此而论，"虚其心，实其腹；弱其志，强其骨"的主要意涵是：作为一个社会系统，也和人体系统一样，要使社会系统的"情志"归于平常，应避免过当的表现；同时，也要使"社会系统"的"脏器"正常地发挥其功能，以使社会系统的"情志"归于常态。

民众顺应自然之外，别无其他欲求的话，即使有认识能力超出一般的"智者"，他们也不敢利用其认识去干预改造自然，大众群体也不会追随他们去干预改造自然。因为，"智者"只对有干预自然欲望的群体起作用，而对于没有干预自然欲望的群体是无效的。该句，帛书本作"恒使民无知无欲也，使夫知不敢弗为而已"。其含义是，"无知无欲"相当于"知'不敢''弗为'"，亦即符合"道"的认知、不超出本分的欲望，不做不符合"道"的有为。

"为无为，则无不治"的含义是，不做不符合"道"的行为，实质就是，不做不符合"道"的人为治理。

本章的衔续关系：本章在承接上一章有关自然世界"无为"原理的基础上，论述了社会系统的"无为"准则。

本章的关键词：无为而治（主要针对社会系统）

本章的哲学意涵：既然"无为"是社会统治的基本准则，那么，有哪些具体的"无为"呢？"不尚贤""不贵难得之货""不见可欲"就是具体的"无为"。提倡什么，就会使社会成员（包括统治者自身和民众）无端地增加欲望，就会使社会成员为满足无端的欲望而争夺，使得民心不安定。社会系统的混乱，多半是由于统治者自身"建功立业"的有为、建立所谓的标杆以"激励"民众而造成的。所以，"无为而治"，社会系统反倒有序而不混乱。

【生态文明启示】

本章对生态文明的启示体现在"不尚贤""不贵难得之货""虚其心，实其腹，弱其志，强其骨"等句中。

"不尚贤"的启示在于，不刻意地推崇 GDP、投资、技术进步之类的发展绩效指标，就不会形成社会各主体之间进行无处不在的"GDP 竞赛""投资竞赛""技术进步竞赛"。因为，"GDP 竞赛""投资竞赛""技术进步竞赛"的另一面，必定是经济活动对生态环境破坏的竞赛。例如，企业作为"GDP 竞赛""投资竞赛""技术进步竞赛"的主体，其获取市场竞争优势的最根本手段，就是"成本外部化"，即通过某种"巧妙"的手段，不承担其对生态环境破坏所造成的影响，而是转化为由生态系统承担、由后代人承担。如，过度地创新技术、过快地更新产品，必然加重经济活动对生态环境的破坏，必然把技术风险遗留给生态系统并由后代人承受。

"不尚贤"的启示还体现在，既不应确立"经济增长"的评价指标，同理，也不宜确立所谓的"可持续发展"评价指标。一旦确立了评价指标，必定会出现与预期目标相悖的异化现象。例如，确立了"绿色GDP"作为评价指标，那么，其结果必定是进一步强化GDP增长，而把资源消耗和生态环境影响转嫁给其他地区、其他群体和全球生态系统。

"不贵难得之货"的启示在于，不推崇物质财富的累积作为决定社会成员社会地位的主要依据，就不会引致全人类都竭力"创造"财富、积累财富。因为，财富追逐的另一面，必定是对生态环境破坏的追逐。例如，奢侈品对于消费者而言，并不是满足其生存发展的需求，而是满足其精神层面的"炫耀性消费"，这样的经济活动对于生态系统而言，是自然资源和生态环境的无谓损耗。

"虚其心，实其腹，弱其志，强其骨"的启示在于，不要让各种追逐物质财富的认识充满社会成员（宏观管理者、生产者、消费者）之心，只要让他们的基本需求得到满足，不要诱使他们有各种不顾自然约束的念头和指向，让他们能够顺应自然条件而生存。宏观管理者，提倡经济增长，就会使民众无端地增加物质财富欲望，就会使民众为满足无端的物质欲望而争夺，既会破坏社会的稳定，也会强化生态环境的破坏。如果整个人类社会都形成"顺应自然"理念的话，即使有认识能力超出一般的"智者"（既包括科学技术方面的新发现、新技术新产业的新创造，也包括新需求、新经济活动、新经济组织的创造），他们也不敢利用其认识去损害自然、改造自然，民众也不会追随他们去损耗自然。社会系统的混乱、生态环境的破坏，多半是由于宏观管理者"建功立业"的有为而造成的。所以，"无为而治"思维，是生态文明理念的应有之义。

关联知识或其他启示："不尚贤"的思想认识，与古德哈特定律、社会现象中"测不准原理"有相近的内涵。古德哈特定律（Goodhart's law）：当一个政策变成目标，它将不再是一个好的政策。当当局试图管理特别的经济指标时，它们将不再是可信的经济风向标。社会现象中"测不准原理"：测度行为与被测度物之间往往会产生相互作用和相互干扰，因此某些物理量很难通过仪器测度的方法得到准确的测度，这就是在自然科学中的"测不准原理"。这一原理在社会现象中也普遍存在，如经济核算指标与测算物之间往往都存在一种相互影响的"测不准现象"，例如：对纺织产品进行核算时，如果用长度来衡量，那么织物就会变窄；如果用面积来衡量，那么织物就会变薄；如果用重量来衡量，那么织物就会变厚。也就是说，无论采用什么样的指标，最终都会偏离最初所设计的评价尺度。同样的道理，对于"发展"，无论什么样的核算指标（GDP 也好、其他的指标也好），只要被确定为度量业绩的关键指标，那么，就必然无法避免偏离真实目标的结果。

第四章

【原文通释】

通行本原文：道，冲而用之，或不盈。渊兮，似万物之宗；挫其锐，解其纷，和其光，同其尘。湛兮，似或存。吾不知谁之子，象帝之先。

通行释译："道"空虚无形，但它的作用又是无穷无尽。深远啊！它好像万物的祖宗。消磨它的锋锐，消除它的纷扰，调和它的光辉，混同于尘垢。隐没不见，又好像实际存在。"我"不知道它是谁的后代，似乎是天帝的祖先。

【新认识与新释译】

本章要点的新释译

"道，冲而用之，或不盈"，与第四十五章"大盈若冲，其用不穷"句的含义基本相同。其含义是，万物似乎是一个无缝隙的整体，但"道"之于万物，就好像水涌动而在其中冲出空虚部分。这些空虚部分，才是"道"使万物形成其功用的根本。这些空虚部分是永远不会充盈的，也就是说，"道"所形成的功用永远存在。《说文解字》对"冲"的释义是"冲，涌摇也"。"用"的含义，就是第十一章所阐述的"故有之以为利，无之以为用"之"用"。

"渊兮，似万物之宗"的含义是，如泉眼一般，看不到泉水的来源，但泉水却源源不断。不是通行解释的"深远"义。"渊"字，《汉字源流字典》参考《说文解字》的解说，释为"泉眼形成的洄水"。"宗"字，其本义是"尊祖庙"，引申义为"根本""主旨"，如"万变不离其宗"，在《道德经》中，"宗"可理解为"认识事物、阐释事物的逻辑起点"。

"挫其锐，解其纷，和其光，同其尘"句，"锐"是指尖锐的声调，"挫"即"抑扬顿挫"之降低声调之义，"纷"字在《说文解字》中被释为"纷，马尾韬也"，"解其纷"的意思就是"放开对随风飘散的马尾的束缚"。全句的含义是，要将外在强加于自然事物的内容摒除，恢复到自然事物的本真状态，才能够认识到自然事物的本质。完整释义，见第五十六章之"塞其兑，闭其门，挫其锐，解其纷，和其光，同其尘"，这是老子"无为"思想在认识自然方面的主张。

"湛兮，似或存"的含义是，就像我们认识"天"，看上去似乎什么都没有，但由于其呈湛蓝色，所以，感觉到"天"的真实存在。

"吾不知谁之子，象帝之先"的含义是，"道"是自然万物的总规律，如果要把掌控这个总规律的主体具象化为一个统摄者的话，不妨把它看作是统摄万物的"天"。该句中的"帝"就是"帝王"的意思，不应过度引申解释为"天帝"甚至解释为"宇宙"。该句直接按字面来解释，其释文应为：我们无法知道它是"谁之子"，似乎是"天之子"（帝王）之先人，换言之，它就是"天"。有些释本，以"吾不知谁之子，象帝之先"这句话为依据，给老子的《道德经》贴上"史上首次提出了无神论"的标签，实在无此必要，似乎也不符合老子哲学思想的本意。

本章的衔续关系：本章承接第一章提出"道"的概念，论述如何去认识"道"的方法。

本章的关键词：万物之宗；天地

本章的哲学意涵：认识事物的本质，也要采用"无为"思想。即，将由外在作用而导致事物的变化状态，恢复到事物的本真状态，才能够认识到自然事物的本质。"道"之于万物，就好像水涌动而在其中冲出空虚部分，这些空虚部分，是"道"使万物形成其功用的根本，也可以看作是"道"的功用；道，如同泉眼一般，看不到泉水的来源，但泉水却源源不断。道，是万物运化之源泉，也是万物运化所必需遵循的原则，或可将之抽象为统摄万物的"天地"。

【生态文明启示】

本章对于生态文明的启示体现在"道，冲而用之或不盈。渊兮，似万物之宗"句。其含义可理解为：自然生态系统，有其自身的"源泉"，有其自身运行准则。如，它对于人类经济活动，是有一定的承载力的，对于生态环境影响及污染物排放是有一定的自净化能力的。只要人类的经济活动规模及强度不超过自然生态系统的承载力，污染排放不超过自然生态系统的自净化能力，那么，自然生态系统对于人类的"功用"是持续存在的。因此，只要自然生态系统是完好的，那么，它就能够为人类的生存发展提供完备的功用，人类也就可以永续传承。反之，人类的生存危机，恰恰由于人类经济活动远超生态承载力的行为累积而造成的。人类能否永续传承，既可以认为是由"大自然"的生态承载力主宰的，同时也可认识到本质上是由人类自身行为所加诸自然系统的生态负载所决定的。

第五章

【原文通释】

通行本原文：天地不仁，以万物为"刍狗"；圣人不仁，以百姓为"刍狗"。天地之间，其犹橐籥乎！虚而不屈，动而愈出。多言数穷，不如守中。

通行释译：天地是无所谓仁慈的，它没有仁爱，对待万事万物就像对待"刍狗"一样，任凭万物自生自灭。圣人也是没有仁爱的，也同样像对待"刍狗"那样对待百姓，任凭人们自在生息。天地之间，岂不像个风箱一样吗？它空虚而不枯竭，越鼓动风就越多，生生不息。政令繁多，反而更加使人困惑，更行不通，不如保持虚静。

【新认识与新释译】

本章要点的新释译

本章之中的"不仁"，参照第三十八章"上德无为而无以为；下德无为而有以为。上仁为之而无以为……故失道而后德，失德而后仁"以及第七十九章"有德司契，无德司彻"，其实就是"未失德"之义，也就可由"上德"和"有德"来理解阐释"不仁"的意涵，即在遵循"道"的过程中，不会掺入自身的价值内容而强加于万物，也不会刻意而为。《道德经》之中的"仁"，不可解读为儒家思想中的"仁爱"，因为《道德经》并不主张均等，而是主张各安其所。

"天地不仁，以万物为刍狗；圣人不仁，以百姓为刍狗"的含义是，如何来看待天地与万物的关系？就犹如接受祭祀的神与祭祀物刍狗之间的关系：其一，神不会去区分哪一个祭祀物是哪一个百姓供奉的，而有所区别地对待；其二，神接受祭祀物，并不是真的要享受祭祀物的什么功用，而只是感受供奉者的一种信愿表达；其三，供奉者持有"祭神如神在"的心念，神也同样表达"祭祀物在如供奉者在"之意。与此同理，遵"道"的统治者与民众之间的关系，也应如此。本章之"刍狗"，参照《庄子·天运》："夫刍狗之未陈也，盛以箧衍，巾以文绣，尸祝齐戒以将之；及其已陈也，行者践其首脊，苏者取而爨之而已。""刍狗"，本指用草扎成的祭祀物，祭祀过程中是极其神圣的，祭祀完毕，就不再受重视。所以，"天地不仁，以万物为刍狗"的含义是，<u>天地对于万物之生命是重视的，赋予万物各自旺盛的生命力。但是，天地对于万物的成长生灭，是任其自生自成的，不会施加特定的影响</u>。通行本解释为"任其自生自成"，意涵不够完整、准确。

"天地之间，其犹橐籥乎"的含义是，天地作用于万物，并不是直接对万物逐一施加影响，而是通过"天地之间"的这个空间系统来影响。以现代学术思想来理解"天地之间"，类似于"自然生态系统"。这个空间系统，就犹如一个风箱，"天地"对空间系统产生一个影响，就犹如拉一下风箱，就会对整个系统产生各种影响，进而对系统之中的万物产生相应的各种影响。

"虚而不屈，动而愈出"的含义，应从反面来理解。即，<u>天地之间的系统原本存在一种平衡关系，但是，你越是作为，那么，系统变化也就越多，也就越动荡</u>。《道德经》主张"多言数穷，不如守中"，意即"不要总去拉风箱，而造成无谓的动荡变化"。某些通行本释义为"不断来拉风箱可获得源源不断的动力"，是与《道德经》的哲学思想不符的。

"多言数穷，不如守中"的含义是，<u>不使系统秩序混乱程度增加，最有效的方法是减少无谓的活动，以保持系统的稳定性</u>。"多言数穷"，字面上的意思是，过多地关注影响自己命运（"数"）的因素，反倒使得自己的人生无所适从。例如，天地气候的变化，大体上是有规律可循的。偶尔的气候反常，很快就会过去而回归正常。如果你总是想方设法地预测气候的非正常变化，反而导致你无所适从，不如遵循一般的气候变化规律，而顺应其变化，对于偶尔反常的气候大可不必刻意关注。"守中"，就是遵循正常状态下的一般运动规律，而不过多地考虑偶尔的异常波动变化。"守中"，如与《易经》建立联系的话，与"中孚"卦存在相近的内涵。《序卦传》曰：节而用之，故受之以中孚。"节"即是节制、节约之意。"守中"就是要节制"虚而不屈，动而愈出"之类的无谓行为。

本章的衔续关系： 本章在承接第四章关于"道"与"天"的关系的基础上，进一步讨论"天地"的行为准则，亦即承接第二章对于自然界的"无为"的阐释，提出"天地不仁"的命题。进而延伸至社会系统，结合第三章有关社会系统的"无为"，而提出社会系统的"不仁"命题和"守中"原则。

本章的关键词： 天地；不仁；守中

本章的哲学意涵： "无为"原则，也体现在自然世界统摄者与被统摄者之间的关系方面。"天地不仁，以万物为刍狗"是其基本逻辑。"天地不仁"，即统摄者不可能特别地关注某一特定成员，只能任由各成员自己去寻求合适的位置而生存；"以万物为刍狗"的含义是，尽管总体而言"天地不仁"，但在此前提下，对于微观个体，天地有其优先顺位（即初期生命处于优先顺位）。如何顺应自然而行事？以"多言数穷，不如守中"为原则。如果你总是想方设法地预测事物的非正常变化，反而导致你无所适从，不如稳定地遵循一般变化规律，而顺应其变化，对于偶尔反常的变化不必刻意关注，即使刻意关注也不可能带来什么样的改进。对于社会系统，也是同样的道理，统治者的作为越多，系统秩序的混乱程度就必然加剧，所以，"多言数穷，不如守中"也应成为社会系统统治的基本原则。

【生态文明启示】

本章的生态文明启示体现在以下各句。

"天地不仁"的启示是，人类作为自然生态系统中的一个物种种群，自然生态系统也没有赋予他特别优越的生态权力和利益，它的"权利"就是在不损害自然生态系统稳定的原则下，寻求自身适合的位置和发展路径；同时，它还有"责任"维护及不损害其他物种种群的生态权利。

"以万物为刍狗"的启示是，在自然生态系统之中，人类和各种生物物种种群之间，其需求满足是存在一定顺位的。总体而言，满足初生生命的基本需求，处于第一优先顺位。人类行为应当遵从这一顺位，即人类不能为了满足自身并不重要的需求，而去损害其他物种种群繁衍的基本条件。这是维护生物多样性的一个最基本的原则。

"虚而不屈，动而愈出"的启示是，对于自然生态这个并不十分稳定的系统，人类的行为越多越剧烈，那么，所带来的不确定性、不稳定性因素就越多。所以，人类应当尽可能地减少不必要的行为。即使对于那些明显增进人类效用的技术进步，也要充分预估其生态环境风险，换言之，就是对技术发展也应有所节制。

"多言数穷，不如守中"的启示是，自然生态系统，有其自身的波动，并可能由此而给人类带来自然灾害，这是难以避免的。但对于这些可能的自然灾害，与其刻意地预防或通过改造自然的方式去抵御，还不如坦然地面对。因为，人类对于自然变化的防范抵御能力，与大自然的威力相比，是极为有限的。即使想方设法去预防去抵御，也不会真正起到多大的作用。应当充分认识到的是，人类对大自然过多过强的行为，反倒是加剧加频自然灾害发生的根源，应当着意减少此类行为。

关联知识或其他启示："多言数穷"，如果以现代学术思想来理解，某种意义上类似于"熵增原理"，即一个系统发生变化，必然带来系统的"熵增"，亦即导致系统秩序混乱程度的增加。

第六章

【原文通释】

通行本原文：谷神不死，是谓玄牝。玄牝之门，是谓天地根。绵绵若存，用之不勤。

通行释译：生养天地万物的谷神，是永恒长存的，这叫作玄妙的母性。玄妙母体的生育之门，这就是天地的根本。连绵不绝啊！它就是这样不断地永存，作用是无穷无尽的。

【新认识与新释译】

本章要点的新释译

"谷神不死，是谓玄牝"的合理断句宜为"谷、神、不死，是谓玄牝"。

"谷神不死，是谓玄牝。玄牝之门，是谓天地根"的含义是，"谷""神""不死"，是天地万物繁衍的三个基本条件，"谷"是适合繁衍之域，"神"是能够孕育成长的"种子"，"不死"是能够完全传承的"遗传性"。如果以人类生殖系统来举例的话，"谷"相当于子宫，"神"相当于受精卵，"不死"相当于遗传基因。

"绵绵若存，用之不勤"的含义是，万物能够世世代代繁衍不息，即事物的"永续传承性"。

本章的衔续关系：本章在承接第五章有关"天地"的论述之后，进一步论述"天地万物"永续传承的规律。

本章的关键词：天地根（主要论述天地万物的永续繁衍条件）

本章的哲学意涵：天地之于万物的原则是"天地不仁，以万物为刍狗"，那么，万物是如何永续传承的呢？万物绵延不绝的永续传承，有三个基本要素：谷（代际繁衍的适宜环境）、神（代际传承的种子）、不死（代际延续的遗传性）。如果具备了这样三个条件，那么，万物就能够世世代代繁衍不息。反之，如果丧失了其中某个条件，那么，人类也好，万物也好，就难以永续地传承。

【生态文明启示】

本章的生态文明启示体现在"谷、神、不死，是谓玄牝"句。维护生物多样性，是自然生态系统可持续的关键性条件。即维护生物多样性，一要维护物种种群生存的自然环境，二要维护物种种群繁殖的自然性，三要维护物种种群遗传的基因稳定性。由此也就对生物技术的发展、农林经济作物的选择、森林及湿地等生态功能区的保护等提出了限制性要求。例如，转基因农产品的推广问题，就要考虑到生物多样性的长远生态影响，而不能单纯考虑短期的经济价值。再如，对于濒危动植物的保护，并不是单纯保护某一物种的存在，而是要保护它们所适合生存环境的稳定，亦即，不能因短期经济开发利益而造成某些物种种群无法生存传承的生态环境破坏。可持续发展认识中的森林、湿地、热带雨林、海洋等重要生态功能区，相当于本章所论述的"谷"，它们在自然生态系统功能的维护方面有着极其重要的作用。

第七章

【原文通释】

通行本原文：天长地久。天地所以能长且久者，以其不自生，故能长生。是以圣人后其身而身先，外其身而身存。非以其无私邪？故能成其私。

通行释译：天长，地久。天地所以能长久存在，是因为它们不为了自己的生存而自然地运行着，所以能够长久生存。因此，有道的圣人遇事谦退无争，反而能在众人之中领先；将自己置之度外，反而能保全自身生存。这不正是因为他无私吗？所以能成就他的自身。

【新认识与新释译】

本章要点的新释译

"不自生"之"自"与第二十二章"不自见，故明；不自是，故彰；不自伐，故有功；不自矜，故长"之中的"自"，应有相近的含义，即在系统中，试图刻意增强自身某一要素以提升其作用和地位。《说文解字》对"生"的释义为"生，进也。象草木生出土上"，因此，"不自生"的含义是，<u>不从统摄万物的过程中"吸取养分"以求自身的发展壮大</u>。所以，不宜释为"不自我繁衍"。

"后其身而身先"的含义是，统治者与民众，其利益不在同一层级上，因而不会在同一层级上竞争。结合第六十七章"不敢为天下先""舍后且先，死矣"的含义，知"不敢为天下先"，就懂得了每一主体都只能在"当下时空"完成当下的"使命",不可超越时代而做出超前行为。"后其身"也有"不可超越时代而超前行为"的意涵。总之,不可用"先天下之忧而忧"的儒家伦理思想来理解《道德经》的哲学思想。

本章的"天长地久。天地所以能长且久者,以其不自生,故能长生。是以圣人后其身而身先",与第六十六章的"江海之所以能为百谷王者,以其善下之也,故能为百谷王。是以圣人欲上民,必以言下之;欲先民,必以身后之",两相对照,前者由天地因"不自生"而长久得出圣人后其身的认识,后者则由江海因"善下之"而为百谷王得出圣人身后之的认识。可见,《道德经》一以贯之地阐释这样一种哲学思想:天地之于万物、江海之于诸多川谷、圣人之于民众,都不处于同一层级(或同一维度)上竞争。它们不是没有自身的利益,而是其利益与其所统摄对象的利益不在同一层级上。用现代学术思维来理解,那就是:在低层级上使自身"熵增",将在更高层级上得以恢复,因为,在低层级带入的"熵增"对于更高层级系统而言微不足道。

本章的衔续关系:本章在承接第五章有关"天地不仁"、第六章有关"天地"万物的论述基础上,进一步论述"天地"与"天地万物"之间的关系,"不自生"是其基本属性。

本章关键词:不自生(主要指自然统摄者)

本章的哲学意涵:万物的永续传承有其基本条件,那么,作为万物统摄者的天地是如何保持其永续性的呢?天地之所以可稳定而永续运行,在于其不从统摄万物的过程中"抽取养分"以壮大自身。将之借鉴于社会系统,任何得道的统治者,也不应在不同利益层级上与民众争利;同时,也只可在"当下时空"完成当下的"使命",不可超越时代而超前作为。

【生态文明启示】

本章的生态文明启示体现在"天地所以能长且久者,以其不自生,故能长生"句。其启示是,自然生态系统,在其自净化能力范围内,是能够不与万物相争并使自身系统"熵增"的。但是,这有一定限度,如果万物所导致的环境污染、生态破坏超过了自然生态系统的自净化能力，那么，自然生态系统的生态功能就难以恢复。"天地所以能长且久者，以其不自生，故能长生"，从反面来认识，更容易理解。即既然天地"不自生"，那么也必然"不自灭"，亦即无法吸纳次级所排放的废弃物，那么，次级系统所排放的废弃物，必然还会作用于产生者自身。所以，人类社会所排放的过量污染物，最终必然由自身承担其影响和后果。

第八章

【原文通释】

通行本原文：上善若水。水善利万物而不争，处众人之所恶，故几于道。居善地，心善渊，与善仁，言善信，政善治，事善能，动善时。夫唯不争，故无尤。

通行释译：最崇高的德行，就像水一样。水善于滋润万物而不与万物相争，停留在众人都不喜欢的地方，所以最接近于"道"。上善之人，居处善于选择地方，心胸保持沉静而深不可测，待人真诚、友爱和无私，说话善于恪守信用，为政善于治理，处事善于发挥所长，行动善于把握时机。正因为他们有不争的美德，所以没有过失，也就没有怨咎。

【新认识与新释译】

本章要点的新释译

"上善若水。水善利万物而不争，处众人之所恶，故几于道"，帛书本作"上善若水，水善，利万物而有静，居众人之所恶，故几于道矣"，其含义是，顺应自然可称之为"善"。顺应自然，最好的比拟是"水"的顺应特性。水经过万物时总是因势利导而过之，但总是能够保持"收敛在一起"的意愿，还能够甘心处于人们所不愿处的卑微之所。所以，水的顺应自然性，是接近于"道"的。"水善利万物"句，不可以后世"先天下之忧而忧"的理念来解读。

关于水的特性，"不争"是指不逆抗，亦即"顺应"之义，而非"不竞争"之义。"静"是指其收敛性，而不是"宁静"之义。认识"水"的顺应性，同时也应认识其胜强性。正如第七十八章之"天下莫柔弱于水，而攻坚强者莫之能胜"，其含义是，水遇到坚固之物，如果有可前行之径，会绕之而行；如果无可前行之径，那么就必然攻而胜之。"处众人之所恶"，是指"水"不像"人类"那样刻意回避卑微之所。大多释本都不区分"万物"与"众人"，只有王弼本对此释为"人，恶卑也"。

《道德经》中的"不争"，通常是论述统摄者与被统摄者之间的关系。"不争"的含义是，统摄者的利益与被统摄者的利益不处于一个层级，所以，统摄者不会在低层级上与被统摄者利益相争。根据这一逻辑，本章"居善地，心善渊，与善仁，言善信，政善治，事善能，动善时。夫唯不争，故无尤"[①]，所针对的行为主体是治国的"圣人"，而不是一般民众。

本章的衔续关系：本章承接第七章有关自然世界的"不自生"的论述，进一步论述社会系统的类似准则，即"不争"。

本章的关键词：不争（主要指社会统治者）

本章的哲学意涵：自然系统统摄者能够永续的条件是"不自生"，那么，社会系统统治者长期稳定的条件又是什么呢？是"不争"！最典型的"不争"，就是像水那样去顺应一切。水在顺应过程中还能够有利于万物，也不违逆万物，并且处于万物所不往之处，"水"的这些特性，接近于"道"的本质。统治者当处处顺应、居所，当顺应地形地势特征；心地当宽广而容纳他众；交往结交，当平等地、以同理心对待他人；论说当以真实可信（他人信服）为原则；为政当以规则秩序为要；行为当适应自身才能特长；改变当顺应时势。只要不违逆自然背景条件，就不会造成困扰。

---

① "与"的含义是"党与"（《说文解字》）；"治"的含义是"疏浚整理水道使畅流"（《汉字源流字典》）；"能"的含义是"才干"（《汉字源流字典》）。

【生态文明启示】

"上善若水"的生态文明启示在于，"顺应自然"是生态文明的基本准则，凡是抱持"改造自然""破坏自然"理念的经济活动，都是背离可持续发展方向的。

"水善利万物而不争，处众人之所恶，故几于道"的生态文明启示是，人类顺应自然所进行的经济活动，必定带来相应的生态环境影响。但是，自然生态系统有其一定范围内的自净化能力。所以，只要是顺应自然且在生态承载力范围内的经济活动，依然是"几于道"的行为。由此可见，"可持续发展"并不是要求人类放弃各种满足需求的经济活动，更不是要求人类回归到原始的生存状态，而只是要求人类的经济活动规模与强度不要超越生态承载力。

"水善利万物而不争，处众人之所恶，故几于道"，如果具体比附森林、湿地等重要的生态功能区，也具有重要的可持续发展启示意义。森林、湿地等重要的生态功能区，在整个生态系统中发挥着重要的生态功能作用。换言之，森林、湿地等重要生态功能区周边的民众，为维护这些生态功能，而给整个社会带来正外部性，也牺牲了自身的经济开发利益。

关联知识或其他启示：热力学第二定律，是自然世界最基本的自然规律，"水善利万物而不争，处众人之所恶"符合这一基本原理。"水善利万物而不争，处众人之所恶，故几于道"的现代理解是，水以各种方式（灌溉、水力发电、动力驱动、航行运输等），为人类及万物所用，但不得不使自身"熵增"，由有序状态逐步转向无序状态，即"众人之所恶"的状态。但是，从现代科学视角来理解"道"的话，"道"更接近自然事物初始的有序状态，亦即"熵增"的初始状态。而"水善利万物"之后必定是"熵增"的完成状态，与"几于道"是相互矛盾的。老子的《道德经》阐释的是逻辑严密的哲学思想，并不是那种提倡"牺牲自身利益"的伦理思想。那么，如何来弥合这个矛盾呢？本书作者认为，从整个自然系统而言，"水善利万物"之后的"熵增"状态，通过整个自然系统自身的"熵增"，依然可使"水"转化为有序状态，使"水"回归到"几于道"的状态。

第九章

【原文通释】

通行本原文：持而盈之，不如其已；揣而锐之，不可长保；金玉满堂，莫之能守；富贵而骄，自遗其咎。功遂身退，天之道也。

通行释译：执持盈满，不如适时停止；显露锋芒，锐势难以保持长久；金玉满堂，无法守藏；如果富贵到了骄横的程度，那是自己留下了祸根。一件事情做得圆满了，就要收敛退后，这是符合自然规律之道。

【新认识与新释译】

本章要点的新释译

"持而盈之"是什么意思？《史记》中有"满而不损则溢，盈而不持则倾"之语，所以"持"是"求平衡"之义。"持而盈之，不如其已"的意思是，事物过于盈满之后，就不得不不断地调整以求其平衡不倾，与其这样做，还不如及时停止盈取。

"揣而锐之，不可长保"的含义是，用外在之力去拔高、催发，并不可能使之持续不断地生长。《说文解字》对"揣"的释义为"揣，量也"，《汉字源流字典》认为从手从耑（长出的幼苗），会意；《说文解字》对"锐"的释义为"锐，芒也"，有"急速、向前"之意；《说文解字》对"保"的释义为"保，养也"，即"养育、抚育"之意。

"功遂身退，天之道也"的含义，可参照《易经》"遯"卦，《序卦传》

曰：物不可久居其所，故受之以遯，遯者退也;《象》曰：遯，亨。遯而亨也，刚当位而应，与时行也。小利贞，浸而长也。遯之时义大矣哉! 大意是退避之所以能够亨通，是因为当退避之时而能够及时退避。以现代思想来认识，任何事物都必然经历成长、发展、成熟、衰退四个阶段，当事物发展到成熟阶段，就不可强行发展，更为理性的选择是顺应即将进入衰退阶段的自然规律，而未雨绸缪地以影响最小的方式逐步退出，这样反而有利于替代该事物的新生事物得以顺畅生成、发展。

本章的衔续关系：本章承接第八章有关社会系统"不争"的论述，继续阐述"不争"的重要时机——功遂身退。

本章的关键词：功遂身退

本章的哲学意涵：社会系统的统治者，以"上善若水"为借鉴，践行"不争"原则，除此之外，还有什么样的"不争"原则应当遵循呢?"功遂身退"也应是"不争"的重要原则。因为，盈满之后必然走向亏衰，这是自然规律。与其被迫亏衰，不如在盈满之时主动退后。这也是遵循自然规律的"天之道"。

【 生态文明启示 】

本章对于生态文明的启示是，人类作为整体，社会成员作为个体，对物质财富的追求，都应适可而止。过度追求，必将遗祸于他人、遗祸于全社会、遗祸于后代、遗祸于自然生态系统，即生态环境影响的代内转嫁和代际转嫁。

"功遂身退"对于现实中的可持续发展还可以这样来理解。对于某些损害自然生态系统而又不得不进行的经济活动，在寻求到可替代的方式时，应及时终结并妥善解决遗留问题。如，自然资源的开采，在寻求到替代资源之后，应及时停止开采，而且应及时修复其对生态环境的影响，不将其生态环境影响遗留到永远。再如，对于经济活动完成之后产生的废弃物，也应去害化、再生资源化。

第十章

【原文通释】

通行本原文：载营魄抱一，能无离乎？专气致柔，能如婴儿乎？涤除玄览，能无疵乎？爱民治国，能无为乎？天门开阖，能为雌乎？明白四达，能无知乎？生之，畜之。生而不有，为而不恃，长而不宰，是谓"玄德"。

通行释译：精神和形体合一，能不分离吗？聚结精气以致柔和温顺，能像婴儿的无欲状态吗？清除杂念而深入观察心灵，能没有瑕疵吗？爱民治国，能遵行自然无为的规律吗？感官与外界的对立变化相接触，能宁静吧？明白四达，能不用心机吗？让万事万物生长繁殖，产生万物、养育万物而不占为己有，作万物之长而不主宰它们，这就叫作"玄德"。

【新认识与新释译】

本章要点的新释译

"载营魄抱一，能无离乎？专气致柔，能如婴儿乎？涤除玄览，能无疵乎？爱民治国，能无为乎？天门开阖，能为雌乎？明白四达，能无知乎？"各句都是阐述应当涤除后天所沾染的各种"有为"习性，而回归自然的本真状态①。

---

① 全章各句都是论述人体机能相关话题的，但"爱民治国，能无知乎？"似乎与之不相关。所以，不少注家认为该句是错简。笔者认为，认定为错简未尝不可。如果不是错简的话，则或可借鉴《黄帝内经》有关"五脏"与百官的比拟来理解，《黄帝内经》曰"心者，君主之官。神明出焉"，所以，或可将"爱民治国，能无知乎？"理解为"心志喜，能无知乎？"，其含义即为，心之情志，能够不以物喜，归于常态吗？作此理解，可备一说。

"婴儿"，以现代知识来理解的话，"婴儿"有几个特征：其一，生命力旺盛，自身的免疫力强；其二，一切皆出于本能之需要，而无人为刻意追求，不为物喜，不为物悲；其三，系统各机能平衡发展，各部分知需、知足、知时、知止；其四，身体与心智同步生长。

"天门开阖，能为雌乎？明白四达，能无知乎？"的含义是，即使"天门开阖"而拥有超凡能力，也能够保持平常心而坚守其本色（"守雌"）。这才是真正地践行"道"的精髓，从而达到"玄德"之境。

"生之，畜之。生而不有，为而不恃，长而不宰"，与第二章的"生而弗有，为而不恃，功成而弗居"有相同的含义。即万物之间按照自然规律相互滋养生长，但不改变其特性；万物之间相互有所作用，但不强加之；助成他物完成成长，但不主宰之。由于"生之，畜之。生而不有，为而不恃，长而不宰"，与第五十一章"道生之，德畜之，长之育之；亭之毒之；养之覆之。生而不有，为而不恃，长而不宰。是谓玄德"内容相近，不少注家也认为内容重复，是为错简。笔者认为，尽管内容上有所重复，但是，两章所论述的对象有所不同。第五十一章论述的是万物由"道生之，德畜之"；而本章所论述的是由"道生之，德畜之"。"生之，畜之。生而不有，为而不恃，长而不宰"的含义是，"人"及其思想、行为，是自然的产物，但自然就像对待万物一样，并不会对"人"予以改造和主宰。人类一代一代的代际传承，也是自然规律的产物，上世代对下世代，不应也不可能予以改造和主宰。按现代学术思想来认识的话，人类即使有"进化"，也是自身适应自然系统的结果，而不是自然系统为之改造的结果。

"玄"字的含义是"事物最为深刻的本质"。笔者认为，采用现代学术语言来表达的话，"玄"类似于数学中的"恒等于"或者类似逻辑学中的"充分必要条件"。"玄德"可理解为"得道的精髓"，亦即"最为精到的得道之术"。"生而不有，为而不恃，长而不宰，是谓玄德"的含义为"生而不有，为而不恃，长而不宰"是"德"的充分必要条件。

本章的衔续关系：本章承接前面几章有关"无为"的论述，进一步提出了涤除"有为"习性的认识，进而归纳总结出"德"的充要条件。至此，有关"无为"的论述，告一段落。随后各章，将转向对"无"

与"有"关系的阐释。

本章的关键词：无为（主要论述涤除"有为"习性）；玄德

本章的哲学意涵：人类作为自然万物之一，如何才能够体验到符合"道"的本真状态呢？即使拥有超凡能力，也能够保持平常心而坚守其本色，才是真正地践行"道"的精髓，或可达到回归本真的"玄德"之境。"玄德"，可从几个层面来体验。在个人修身养性方面，能够将精神与形体融为一体而不分离吗？能够专心致志地放松到至柔至弱状态，就像婴儿一样纯真吗？能够彻彻底底地涤除一切杂思杂念吗？在人与人之间、人与社会之间，能够不以教化或利诱方式来处理相互关系吗？在面对宇宙世界的阴阳变化循环演进过程中，能够顺应柔雌而不逆抗强雄吗？在通晓自然规律可能带给你利益之时，能够无动于衷吗？在你对于他物有所助益、有所助成之时，是否能够认识到，之所以有所作用无非是顺应了自然规律。另一方面，本章实质上也论述了"无为"与"德"之间的联系与异同。"无为"强调的是"不作不符合'道'的行为"，而"德"所强调的是"作符合'道'的行为，但必须符合'生而不有，为而不恃，长而不宰'等'无为'准则"。

【生态文明启示】

本章对生态文明的启示体现在以下方面。

"天门开阖，能为雌乎？……"各句的启示是，即使有重大科学技术发现，也不轻易地快速地改变既有的生产生活方式，否则高新技术的快速推进，必然成为生态环境破坏的加速器，加速某些自然资源耗竭，增加某些环境污染物排放累积，强化某些生态环境影响。

"生之，畜之。生而不有，为而不恃，长而不宰，是谓玄德"的启示是：其一，自然生态系统对于人类及万物，有"生而不有，为而不恃，长而不宰"之德，而人类及万物则应以"尊重自然、顺应自然、敬畏自然"的理念服膺于自然生态系统。这是人类理性的行为选择，因为违背"尊重自然、顺应自然、敬畏自然"的理念并不能给人类带来额外的利益，反而因损害自然生态系统影响自身利益。亦即自然生态系统对于人类及万物

"生而不有，为而不恃，长而不宰"而言，是人类"尊重自然、顺应自然、敬畏自然"的逻辑基础；其二，当代人对于后代人也应是"生而不有，为而不恃，长而不宰"，即当代人应当为后代人保留其因应自然的权利，也就是应在代际之间保持"自然资本"财富的持续性，也就是充分认识到"人造资本"无法完全替代"自然资本"。如果自作主张地以"人造资本"去替代"自然资本"，那就是"不可持续"。

关联知识或其他启示：在《道德经》的哲学体系中，"道"是亘古不变的客观的自然规律，而"德"是人类在实践过程中认识到的、不自觉地践行的"实践规律"，这一认识规律不断接近客观的自然规律。以现代科学方法来比附的话，"道"是一个客观存在的自然规律；"德"则是人类在无法先验性地认识到这一规律的情形下，以理论模型和实证方法不断去拟合这个自然规律，使得理论越来越接近客观规律，对相关的自然现象的阐释力越来越强的实证规律；"玄德"则是在相关事物上，几乎能够完全符合"道"的认识和实践。以人类传承为例，"道"的规定性极有可能是人类永续性地以代代相传方式而传承。而人类在不自觉地践行这一"道"的规定性的过程中，自然而然地形成了"父母天性"，这个"父母天性"就是诠释"生之，畜之。生而不有，为而不恃，长而不宰，是谓玄德"最恰适的例子。

第十一章

【原文通释】

通行本原文：三十辐，共一毂，当其无，有车之用；埏埴以为器，当其无，有器之用；凿户牖以为室，当其无，有室之用。故有之以为利，无之以为用。

通行释译：三十根车辐条汇集到一个车毂，有了车毂中空的地方，才有车的作用。用陶土做成器皿，有了器具中空的地方，才有器皿的作用。建造房屋开凿门窗，有了门窗四壁内的空虚部分，才有房屋的作用。所以，"有"给人便利，"无"发挥了它的作用。

【新认识与新释译】

本章要点的新释译

本章是以车、户等日常之物来比拟阐释"有""利"与"无""用"的关系。"用"的含义是"功能"或"功用"；"利"的含义是"功能"的承载体。

本章"故有之以为利，无之以为用"与第四十章"弱者道之用"，有相通的意涵。以现代学术思想来理解，"弱者道之用"的含义是，"瓶颈"因素决定了可被利用的能力，亦即承载力决定了功用的大小。结合这一认识，"故有之以为利，无之以为用"，也应考虑到"利"所决定的承载力，而不可能无限度地"无之以为用"。从这一视角来理解，"有—利"是"无—用"的承载体，也是"无—用"的承载限度。

本章的衔续关系：从第一章提出"无"与"有"概念之后，第二章至第十章，主要论述"无为"的相关问题。从本章开始，转向对"无—用"与"有—利"关系的阐释。

本章的关键词：无—用；有—利

本章的哲学意涵：遵循"道"和践行"道"，最根本的是认识"无为"。而要发挥"道"的功用，则必须从认识"无—用"和"有—利"的关系出发。"无—用"是一个器物的"功用"，但其"功用"必须是符合自然需求的功用，而不是超出自然需求的其他功用；"有"则是其"功用"的承载体，既要符合自然原理，也要受限于自然约束。"功用"以"承载体"为依存。普通器物尚且如此，对于自然系统、对于社会系统，更是如此。普通人可能只看到事物的直接"功用"，但作为系统统摄者应当更为深刻地认识和维护事物的"承载力"。

【生态文明启示】

本章的生态文明启示体现在"故有之以为利，无之以为用"，该句的启示是人类之所以能够通过经济活动来满足自身的需求，实际上是以自然生态系统的"承载力"和"自净化能力"为基础的，如果自然生态系统的承载力和自净化能力被破坏或者被削弱了，那么，人类的经济活动甚至生存传承条件也就不复存在了。

自然资源及生态环境，既有其"使用价值"，更有其"非使用价值"（nonuse value）或"存在价值"（existence value），相当于《道德经》论述的"无—用"和"有—利"的关系。如，一些重要的生态功能区，人们认识不到它的存在对于人类社会生存发展有多大的作用。但是，这些生态功能区一旦被破坏，或者其生态功能一旦受到损害，人们才意识到失去这些生态功能区所要承受的巨大损失和危害。一些生态功能区被破坏所导致巨大损失的经验，反证了生态功能区对于人类的重要价值，反证了人类保护生态功能区的必要性。重要的生态功能区，有其重要的"非使用价值"。同一道理，更为抽象的"自然生态系统"，更加具有极其重要的"非使用价值"。如果，人类不能一代一代地关注"自然生态系统"的完好，而是不断地加重其负载，不断地累积生态环境影响，那么，"自然生态系统"就会日益脆弱，其对于人类生存传承的生态功能就会日益弱化，人们也就会认识到"自然生态系统"的真正价值。人类经济活动，特别是工业化以来的经济活动，使生态环境被破坏进而导致巨大损失的经验，已经反证了自然生态系统对于人类的重要价值，反证了人类自觉维护自然生态系统的必要性。

第十二章

【原文通释】

通行本原文：五色令人目盲；五音令人耳聋；五味令人口爽；驰骋田猎令人心狂；难得之货令人行妨。是以圣人为腹不为目，故去彼取此。

通行释译：缤纷的色彩，使人眼花缭乱；嘈杂的音调，使人听觉失灵；丰盛的食物，使人舌不知味；纵情狩猎，使人心情放荡发狂；稀有的物品，使人行为不轨。因此，圣人但求吃饱肚子而不追逐声色之娱，所以摒弃物欲的诱惑而保持安定知足的生活方式。

【新认识与新释译】

本章要点的新释译

"五色""五音""五味"的含义是，各种色、各种音、各种味，各有各的功用，或者相互调和；但无谓地掺杂在一起，反而失去了本真。各器官所接收的信息也由之而失真。《说文解字》对"五"的释义是"五，五行也"；《汉字源流字典》对"五"的本义的解释是"纵横交错"。

"为腹不为目"的含义是，只满足基本需求，不追求奢侈性需求。王弼注释为"为腹者以物养己，为目者以物役己"。《道德经》只说了"为腹不为目"，联系上下文来看，其含义包括为腹不为目、不为耳、不为口、不为心、不为行。这里只用"不为目"来代表各种感官的不当欲求。本章的"为腹不为目"可结合第三章的"虚其心，实其腹；弱其志，强其骨"

句来理解，即借鉴《黄帝内经》有关"心志"与"五脏"的关系来认识，其基本意涵是使"社会系统"的"脏器"正常地发挥其功能，以使社会系统的"心志"归于常态。

"去彼取此"，本章、第三十八章、第七十二章均有"圣人去彼取此"的表述。各种"圣人去彼取此"之前的行文均为圣人如何处事而不如何如何，由此可见，本章所去者乃"为目"，所取者乃"为腹"。但综合全文来看，第二十九章有"圣人去甚，去奢，去泰"之说，而全文第二十九、第四十八、第五十七章都有"取天下"之说，据此，表明《道德经》全文关于"圣人去彼取此"的完整含义是，统治者不可让社会系统稳定运行的治理目标异化，唯有去甚、去奢、去泰，否则不足以有效治理社会系统。

本章的衔续关系：本章承接第十一章有关"无—用""有—利"的论述，讨论两者相互关系的协调。

本章的关键词：去彼取此（防范"异化"）

本章的哲学意涵："无—用""有—利"的认识及其协调关系，在日常生活中是否存在可通俗比拟的例子？对社会统治有什么借鉴意义？以"无—用""有—利"的思想来认识的话，"五色""五音""五味"等是"利"，其对应的"用"分别是"目明""耳聪""味和"。如果，偏离了"功用"自然需求的目的，过度地追求"利"，就必然背离自然系统配置的本意，走向"异化"，所接收的信息及其指引也必然是失真的。得道的圣人取用于自然，只满足基本需求，不追求超出基本需求的奢侈性需求。只有去甚、去奢、去泰，才是统摄天下之道，亦即"去彼取此"。

【生态文明启示】

本章的生态文明启示在于，人类进行经济活动的目的是满足基本的生存需求和人类种群的传承需求，但是，随着人类社会的发展，其目的已经异化，导致各种与基本需求背道而驰的经济活动的产生，进而导致大量无谓的资源消耗和生态环境的损耗。人类要想真正回归到"可持续发展"道路上来，亦即回归到自然生态系统的可持续性得以保障的道路，就必须"去甚、去奢、去泰"。

关联知识或其他启示：本章"五色令人目盲；五音令人耳聋；五味令人口爽"，采用现代学术概念的话来理解，即阐述了"异化"的思想。所谓的异化，是指事物在发展变化中，把表征特征当作终极目标，逐步走向偏离真实目标的方向。

第十三章

【原文通释】

通行本原文：宠辱若惊，贵大患若身。何谓宠辱若惊？宠为下，得之若惊，失之若惊，是谓宠辱若惊。何谓贵大患若身？吾所以有大患者，为吾有身，及吾无身，吾有何患？故贵以身为天下，若可寄天下；爱以身为天下，若可托天下。

通行释译：受到宠爱和受到侮辱，就犹如受到惊恐，把荣辱这样的大患看得与自身生命一样重要。什么叫作"宠辱若惊"？那就是得宠是卑下的，得到宠爱感到格外惊喜，失去宠爱则令人惊慌不安。什么叫作重视大患像重视自身生命一样？我之所以有大患，是因为我有身体；如果我没有身体，我还会有什么祸患呢？所以，珍贵自己的身体是为了治理天下，天下就可以托付他；爱惜自己的身体是为了治理天下，天下方可托付于他。

【新认识与新释译】

本章要点的新释译

本章对于"宠辱""大患""以身为天下"的论述，都采用了同一句式"XX 若 X"。

宠辱，若惊；

大患，若身；

以身为天下，若可寄天下；

以身为天下，若可托天下。

这个句式的论述逻辑和各自的含义分别是

"何谓宠辱若惊？宠为下，得之若惊，失之若惊，是谓宠辱若惊"的含义是，人们之所以在乎宠辱，是因为在乎自己的地位，上位者给予的得失决定了下位者的地位，如果下位者不在乎地位，那么他就不必在乎上位者所给予的宠辱得失了！《说文解字》对"宠"的释义为"宠，尊居也"，可见"宠为下"的含义是上对下之恩惠。宠辱是一个事物的两种形式，不必分别讨论。

"吾所以有大患者，为吾有身，及吾无身，吾有何患"的含义是，人们为什么会有忧虑，是因为有身体的存在，如果没有身体存在与否的问题，就不必有任何忧虑。《说文解字》对"患"的释义为"患，忧也"，不宜解释为"病患或祸患"。

"故贵以身为天下，若可寄天下；爱以身为天下，若可托天下"的含义是，统治者之所以珍视"以身为天下"，是有其前提的，那就是他被认可"可寄天下""可托天下"。如果他不被认可"可寄天下""可托天下"，那么他何以能够"以身为天下"呢？

本章的衔续关系：本章与前两章有关"无—用""有—利"的论述是相承接的，即对于"以身为天下"之类的社会治理问题，应遵循"无—用"与"有—利"的协调关系，也应遵循"去彼取此"的原则，以免走向目标手段的"异化"。

本章的哲学意涵："无—用""有—利"的哲理认识，对于社会统治有什么指导意义？以"无—用""有—利"的思想来认识的话，"可寄天下""可托天下"，是其"有—利"的方面，而"以身为天下"是其"无—用"的方面。要实现"以身为天下"的功用，就不能缺少了"可寄天下""可托天下"这个承载基础。所以，统治者"以身为天下"，要取得成效，是有其前提条件的，一是有能力"可寄天下""可托天下"，二是社会成员认可其"可寄天下""可托天下"，三是"以身为天下"是满足系统的客观需要而不是自我的主观意志。如果没有这些前提的话，即使主观上"以身为天下"，也不会起到什么正面的功用效果。

【生态文明启示】

本章的生态文明启示体现在以下方面。

"吾所以有大患者，为吾有身，及吾无身，吾有何患？"的反面启示是，之所以人们在乎生态破坏、环境污染问题，是因为人类所赖以生存的自然生态系统尚有维持其可持续性的可能。如果经济活动导致生态环境影响持续累积，导致人类生存传承条件日益劣化乃至难以为继的话，再去讨论生态环境保护问题，就不再有什么意义了！也就是说，自然生态系统不能导致不可逆的后果，到了那种状态，再去保护生态环境，也于事无补了。

"贵以身为天下，若可寄天下"的启示是，只有社会大众真正认识到了维护自然生态系统的意义，并认可统治层或生态友好组织所倡导的"可持续发展"，"生态环境保护"才有真正推行的可行性。否则，就不会有什么实际的意义，也不会有实际的成效。

第十四章

【原文通释】

通行本原文：视之不见，名曰夷；听之不闻，名曰希；搏之不得，名曰微。此三者不可致诘，故混而为一。其上不皦，其下不昧。绳绳兮不可名，复归于无物。是谓无状之状，无物之象，是谓惚恍。迎之不见其首，随之不见其后。执古之道，以御今之有。能知古始，是谓道纪。

通行释译：看它看不见，把它叫作"夷"；听它听不到，把它叫作"希"；摸它摸不到，把它叫作"微"。这三者的形状无从追究，它们原本就浑然而为"一"。它的上面既不显得光明亮堂，它的下面也不显得阴暗晦涩。无头无绪、延绵不绝却又不可称名，一切运动都又回复到无形无象的状态。这就是没有形状的形状，不见物体的形象，这就是"惚恍"。迎着它，看不见它的前头，跟着它，也看不见它的后头。把握着早已存在的"道"，来驾驭现实存在的具体事物。能认识、了解宇宙的初始，这就叫作认识"道"的规律。

【新认识与新释译】

本章要点的新释译

对于自然系统、自然万物的特性，穷尽人类的感官能力以及人类的一切观测手段，也不可能全面地认识。对于人类无法认知的自然特性，只能将其视之为一个"黑箱"。黑箱并不是没有其功能及联系，只是人类的观测能力无法认知，无法了解其起源，也无法预知其走势。但是，它作用于人类可认知事物之上并由其反映，所以，人类或可依此而对其规律有所认识。所以，"混而为一"，采用现代认识思维来理解，其含义即是以人类既有的认识能力无法采用一组物理指标表征的一个事物，亦无法表征其内在机理，在认识和探讨过程中只能视之为一个"黑箱"。如下图所示。

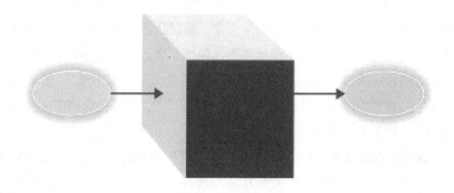

"此三者不可致诘，故混而为一。其上不皦，其下不昧。绳绳今不可名"，帛书本作"三者不可致诘，故混而为一。一者，其上不谬，其下不惚。寻寻呵，不可名也"。《说文解字》对于"谬"的释义是"谬，狂者之妄言也"，对于"寻"的本字"寻"的释义是"寻，绎理也"。《广韵》对于"惚"的释义是"恍惚微妙不测"的样子。"其上""其下"分别是指最大极限与最小极限的情形，相当于现代数学中的"Max""Min"。综合分析，该句大致的含义是，这一事物客观存在，但由于其不可见、不发声、不可感知，所以，难以探究其本质。但可通过"混而为一"的方式去探索。以现代学术思想来认识，即是将之视作一个黑箱系统。这个黑箱系统的功能，极端大的状态下，并非无法理解，依然属于合理范围；极端小的状态下，也并非捉摸不定，依然属于合理范围。不断地探究，即使无法给予它一个精准的定义和界定，终究还能认识到它的一些特性。

"复归于无物。是谓无状之状，无物之象，是谓惚恍。迎之不见其首，随之不见其后"的含义是，"黑箱"是一种"机制"，不具有物质性，这种"机制"是持续存在的。"道"被形容为"无形之象"，而"混而为一"则被形容为"无物之象"，两者显然不是同一概念。"无物之象"表征"混而为一"是一种"机制"且不具有物质性，而"道"具有一定的物质性。以现代学术概念来比拟理解的话，"能量"这一物理量是具有物质性的，而表征系统混乱程度的"熵"则不具有物质性。

何谓"道纪"？《说文解字》对于"纪"的释义为"纪，丝别也"，本义即为系联丝缕的编结，此处应为其引申的纲领之意。"道纪"相当于"道的传略本纪"，类似于《史记》中的"某某本纪"。"执古之道，以御今之有。能知古始，是谓道纪"的含义是，<u>通过认识"道"自古至今的表现特征，来探寻"道"的基本规律和变化规律</u>。类似于后世司马迁"究天人之际，通古今之变"之语义，即"究天地万物之际，通'道''德'无有之变"。"道纪"的含义是<u>"道"的"历史传记"</u>[①]，并不是像诸多注家所解读的"一就是道，道就是一"。

本章的衔续关系：第一章提出有关"道"的概念之后，尚未对如何认识"道"进行阐释。从本章开始即展开对"道"的特性以及如何认识"道"的阐述。

本章的关键词：混而为一（认识"道"的黑箱方法）；道纪（"道"的历史传记）

本章的哲学意涵："无为"是"道"在统摄系统中的基本特征，"无—用""有—利"是"道"作用于万物的功用特征。那么，"道"的本质特征是什么？应当如何来认知？本章提出以"混而为一"的方式来认识"道""道纪"的一些基本特性，通过"道"在各个历史时期，以各种方式表现出来的特性，可以归纳认识"道"的基本规律。"混而为一"和"道纪"都是认识"道"的规律性的方式方法。"混而为一"是表征"道"若干特性的"黑箱"，"道纪"是表征"道"的历史过程的"传记"。

【生态文明启示】

可采用本章所论述的"混而为一"来认识"生态系统"及其生态功能。抽象的"生态系统"，它客观存在，但既看不见，也听不见，更摸不着。

---

① 有点类似现代物理学家霍金的名著《时间简史》的意涵。

生态系统完好的状态是什么样，生态系统不完好的状态是什么样，也很
难阐述清楚。当今只能认识到"生态系统"是符合并表征自然运行规律
的一个抽象之物，无法进行具体表征。人类能够一代又一代地传承至今，
并完好地生存于这个自然生态系统之内，便可看作是生态系统的完好性及
永续性，也是用于评判当今人类行为是否有损于这个完好性和永续性的借
鉴依据。

"执古之道，以御今之有"的生态文明含义是，人类经济活动对于自
然生态系统的破坏已有数千年了，但是，人类对于生态环境问题的认识却
只有短短的百十年。完好的自然生态系统应当具有什么样的特征，人类经
济活动对于自然生态系统的破坏机理，自然生态系统功能弱化对于人类生
存传承的影响机理，人们对这些知之甚少。那么，如何更好地认识这些问
题呢？只能通过对各个历史时期经济—生态关系现象的观察，对"经济—
生态"黑箱系统的内在有所认识，才可以指导人类形成更为顺应自然生态
系统的行为。

第十五章

【原文通释】

通行本原文：古之善为士者，微妙玄通，深不可识。夫唯不可识，故强为之容：豫兮若冬涉川；犹兮若畏四邻；俨兮其若客；涣兮其若释；敦兮其若朴；旷兮其若谷；混兮其若浊；孰能浊以静之徐清。孰能安以动之徐生。保此道者，不欲盈。夫唯不盈，故能蔽而新成。

通行释译：古时候善于行道的人，微妙通达，深刻玄远，不是一般人可以理解的。正因为不能认识他，所以只能勉强地形容：他小心谨慎，好像冬天踩着水过河；他警觉戒备，好像防备着邻国的进攻；他恭敬郑重，好像要去赴宴做客；他行动洒脱，好像冰块缓缓消融；他纯朴厚道，好像没有经过加工的原料；他旷远豁达，好像深幽的山谷；他浑厚宽容，好像不清的浊水。谁能使浑浊安静下来，慢慢澄清？谁能使安静变动起来，慢慢显出生机？保持这个"道"的人不会自满。正因为他从不自满，所以能够去故更新。

【新认识与新释译】

本章要点的新释译

"豫兮若冬涉川……孰能安以动之徐生"阐述的是一种认识事物的方法。"豫"的含义是事先准备以选择合适的时机，《说文解字》对"预"的释义为"按经典通豫"，对"豫"的释义是"象之大者"，由大象之态引申为行动迟疑；"犹"的含义是警觉防备，由"犬吠声"引申而来；"俨"的含义是严格规范，《说文解字》对"俨"的释义是"昂头也"，引申为庄重、不可犯之意；"涣"的含义是如固态之冰融解为液态之水的变化过程；"敦"（帛书本作"沌"）的含义是初始未知的状态；"旷"的含义是放松其空间约束，由"空间大"之意引申；"混"的含义是使之浑浊（以观察其由浑浊而澄清的过程）。

"豫兮若冬涉川"的含义是，观察事物，犹如在冬日水浅之时过河，<u>应选择便于达到观察目的的时机</u>。

"犹兮若畏四邻"的含义是，认识事物，犹如顾及四邻的威严，<u>要了解相互关联的周边关系（边界条件）</u>。

"俨兮其若客"的含义是，认识事物，犹如严谨而不失礼节地接待客人，<u>应遵循严格的前提条件和规范严密的逻辑推理</u>。

"涣兮其若释"的含义是，观察事物，犹如观察冰将化未化之时的状态，<u>观察由一种状态质变转化为另一状态时的转变过程（变与不变的内容）</u>。

"敦兮其若朴"的含义是，认识事物，犹如观察木制品的木质一样，<u>应抛却先入为主的表面认识，探索其初始本真的状态</u>。

"旷兮其若谷"的含义是，认识事物，犹如将事物置于极其空旷的空间的条件下，<u>探索其在理想化状态下的特性</u>。

"混兮其若浊；孰能浊以静之徐清"的含义是，为了观察事物的特性，可通过某些活动使之发生某些变化，<u>通过观察这些变化来探索其本身的特性</u>。

"孰能安以动之徐生"的含义是，观察事物特性，使其发生某种运动以观察其在运动中的特性，以探索其静止状态的特性。谁都不可能把各种使之变化的"试验"、使之运动的"试验"一一穷尽，所以，新的认识可以不断地出现。在繁复的事物中，将无关事物澄清出去，则可认识所探讨的事物；在貌似不变的事物中，感知到其变化发展，养成并采用这样的认识方式，而不以强求的方式，则总能够在司空见惯的事物之中，有新的发现。

"保此道者，不欲盈。夫唯不盈，故能蔽而新成"的含义是，善于认识事物的人，养成并有效地使用这一认识方法，并不昧于事物的全貌，而是善于抓住遮蔽全貌中那些表层性的内容，善于抓住问题的本质，在表层内容不断被遮蔽的过程中不断更新自己的认识，亦即<u>不断从现实复杂现象中抽象出最本质的认识</u>。《说文解字》对"保"的释义为"保，养也"，即"养育、抚育"之意，此处是指前述认识方法的养成。该句帛书本作"保此道者，不欲盈。夫唯不欲盈，是以能敝而不成"，笔者认为该句与第四十五章之"大成若缺，其用不弊"所阐述的意涵相通，其含义是，在认识事物的过程中，要不断拨开遮蔽表层进而不断接近最本质的内容，尽管永远无法达到真正的"大成"。

本章的衔续关系：本章承接上一章有关道的认识方法的论述，继续阐述认识事物规律的方式方法。

本章的关键词：为道（认识事物规律的方法）

本章的哲学意涵：认识"道"的基本特征，可采用"混而为一"和"道纪"的方法，那么，在这个方法之下还有更具体的认识方法吗？善于认识事物者，其认识方式极为玄妙。大致可以这样来描述其方式方法——应选择便于达到观察目的的时机；应了解其相互关联的周边关系（边界条件）；应遵循严格的前提条件和规范严密的逻辑推理；应观察事物由一种状态质变转化为另一状态时的转变过程（变与不变的内容）；应抛开先入为主的认识，探索初始的状态；应探索其在理想化状态下的特性；可通过某些活动使之发生某些变化，通过观察这些变化来探索其本身的特性；可使其发生某种运动以观察其运动中的特性，以探索其静止状态的特性。在繁复的事物中，将无关事物澄清出去，则可认识所探讨事物；在貌似不变的事物中，感知到其变化发展。养成并采用这样的认识方式，而不以强求的方式，则总能够在司空见惯的事物之中，有新的发现。

【生态文明启示】

本章对于生态文明的启示体现在以下方面。

"豫兮若冬涉川"的启示在于，由于气候变暖而导致的全球生态危机日益临近，通常情况下或许难以切实地感受到。但如果到小岛国家去进行观察，就能够感受到因气候变暖，导致极地冰雪的融化，进而导致海平面的上升的状况，真切地感受到人类危机近在眼前。

"犹兮若畏四邻"的启示在于，生态破坏问题、环境污染问题，是没有疆界的，而且是互相关联的。一个区域经济活动的生态环境影响，可能会波及诸多的区域；一个领域的生态环境变化，可能会影响整个生态系统的稳定。所以，在进行任何可能产生生态环境影响的经济活动、技术活动时，都应当预估可能产生的关联性影响或是潜在的生态不确定性影响和环境风险。

"俨兮其若客"的启示在于，一般而言，自然生态系统对于生态环境影响是有其自净化能力的。但是，这一自净化能力的实现是有严格条件的，其一，自净化能力是有限度的，一旦超过了限度，那么生态环境质量和生态功能就将劣化；其二，生态环境影响和污染物不能超过可修复的阈值，一旦超过了阈值，则会产生不可逆的影响，退化的生态功能将难以恢复；其三，整体上的自净化能力，并不能容忍局部的过度污染，如果局部的生态环境影响超过了其净化能力，也会造成不可逆的生态环境影响，局部乃至整体的生态功能退化，也将不可避免。

"涣兮其若释"的启示在于，生态环境影响是不断累积的，累积达到一定程度以后，就会导致不可逆的生态劣化后果。所以，对于人类经济活动产生生态影响的控制，不仅要控制其可能造成的不可逆后果的"阈值"，而且要关注并控制其微量的不断累积。

"敦兮其若朴，旷兮其若谷"的启示在于，自然生态系统的完好有什么样的特征？人类经济活动水平远远低于自然承载力时期的状态，就是自然生态系统完好的状态，从中可发现生物多样性等表征性特征。

第十六章

【原文通释】

通行本原文： 致虚极，守静笃。万物并作，吾以观复。夫物芸芸，各复归其根。归根曰静，静曰复命，复命曰常，知常曰明。不知常，妄作凶。知常容，容乃公。公乃全，全乃天，天乃道，道乃久，没身不殆。

通行释译： 尽力使心灵的虚寂达到极点，使生活清静坚守不变。万物一齐蓬勃生长，"我们"考察其往复的过程。那万物纷纷芸芸，各自返回它的本根。返回本根就叫作清静，清静就叫作复归于生命。复归于生命就叫自然规律，认识了自然规律就叫作聪明，不认识自然规律往往会举止轻妄，往往会出乱子和灾凶。认识自然规律的人是无所不包的，无所不包就会坦然公正，公正就能周全，周全才能符合自然的"道"，符合自然的道才能长久，终生不会遭到危险。

【新认识与新释译】

本章要点的新释译

本章各句，以现代学术思想来认识，其内容已进入完全虚拟的思想实验。从万物的不同期生长状态中，或可认识某一事物从初始到逐步生长的完整过程（类似于现代研究方法中的"回归"）。通过思想实验，反推宇宙初始的虚化极致状态（"致虚极"），反推其初始的时间起点（"守静笃"），便可反推其由初始状态演化至今的过程（"观复"）。"致虚极，守静笃。万物并作，吾以观复"句，帛书本作"致虚，极也；守静，督也。万物旁作，吾以观其复也"。其中，"极"当与"其大不可极，其深不可测"之"极"同义；"督"当与"总督一身"之"督"同义；"万物旁作，吾以观其复也"的含义是，万物在发展过程中已经有所偏离，只有回复到初始状态，才能认识到其本真。以现代学术思想来理解，保持或回复到系统在熵未增之时的稳定状态，有助于还原事物的本来状态。

"夫物芸芸，各复归其根。归根曰静，静曰复命"句，帛书本作"天物芸芸，各复归于其根，曰静。静，是谓复命"的含义是，天下万物，在恢复的时候，生命的能量都回归到它们的根部，这就是"静"。"静"，其实质就是回归生命循环的起点。

通过这样的思想实验，万物都可以找寻到它的源头（"归根"）。真正的源头是时间的起点，从时间起点来推演事物的演化过程（"复命"），就会认识到其一般规律（"常"）。只有认识到宇宙万物有其一般规律，才会认识到宇宙世界是稳定系统而可预知的（"明"），如果宇宙世界没有一般规律的话，那么，这个宇宙世界就不可能稳定（"妄"），而必然呈现混乱状态（"凶"）。正是因为宇宙世界是有规律的稳定系统，系统内部各构成之间是兼容的（"容"），才能够无偏（"公"），天地才能是一个稳态的天地（"全"），宇宙才能是一个稳态的宇宙，宇宙世界才能有其亘古不变的规律（"久"）。在社会系统中，如果不能认识并遵循系统规律的话，社会系统就不可能稳定（"妄"），必然呈现混乱状态（"凶"）。也只有当社会系统是稳态的，系统内部各构成之间才是互容的（"容"），才能够无偏（"公"），社会才能是一个稳态的王道社会（"公乃全，全乃天"句，帛书本作"公乃王，王乃天"。"王"即"王道"，是相对于春秋战国时期的"霸道"而言的），这样的社会才符合自然之道，才能够持久永续。

本章"知常曰明"与第五十二章、第五十五章的表述基本是一致的，其含义都是，认识规律就是"明"。值得一提的是通行本中大多数"常"字，在帛书本中为"恒"字，原因是晚于帛书本的通行本因避讳而将原本之"恒"字改为了"常"。但是，"知常曰明"一直未变，"常"更强调"规律性"，"恒"则更强调"不变性"。

本章的衔续关系：本章承接上几章有关"道"的认识方法的论述，继续阐述认识自然系统规律的方法进而论述在社会系统中掌握并遵循自然系统规律的重要性。

本章的关键词：知常（认识自然系统的规律性、稳态性）

本章的哲学意涵：通过各种抽象和具体的方法去认识"道"，那么，能够对"道"的基本特征作出什么样的归纳吗？"道"的基本特征体现在"知常容，容乃公。公乃全，全乃天，天乃道，道乃久，没身不殆"（宇宙万物有其一般规律，宇宙世界是稳定系统而可预知的，如果宇宙世界没有一般规律的话，那么，这个宇宙世界就不可能稳定，而必然呈现混乱状态。正是因为宇宙世界是有规律的稳定系统，系统内部各构成之间才是兼容的、无偏的，宇宙才能是一个稳态的宇宙，宇宙世界才能有其亘古不变的规律。自然系统如此，社会系统亦如此）。"道"的基本特征是"知常"（稳态），而以"道"为基础的自然系统、社会系统，只有形成了一个稳态状态，才能够呈现平衡、兼容、稳定、永续、可预期等状态特征。

【生态文明启示】

本章的生态文明启示是，经济活动之于生态系统，应当维护生态系统所具有的平衡、兼容、稳定、永续、可预期等状态特征，这是可持续发展的基本要求。"知常容，容乃公。公乃全，全乃天，天乃道，道乃久"的启示是，认识到"自然生态系统稳定性、可持续性"的重要价值（"知常"），就会在其行为选择过程中采取"利己—利他"[①]的行为方式（"知常容，容乃公"）；采取了"利己—利他"的思维方式，就能够顾及"人类整体"的利益（"容乃公。公乃全"）；只有各主体真正共同维护了"人类整体利益"，才能够真正实现"可持续发展"之道（"公乃全，全乃天"）；人类作为自然物种种群才能够"永续"生存传承（"天乃道，道乃久"）。

---

① "利己—利他"是指，在行为过程中，一方是"个体理性"，另一方是"整体理性"，双方共同目标是"整体利益上的改进"。生态文明理念下，即在考虑自身利益的同时，追求人类整体利益的最大化。

第十七章

【原文通释】

通行本原文：太上，不知有之；其次，亲而誉之；其次，畏之；其次，侮之。信不足焉，有不信焉。犹兮，其贵言。功成事遂，百姓皆谓："我自然"。

通行释译：最好的统治者，民众并不知道他的存在；其次的统治者，民众亲近他并且称赞他；再其次的统治者，民众畏惧他；更其次的统治者，民众轻蔑他。统治者的诚信不足，民众才不相信他。最好的统治者是多么悠闲。他很少发号施令，事情办成功了，百姓总是说"我们本来就是这样的"。

【新认识与新释译】

本章要点的新释译

"太上，不知有之；其次，亲而誉之；其次，畏之；其次，侮之"句，以现代事物来比拟阐释本章主要意涵的话，其大致的含义是，<u>最好的社会统治者是，社会公众感觉不到统治的存在而秩序井然；其次好的统治者是，社会公众感觉得到他的存在，对其是信服的；再其次的统治者是，社会公众并不十分信服统治者的统治，但又慑于其威权不敢有所表示；最差的统治者是，谁都不信任他，也不尊重他的统治。所以，最好的统治者是，规则简单，统治令人信服且有权威，但并不轻易发号施令。社会秩序井然，公众都觉得自然而然，而不会归功于好的统治手段。</u>最恰切的例子是：体育赛场上的裁判，最称职的裁判是，在赛场上感觉不到他的存在而赛事顺畅进行；其次好的裁判是，感觉得到他的存在，但比赛双方对其裁定都是信服的；再其次的裁判是，大家很担心他的裁定会不会出错，但又慑于其威权不敢有所表示；最差的裁判是，谁都不信任他，也不尊重他的裁定。最好的赛事是，规则简单；裁判令人信服且有权威，但并不轻易发号施令。一场顺畅的赛事，谁都觉得自然而然，而不会归功于好裁判。

"信不足焉，有不信焉"的含义是，<u>为什么被民众信赖统治者的程度有这样的差别？根本原因在于统治者自身被公众认可的基础</u>。即你的行为为什么会与真正的"道"有偏差，是源自你的认识与"道"的偏离程度。第二十三章，亦有"信不足焉，有不信焉"这句的其含义与本章的是相近、相通的。

"犹兮，其贵言"的含义是，<u>要想得到民众的信赖，有什么好的方法呢？最好的方法是"所出号令一定要严谨，尽可能减少发号施令"</u>。此处的"犹"的本字是"猷"，而不是"猶"，《汉字源流字典》对"猷"的释义是"计谋、打算"。

"功成事遂，百姓皆谓我自然"的含义是，统治者不要存有功业在我的念头，只有民众感受不到强制约束性的统治，才是最好的统治。"百姓皆谓我自然"的合理断句为"百姓皆谓我'自然'"，意思是"百姓对道的评语就是'自然而然'"。此处的"我"指称"道"，《道德经》各章中的"我"多数是指称"道"。"百姓皆谓我自然"不宜断句为"百姓皆谓'我自然'"。

本章的衔续关系：本章承接上一章有关"知常"以明道的重要性的论述，继续阐述如何在社会系统中践行"道"，提出最好的践行形式是"自然"状态。

本章的关键词：自然（不知统治者存在的自然而然状态）

本章的哲学意涵："道"的基本特征是稳态，一个稳态系统则具有平衡、兼容、稳定、永续、可预期等状态特征。将之应用于社会统治之中，最好的统治秩序就是，一切都自然而然，亦即系统正常运转，而无须任何的外在干预。统治者悠然而社会无事，是最好的社会状态；而统治者无处不在，不断发号施令，则是社会系统运转不正常的状态。

【生态文明启示】

本章的生态文明启示在于，最理性的生态文明规则是一切经济活动都远低于自然生态系统的生态承载力，人类的一切行为都不需要任何外在的约束，人们的行为也是作为自然生态系统中的一个物种种群的行为，自然而然地处于可持续状态；其次的生态文明规则是，尽管人们知道有外在的可持续性约束，但是这些约束是人类经济活动中很容易做到且人们乐于遵守的；再其次的生态文明规则是，人类的经济活动行为，总是处于生态承载力的边缘，既担忧超越生态承载力所带来的破坏性影响，又心怀侥幸地损耗生态环境资源方式获取更大的物质财富；最差的生态文明规则是，尽管有规则、有承载力约束，但每一个经济活动主体都超越规则、超越生态的承载力排放，产生各种生态环境影响，对整体生态环境采取"公有地悲剧"，对其他群体采取囚徒困境式的竞争，对于整体生态责任采取搭便车"策略"。真正的生态文明情境应当是这样的：每一个主体都以符合可持续性原则的方式进行生产生活，但是每一个主体都认为这是自然而然的行为，并不是外在约束下的行为。

关联知识或其他启示：以认识自然规律过程中所使用的理论概念来比拟的话，"太上，不知有之"，相当于表征在公理认识的条件下，不需要增加任何新的理论假设，即可对所讨论的事物作出逻辑推理简洁而完善的阐释；"亲而誉之"，相当于表征提出某一理论假设，即可对所讨论的事物作出逻辑推理简洁而完善的阐释；"畏之"，相当于表征对一个普遍认同的理论假设，轻易不敢否定，但对所讨论的事物，虽然能够作出逻辑阐释，但不简洁或存在不完备的隐忧；"侮之"，对一个曾经普遍被认同的理论假设与现实中新的发现，存在无法阐释的情形，旧理论面临着被摒弃，亟待新理论认识替代之。

第十八章

【原文通释】

通行本原文： 大道废，有仁义；智慧出，有大伪；六亲不和，有孝慈；国家昏乱，有忠臣。

通行释译： 根本的"道"被废弃了，才有提倡仁义的需要；聪明智巧的现象出现了，伪诈才盛行一时；家庭出现了纠纷，才能显示出子孝亲慈；国家陷于混乱，才会显现忠臣。

【新认识与新释译】

本章要点的新释译

本章与接着的第十九章，都论及关键词"仁义""孝慈"，但两章之间似乎存在逻辑上的矛盾。两章对"仁义"都是持贬斥态度，而对"孝慈"则一贬一褒；再者，在第十八章之中，"仁义"与"孝慈"之间似乎没有关联关系，而到了第十九章却出现了"绝仁弃义，民复孝慈"的关联表述。这是为什么？这是由于通行释译逻辑断句之误造成的。比较合理的逻辑断句应为"大道废，有仁义。（以至于）智慧出，有大伪；六亲不和，有孝慈；国家昏乱，有忠臣"。即，"大道废，有仁义"是"智慧出，有大伪；六亲不和，有孝慈；国家昏乱，有忠臣"的逻辑前提，亦即"智慧出，有大伪""六亲不和，有孝慈""国家昏乱，有忠臣"三种情形都是"大道废，有仁义"所导致的结果。

"有"字，《说文解字》的释义为"有，不宜有也"。"智慧出，有大伪；六亲不和，有孝慈；国家昏乱，有忠臣"句中的"有"的含义是，凸显了那些与"道"并不相宜的现象，即智慧出的情形下，反倒凸显了那些人为创造设计的事物或器物；父子、夫妇、兄弟之间六亲不和，反倒凸显了那些孝慈行为；国家昏乱之时，反倒凸显了一些忠臣行为。但这些凸显的现象，相对于"大道废"而言是无济于事的，甚至可以看作是"大道废"的表征。

"大道废，有仁义"是什么意涵？参照第三十八章"上仁为之而无以为；上义为之而有以为"的阐释，"仁义"是指意愿上遵循"道"之法则的行为，但在行为过程中有意无意间加入了"公平""仁爱"等其他的自身主观价值内容，尽管从具体相关者角度而言是"良善"的，但对于整体而言未必是合理的。亦即有意无意地将自身价值判断加诸"道"的法则之上是不对的。

如果与上一章"太上，不知有之；其次，亲而誉之；其次，畏之；其次，侮之"建立联系的话，"大道不废"相当于"太上，不知有之"这一层级状态；"大道废，有仁义"相对于"亲而誉之"这一层级状态；"智慧出，有大伪"相对于"畏之"这一层级状态；"六亲不和，有孝慈；国家昏乱，有忠臣"相对于"侮之"这一层级状态。

本章的衔续关系：本章承接上一章有关社会系统中践行自然系统规律的论述，阐述社会系统中不遵循、不践行"道"的表象、成因和后果。

本章的关键词：道废（社会系统中偏离道的现象）

本章的哲学意涵："道"的统摄特征是"无为"，"道"的基本特征是"稳态"，违背这些特征就是"道废"。那么，社会系统中常出现什么样的"道废"表现形式呢？社会系统中常出现所谓的"仁义"规范要求，其成因是部分群体无视自然系统规律之后，社会系统呈现无序状态时，统治者不从"道"出发而提出的头痛医头脚痛医脚的"药方"。另一方面，"仁义"规范要求的强化，更进一步地导致自然系统规律被漠视，社会系统则呈现更加无序。人造的制度、人造的器物，不足以解决人类无止境之欲求；人为的孝慈行为，往往不是发自内心的，也不足以解决人群之间的利益冲突；人为的忠贞行为，个体动机是良善的，但不足以解决社会无序的不稳定状态。

【生态文明启示】

本章的生态文明启示在于，生态文明理念的根本是维护自然生态系统的可持续性，尤其是维护重要生态功能区生态系统的完好性，这才是"道"。反之，那些被凸显出来的"生态环境保护"行为，诸如保护濒危野生动物行为、被污染被破坏区域的治理恢复行为、重视局部区域的生态环境保护的行为，都只是"仁义"。这些凸显出来的"生态环境保护行为"，表面上与"可持续"目标一致，实质上已经加入了自身的价值评判。他们自身的价值评判就是保护了濒危动植物，也就保护了自然生态系统；被污染的环境、被破坏的生态，是可以恢复到具有原有功能的；生态环境是可以区隔为局部区域的，保护了自身周边区域，自身的生态环境利益就得到了保障。这些所谓的"生态环境保护行为"，其实就是《道德经》所阐述的"大道废，有仁义"的"仁义"，对于"可持续"这个"大道"的作用是极其有限的，越是强调这些行为的状态，越是表明生态环境问题越严峻。也就是说，真正的"可持续"，是人们发自内心地"尊重自然、顺应自然、敬畏自然"，人类的经济社会活动自然而然地约束在"生态承载力"范围之内。超出了生态承载力的行为必定带来不可逆的生态环境影响，事后的补救行为也是无济于事的。

第十九章

【原文通释】

通行本原文： 绝圣弃智，民利百倍；绝仁弃义，民复孝慈；绝巧弃利，盗贼无有。此三者以为文，不足。故令有所属：见素抱朴，少私寡欲，绝学无忧。

通行释译： 抛弃聪明智巧，人民可以得到百倍的好处；抛弃仁义，人民可以恢复孝慈的天性；抛弃巧诈和货利，盗贼也就没有了。圣智、仁义、巧利这三者全是巧饰，作为治理社会病态的法则是不够的，所以要使人们的思想认识有所归属，保持纯洁朴实的本性，减少私欲杂念，抛弃圣智礼法的浮文，才能免于忧患。

【新认识与新释译】

本章要点的新释译

"绝圣弃智，民利百倍；绝仁弃义，民复孝慈；绝巧弃利，盗贼无有"句，郭店"楚简本"作"绝智弃辩，民利百倍。绝巧弃利，盗贼无有。绝伪弃虑，民复季子"。《说文解字》对"辩"的释义是"辩，治也"，"绝智弃辩"与"无为而治"的含义相近。《说文解字》对"季"的释义是"季，少称也。从子，从稚省"，"民复季子"与"复归于婴儿"的含义相近。笔者认为，上述各句的核心意涵是"复"，即，从"圣智""仁义""巧利"歧途回复到"道"之正途。这也与《易经》之"复"卦有相近的意涵。象曰：

复亨，……复其见天地之心乎。大意是回复到"致虚极，守静笃"的本真状态（天地之心）。

"绝圣弃智，民利百倍"的含义是，不过分追求"圣智"，民众的行为反而更加顺当，更无阻碍。《汉字源流字典》对"利"的一种释义为"顺当"，如"因其时而利导之"。

"绝仁弃义，民复孝慈"的含义是，不刻意追求"仁义"，民众的行为反而回归到那种发自本心的"孝慈"。

"绝巧弃利，盗贼无有"的含义是，不过分追求"因巧获利"，也就不会诱发盗贼者那种"不当获取名利"的心思，不会诱发滋生出"不当取利"的实际盗窃行为。"无有"的含义是"固化的形态"，与第四十三章的"以无有入无间"之"无有"含义相近。"盗贼无有"的准确含义是，不会有更多的潜在盗窃意愿者遂行，而不是"盗窃现象灭绝"之义。

"令有所属"的含义是，不同的时令遵从其时令规律。《汉字源流字典》对"令"的一种释义为古人认为，不同的时节应有不同的政令措施，各有所禁止，以顺应时节的变化。笔者认为，"令有所属"采用此含义，更为符合《道德经》的整体思想，不宜释为"使人民思想有所归属"。

本章所论述的绝、弃对象，都是指不与其他主体比较竞争，而不是彻底绝弃圣智、仁义、巧利。强调的是不与他人比较，不可解释为完全的"去智化"。"绝学无忧"不宜解释为"拒绝文化学问，就不会招致忧患"。"绝学"的含义是，一切不符合"道"的认识都要去除；"无忧"，一切不符合"道"的问题都不作考虑。"抱朴""寡欲""无忧"是对偶并列的词语，所以，"无忧"不可解读为"就没有忧虑了"。

"令有所属，见素抱朴，少私寡欲，绝学无忧"，是遵从"道"而不走上"圣智""仁义""巧利"歧途的几个原则。即遵从大自然的时令变化；无论内心和外在都只保留最本真的东西；去除不必要的需求欲望；不从众求取不符合"道"的认识，不从众忧虑不符合"道"的问题。

本章的衔续关系：本章承接上一章有关社会系统中实质上违背自然系统规律的现象和后果，进而提出从这些违背"道"的歧途回归正途的主张。

本章的关键词：绝—弃—复（从偏离道的歧途回归正途）

本章的哲学意涵：对于社会系统中出现的"道废"现象，应当采取什么样的方法纠正呢？关键还在于如何回到符合"道"的正途之上，而远离那些偏离"道"的歧途。不要试图通过比他人更为智慧地获取财富去表现自己竞争优势，如果大家都放弃了比较竞争，各得其所，实际上各自得到的收获要大得多，毕竟竞争过程无谓地消耗了大量的资源；也不要试图通过比他人更易获得赞誉的方式去表现自己的孝慈，如果大家都不怀比较之心的话，各自都会回归到本性的孝慈；更不要试图通过巧取豪夺的方式去快捷地累积财富，如果大家并不比较财富累积的难易快慢，那么，也就不会有人以损人利己的方式去累积财富。要做到不与他人相比较，最根本的就是只关注你内心所真正需要的东西，在你真正的需求之上，不要额外增加任何外在的东西。

【生态文明启示】

人类在满足消费需求的过程中，由于相互比较，如以获取物质财富的丰富得到精神层面的满足、以增加物质财富的技巧得到精神层面的满足等，无谓地增加了大量的自然资源消耗和生态环境损耗。同理，国家等主体在追求发展竞位的过程中，也存在类似的行为，实际上都无谓地增加了大量的自然资源消耗和生态环境损耗。所以，我们应当"绝圣弃智""绝仁弃义""绝巧弃利"。

本章的生态文明启示体现在，超越顺应自然所需的知识和智慧，其实都是为了竞争而试图利用自然、改造自然而牟利。如果每个人都放弃这种竞争智慧，其实大家所获利益不仅不会减少，反而会因为减少了竞争耗损而大大增加[①]。同样的道理，超越顺应自然的人伦关系，其实都是为了功利竞争去追求所谓的"仁义"。如果每个人都放弃功利目的的"仁义"，民

---

① 以现实生活中一个典型的例子来说明，在剧场中观看演出时，如果每一排的观众都安安静静地坐在自己的座位上，每一个都可得到其最大的利益。一旦第一排的观众站起来的话，那么，后面每一排的观众都不得不依次站起来观看，此时，所有人的利益不仅没有增加，而每一个人的付出却大大增加。

众就会回到自然天性的孝慈；超越顺应自然的物质需求，其实都不是为了生命延续所需去追求所谓的"富裕"。如果每个人都放弃功利目的的"富贵"，民众就会回到自然天性的生活之中，而不会出现各种不择手段的行为；如果每个人顺应自然的话，那么，每个人的所需所求，都是最为单纯朴素的，都不会有超越顺应自然的额外欲望。

"令有所属""绝学无忧"，可用来讨论生态环境领域的一个常见例子——如何看待"转基因动植物"问题，"转基因"明显是违反自然生态系统自然进化的基本准则的，对大自然数百万年甚至更长期形成的稳态生态系统必然造成破坏性影响。由此可知，"应当推广转基因动植物"之类的问题，是不符合大自然规律的问题，应当以"令有所属""绝学无忧"的理念审慎对待之。

第二十章

【原文通释】

通行本原文：唯之与阿，相去几何？美之与恶，相去若何？人之所畏，不可不畏。荒兮，其未央哉！众人熙熙，如享太牢，如春登台。我独泊兮，其未兆，如婴儿之未孩；儽儽兮，若无所归。众人皆有余，而我独若遗。我愚人之心也哉！沌沌兮俗人昭昭，我独昏昏。俗人察察，我独闷闷。澹兮其若海，飂兮若无止。众人皆有以，而我独顽且鄙。我独异于人，而贵食母。

通行释译：应诺和呵斥，相距有多远？美好和丑恶，又相差多少？人们所畏惧的，不能不畏惧。这风气从远古以来就是如此，好像没有尽头的样子。众人都熙熙攘攘、兴高采烈，如同去参加盛大的宴席，如同春天里登台眺望美景。而"我"却独自淡泊宁静，无动于衷。如同婴儿还不会发出笑声。疲倦闲散啊，好像浪子还没有归宿。众人所得似有富余，而"我"却若有所失。"我"真是只有一颗愚人的心么？！混混沌沌啊！众人光辉自炫，唯独"我"迷迷糊糊；众人都那么明察，唯独"我"这样淳厚宽宏。恍惚啊，像大海汹涌；恍惚啊，像漂泊无处停留。世人都精明灵巧有本领，唯独"我"愚昧而笨拙。"我"唯独与人不同的，就是遵循"我"的本性。

【新认识与新释译】

本章要点的新释译

本章讨论的是，现实社会人们的认识与"道"的真知之间存在的偏差，而不是指称得道之人与世人的不同。《道德经》全文之中的"吾"多用于指称作者自己，"我"多用于指称"道"。

"唯之与阿，相去几何？美之与恶，相去若何？人之所畏，不可不畏"的含义是，人们对于"道"的认识，是有很大偏差的。"遵从"与"排斥"有着巨大的偏差；"价值判断其为好"与"价值判断其为恶"，也存在着巨大偏差；"众人畏避的"与"慑于众人看法而不得不畏避的"，也存在着巨大的偏差。"唯之与阿，相去几何"，帛书本作"唯与诃，其相去几何"。《说文解字》对"唯"的释义是"唯，诺也"，对"诃"的释义是"诃，大言而怒也"。

"荒兮，其未央哉！众人熙熙，如享太牢，如春登台。我独泊兮。其未兆，如婴儿之未孩"的含义是，对于无尽的时空，人们尽情地享受着当下，而"我"却很淡然，如同刚刚来到人世的婴孩一般。"荒兮，其未央哉！众人熙熙，如享太牢，如春登台。我独泊兮"与其后各句是同一句式，均为"……兮，……哉！众人……，我独……兮"。

"傫傫兮，若无所归！众人皆有余，而我独若遗。我愚人之心也哉！俗人昭昭，我独昏昏。俗人察察，我独闷闷"的含义是，对于"何处是归宿"的问题，人们似乎早已了然，而只有"我"一无所知。《说文解字》对于"俗"的释义为"俗，习也"，"俗人"即"从众的人们"的意思。

"澹兮其若海，飉兮若无止！众人皆有以，而我独顽且鄙。我独异于人，而贵食母"的含义是，对于巨浪、大风般的际遇，人们都有其应对的本领，而只有"我"无能为力，只能依赖并遵从"道"的本性。"贵食母"的主语是"道"，而不是道者或圣人或一般人，该句强调的是"道就是自然而然"，"道"能够给人们以启示的只是"顺应自然"，而不是"超能力"。

本章的衔续关系：本章承接上一章有关从违背"道"的歧途回归正途的论述，继续阐述现实社会系统中一些司空见惯的行为模式，实质上是偏离"道"的本质的。亦即本章是从偏离"道"的视角，来论述"道"的真正本质。

本章的关键词：贵食母（践行"道"的根本是顺应而不偏离自然本性）

本章的哲学意涵：社会系统之所以常出现偏离"道"的现象，根本原因还在于人们对于"道"的认识偏差。人们对于"道"的认识，或是内心"遵从"，或是内心"排斥"，或是"价值判断其为好"，或是"价值判断其为恶"，或是因"众人畏避的"，或是"慑于众人看法而不得不畏避的"，存在着巨大的偏差。本章的最核心意涵体现在"我独异于人，而贵食母"，其意涵是，人们自以为对世事规律了然于胸，往往认为"道"可以为人类解答一切问题。其实，"道"并不告知人们时空的终结、人生的意义、如何应对自然巨变之类的问题，"道"的根本只是告知人们顺应自然、顺应本性。

【生态文明启示】

通过"我独异于人，而贵食母"可以这样来理解生态文明问题：人类日常生活中衣食住行所使用的各种物品、路径，应尽可能符合自然变化，而不是依靠高新技术去突破自然约束。例如，我们日常所用的农作物，最合理的方法是，什么季节产什么，我们就食用什么。尽管现代技术能够生产"反季节作物"，但这并不符合自然规律。以此为例，我们应当尽可能因应自然变化规律来形成我们的生活方式，过度、过当地以"人造环境"来形成生活方式，以及由此而形成的消费结构、产业结构、经济结构、社会结构，是不符合"顺应自然"原则的。归根结底一句话就是"尊重自然，敬畏自然，顺应自然"。

"我独异于人，而贵食母"的生态文明启示还在于，盲目从众，是令人担忧的。被社会公众认定为好的，就被推崇到极致，人人都不得不遵循；被社会公众认定为不好的，就被贬损到极致，人人都不得不避之。这样一种社会风气自古而来，"众人"相互效法以至于行为一致，对生态环境造成短时间的强化影响、累积影响，极易造成对生态系统某一局部的突破阈值影响。所以，每一个社会成员秉持生态文明理念而决定自身行为时，应当从"我独异于人，而贵食母"中得到启示并践行之。另外，还应当得到这样的启示，提倡生态文明、提倡可持续发展，并不能直接解决生态环境问题，应该告知人们必须顺应自然而生产生活，必须回归人类满足基本需求的本心。

第二十一章

【原文通释】

通行本原文：孔德之容，惟道是从。道之为物，惟恍惟惚。惚兮恍兮，其中有象；恍兮惚兮，其中有物。窈兮冥兮，其中有精；其精甚真，其中有信。自今及古，其名不去，以阅众甫。吾何以知众甫之状哉！以此。

通行释译：大德的形态，是由道所决定的。"道"这个东西，没有清楚的固定实体。它是那样的恍恍惚惚啊，其中却有形象；它是那样的恍恍惚惚啊，其中却有实物。它是那样的深远暗昧啊，其中却有精质；这精质是最真实的，这精质是可以信验的。从当今上溯到古代，它的名字永远不能废除，依据它，才能观察万物的由来。我怎么才能知道万事万物由来呢？是从上述特性认识到的。

【新认识与新释译】

本章要点的新释译

"孔德之容，惟道是从"的含义是，要深入透彻地认识"德"的外在形态特征，惟有从"道"的表现形式方向去探究。通行释本都将"孔"释义为形容词"大"，将"孔德"解释为"大德"，既牵强，也难以解释"孔德之容，惟道是从"句之意涵。"孔"，《说文解字》的释义为"孔，通也"。所以，本章中的"孔"应为动词。

"道之为物，惟恍惟惚。惚兮恍兮，其中有象；恍兮惚兮，其中有物"

的含义是，"道"是如何作用于各种事物的？是以一种隐隐约约存在、而又以微妙而变幻莫测的方式显现的。在一些难以被清晰认识的细微变化之中，有着"道"作用于事物的表现特征（"象"）；而在包含着细微变化的混沌状态中，事物的基本状态依然存在。对于"象"的理解，可参照《易经·系辞传》之句"在天成象，在地成形，变化见矣"，即，在茫茫宇宙之中所呈现的星辰、昼夜、季节、气候等天象之变化。所以，"其中有象"的含义是，观察自然世界、自然万物的规律，也可如同观察天象变化般，观察其各种可见的变化。

"以阅众甫"的含义是，追溯了解万物的发展历程，分析万物在不同状态下所呈现的变化特征。《说文解字》对"阅"的释义为"阅，具数于门中也"，即"查点数量"的意思；《汉字源流字典》对"甫"的释义是"凡从甫取义的字，皆与铺开等义有关"[①]。

本章的衔续关系：本章承接上一章从"我独"视角阐述"道"的真正本质，提出要深刻地认识"德"的形态特征，也只有通过掌握深刻认识"道"的途径去实现。本章依然是讨论"道"的认识方法，并不是讨论"德"的相关问题。

本章的关键词：以阅众甫（"道"之于万物所呈现的变化特征）

本章的哲学意涵：如何深刻地认识怎样才能有效利用"道"的功用（这个有效的功用，称之为"德"）？应当从认识"道"的表现形式入手。"道"是如何作用于各种事物的？通过思想实验或抽象思维，从其自然现象中隐隐约约可以感知一个有形的轮廓，又隐隐约约可以感知一个物体形态。再通过抽象思维，或可感知某些接近事物本质的东西（"精"）。这些东西，已经非常接近事物的本真了（"真"），而且还有着某些人类可以观测得到的证信特征（"信"）。这些特征，是事物本质特有的（"名"），不会发生改变。由此不变之特征，便可观测认识事物的发展过程（"众甫"）。

---

① 通行释译一般将"甫"认为是"父"字的通假，略嫌牵强。

【生态文明启示】

本章的生态文明的启示在于，如何认识"自然生态系统"对于人类的重要性？认识到"自然生态系统"的完好性、稳定性，是通过大自然在发展过程中逐步自适应而形成的，任何一个系统局部在整个系统中都有着其不可或缺、不可轻易变更的作用。如果人类行为过当，就会导致局部系统功能作用的破坏，进而导致整个生态系统的完好性和稳定性的破坏，进而使得人类赖以生存的自然环境劣化。这样的认识，一方面可以通过思想实验的方式，从逻辑的角度来得出；另一方面，则从人类损耗生态、污染环境的后果中加以验证。因此，"自然生态系统"的完好性、稳定性，就是人类以及各种物种种群得以传承这一事物的本质条件，永远不会改变，所以，这也是人类行为所必须永远维护的基本原则。

第二十二章

【原文通释】

通行本原文： 曲则全，枉则直，洼则盈，敝则新，少则得，多则惑。是以圣人抱一为天下式。不自见，故明；不自是，故彰；不自伐，故有功；不自矜，故长。夫唯不争，故天下莫能与之争。古之所谓"曲则全"者，岂虚言哉！诚全而归之。

通行释译： 屈辱的得成全；受冤枉的得伸直；低洼的得充满，将残的得新生，缺乏的便获得，富有的便迷惑。所以，圣人与道合一，做天下人认识上天的器具。不自以为能看见，所以看得分明；不自以为是，所以是非昭彰；不求自己的荣耀，所以大功告成；不自以为大，所以为天下王。正因为不争不竞，天下没有能与之争竞的。古人说"受屈辱必得成全"的话，岂是虚构的吗？那确实得成全者，天下便归属他。

【新认识与新释译】

本章要点的新释译

"曲"，是指发展过程中某一时点或某一阶段的"曲"，而"全"则是指发展成果或结局的"全"。《说文解字》对"则"的释义是"等画物也"，引申为"准则"之义。"曲则全"可解读为"'曲'以'全'为校准方向，适时恰当的'曲'可成就全局的'全'"，不应解读为"曲就是全"，不可用佛家宗教思想来理解《道德经》的哲学认识。

　　"曲则全，枉则直，洼则盈，敝则新，少则得，多则惑"，其含义是认识到自身的"曲"，也就认识到了自身与"全"之间的差距，有利于朝着"全"的方向去努力改进；认识到自身的"枉"，也就认识到了自身与"直"之间的差距，有利于朝着"直"的方向去努力改进；认识到自身的"洼"，也就认识到了自身与"盈"之间的差距，有利于朝着"盈"的方向去努力改进；认识到自身的"敝"，也就认识到了自身与"新"之间的差距，有利于朝着"新"的方向去努力改进；认识到自身所获之"少"，也就认识到了要牢固拥有并用好所获得的，有利于朝着"得"的方向去努力改进；认识到自身所获之"多"，也就警觉了自身可能因"多"而导致的选择抉择困惑，有利于朝着"去惑"的方向去努力改进。此段各句，与第三十六章之"将欲歙之，必固张之；将欲弱之，必固强之；将欲废之，必固兴之；将欲取之，必固与之"有相近的含义，即无论是主观或是客观上稍微有所偏离，反倒容易实现最终目标的结果；而一味地以最终目标为准绳，求全责备于过程，反倒难以实现最终目标。

　　"不自见，故明；不自是，故彰；不自伐，故有功；不自矜，故长"的含义是，不可仅从自身角度，而应从全局角度去判断和认识"曲"与"全"、"枉"与"直"、"洼"与"盈"、"敝"与"新"之间的关系。该句与第二十四章之"自见者不明；自是者不彰；自伐者无功；自矜者不长"所表达的意思完全相同。其含义是，一个事物在系统中有其地位和作用，但是，这个地位和作用是在相互之间的协调平衡过程中得以认定的，站在某一局部角度刻意增强某一要素并不能提升其作用和地位。不是站在自身角度而自我宣示的，才是真实的地位作用；不是自我划定的，才能得到关联者的认同；不以自身短期的强大来占据位置，才能够实现真正的功用；并不以为自身比关联者地位作用更重要，才能够在相互促进中共同发展。"伐"的含义是"夸耀、显耀"；"矜"的含义是"自尊自大"，在各章中该字词的含义都是在一个系统中以为自身比关联他物的地位作用更重要。

　　"是以圣人抱一为天下式"的含义是，圣人总是坚持全局原则、系统原则。该句与第二十八章之"知其白，守其黑，为天下式。为天下式，常德不忒，复归于无极"的含义应当是相近的。即"知其白，守其黑"这一准则和目标是恒定不变的，但方式方法是灵活的，如，采取"曲则全"的方式。

"夫唯不争，故天下莫能与之争"的含义是，<u>坚持全局原则、系统原则，实质上就是不与民众在低层级上争逐利益，而民众也不可能在系统层级上与之争逐利益</u>。这就是"不争"的基本含义。

本章的衔续关系：本章承接前几章有关"道"的本质、"道"的认识方法，开始讨论如何在现实社会系统中去践行"道"，以"抱一"为基本原则，以"曲则全"为有效方法。

本章的关键词：抱一（坚持"道"的基本准则，而不拘泥于固定的方式方法）；曲则全（践行"道"的有效方法）

本章的哲学意涵：怎样才能更有效利用"道"的功用？在认识"道"的表现形式基础上，还应掌握系统思维的方法。对于事物，应从时间全周期来看待，一定时点上恰当的"曲"，是有利于全局的"全"。另一方面，认识到了自身的"曲"，也就认识到了自身与"全"之间的差距，有利于朝着"全"的方向去努力改进。深刻理解"道"的人，总是以系统的、全局的思维，作为民众行为处事的示范。如果构成系统的每一分子都能够以"系统"思维来看待事物的话，那么就不会强调自身在系统中的强势地位。因为某一部分强势了，系统反倒混乱了，那么短时强势的部分也不可能因此获得好的结果。

【生态文明启示】

"曲则全，……"的生态文明启示是，经济发展、生态维护，都是人类发展的重要目标，但是，实现经济发展的路径不同，对生态环境的影响有着极大的差别。如果强化某一要素的投入增加、强化某一资源的耗竭性使用、在某一特定区域强化污染排放，都会使局部区域出现严重的生态环境损耗，进而影响到自然生态系统的整体完好性。如果换一种路径，资源的使用不是集中在某一领域，而是较为均衡地分散在多个领域，污染排放也不是高强度地集中在某一特定区域，而是较均衡地分散在较大区域范围内，那么，由于各个区域的自净化能力都能够承受这一水平的生态环境影响，则整体上依然满足可持续发展约束条件。通过这样一种发展路径的改变，即通过"曲则全"的思路实现可持续发展的目标。

关联知识或其他启示：我们讨论系统问题时，往往更多地讨论在同一空间下，系统不同部分之间的相互关联影响以及对整体的影响。其实，同一事物在不同时间点的的发展，也可以看作是一个系统，不同时间点的事物状态是会影响到其后各时间点的事物状态的，也会影响到事物的最终状态。前期时间点的事物状态影响后续时间点的事物状态，不一定是线性的，也不一定是正向相关的。在一些特殊的节点上，与最终目标相悖的事物状态特征，反倒对于最终目标的实现是有利的，甚至是必不可少的。"曲则全，枉则直，洼则盈，敝则新，少则得，多则惑"，实质上阐述的就是这一逻辑。

"曲则全"还可从另一关联角度来理解。当我们确立相对稳定的目标函数之后，但面对的约束条件却在动态变化时我们优化的行为选择应当是随之变化的，这个动态变化的行为选择就是"曲"，这个"曲"的行为选择是有利于目标函数最终的实现。

第二十三章

【原文通释】

通行本原文： 希言自然。故飘风不终朝，骤雨不终日。谁为此者？天地。天地尚不能久，而况于人乎？故从事于道者，同于道；德者，同于德；失者，同于失。同于道者，道亦乐得之；同于德者，德亦乐得之；同于失者，失亦乐得之。信不足焉，有不信焉。

通行释译： 不轻出政令不扰民是合乎于自然的。狂风刮不了一个早晨，暴雨下不了一整天。谁使它这样的呢？天地。天地的狂暴尚且不能长久，更何况是人呢？所以，从事于"道"的就同于"道"，从事于"德"的就同于"德"，从事于"失"的人就同于"失"。同于道的人，道也乐于得到他；同于德的人，德也乐于得到他；同于失的人，失也乐于得到他。统摄者的诚信不足，就会有人不信任。

【新认识与新释译】

本章要点的新释译

关于"希言自然"。《汉字源流字典》对"希"的释义是"本义为麻布织得不密。引申指稀疏、不密"。所以，"希言自然"较为合理的释译应为，稀疏、不密是"自然而为"的统治秩序的基本特征。与第七十三章所阐述的"天网恢恢，疏而不失"有基本相同的意涵。"希言自然"的意涵就是，"希"（稀疏的规制）是宇宙世界自然而然统摄万物的重要特征。

"故飘风不终朝，骤雨不终日。谁为此者？天地。天地尚不能久，而况于人乎？"的含义是，狂风很难持续一个早晨，暴雨很难持续一整天。表明即使是天地这样的统摄者，也只能在一定的时点实施严格的统治，而在一般情形下，也只能是稀疏不密的统治。自然系统尚且如此，人类社会系统则更是如此。

"故从事于道者，同于道；德者，同于德；失者，同于失"的含义，可以以第七十三章所阐述的"网"来比拟。不同的观察者，有不同的认识，也就有不同的行为选择。道者看到的是一张完整的网；德者看到的是一根根纵横交错的网绳；失者看到的是一个一个的网眼。"从事"不宜解读为现代汉语的"从事 xx 工作"之义。"故从事于道者，同于道……"句，宜断句为"故'从'，事于道者，同于道……"，其意思是，论及"遵从"问题的话，遵从于"道"则同于"道"；遵从于"德"则同于"德"；遵从于"失"则同于"失"。本章的"失"与第七十三章"天网恢恢，疏而不失"的"失"含义基本相同。

"信不足焉，有不信焉"的含义是，你的行为为什么会与真正的"道""德"有很大的偏差，是源自你的认识与"道""德"的偏离程度。本章的"信"，是指某人内心认识，即你认识到的是一张完整的网，还是一根根纵横交错的网绳，还是一个一个的网眼？亦即其认识与"道""德"的偏离程度。

本章的衔续关系：本章承接上一章有关如何在现实中践行"道"的论述，以"希言自然"为借鉴，论述道者、德者、失者的不同行为是源于认识的偏差。提出了"同于道"的要件，那就是必须认识"道是一张完整的网，而不是网绳，更不是网眼"。

本章的关键词：希言自然（"稀疏"是自然世界统摄万物的重要特征）；同于道（从系统角度而不是从点、线角度来认识）

本章的哲学意涵：系统思维是认识"道"及其"德"的核心思维。把握系统思维，首先要深刻认识到，稀疏不密是自然系统统治的基本特征，也是社会系统统治的基本特征。自然系统中，即使是天地这样的统摄者，也只能在一定的时点实施严格的统治，而在一般情形下只能是稀疏不密的统治。自然系统尚且如此，人类社会系统则更是如此。在稀疏不密的统摄背景下，"道者"则认识和选择了稀疏不密统摄的整体性；"德者"则认识并选择了稀疏不密统摄的规定性；"失者"则看到并选择了稀疏不密统摄的漏洞。选择整体性的，系统的整体性就适应他；选择规定性，系统的规定性就适应他；选择漏洞的，系统的漏洞也适应他。不能说是因为稀疏不密的统治缺乏严密性，使得"失者"有空子可钻。归根结底，还是"失者"自身的认识决定了他们的选择。

【生态文明启示】

本章的生态文明的启示在于，自然生态系统对于自然万物的统摄，也是"天网恢恢，疏而不失"的。但是，如同本章所阐释的道理一样，自然生态系统并没有严密的规定性，认识生态系统整体性的人群，就会从维护生态系统整体性的角度决定其行为；认识生态系统的规定性的人群，就会严格遵循生态友好的一些基本准则，而不会去突破它；而认识到生态系统也有漏洞的人群，则会自作聪明地去利用生态系统的那些漏洞来为自身谋取物质利益。人们只有认识到了人类自身的传承依赖于自然生态系统的系统完好性和稳定性，才有可能不去钻自然系统的"漏洞"。

由此也可更好地认识，为什么"放生""养宠物""极端的动物保护"等行为，其实与生态环境保护毫无关联。因为那些行为是在系统原则下滥加自身价值判断的行为，不仅无益于自然生态环境，反而可能有害于自然系统。

第二十四章

【原文通释】

通行本原文：企者不立，跨者不行。自见者不明；自是者不彰；自伐者无功；自矜者不长。其在道也，曰馀食赘形，物或恶之。故有道者不处。

通行释译：踮起脚跟想要站得高，反而站立不稳；迈起大步想要前进得快，反而不能远行。自逞己见的反而得不到彰明；自以为是的反而得不到显昭；自我夸耀的建立不起功勋；自高自大的不能做众人之长。从道的角度看，以上这些行为，就犹如过量的饮食、赘瘤。因为它们是令人厌恶的东西，有道之人决不为之。

【新认识与新释译】

本章要点的新释译

"企者不立"①"跨者不行""馀食赘形"等日常现象表明，各种超越自然能力的勉强行为，都不是合理的行为。这就像吃得过饱而不利于行动，求道者是不会超越自然能力而勉强行事的。本章借用这些日常现象，来阐释自见、自是、自伐、自矜的本质和结果。"自见者不明；自是者不彰；自伐者无功；自矜者不长"句，与第二十二章之"不自见，故明；不自是，

---

① "企者不立"，帛书本作"炊者不立"。其含义难解。本书作者认为"炊者不立"或为当时某一惯用语之缩略。类似的文字有荀子的"是以位尊则必危，任重则必废，擅宠则必辱，可立而待也，可炊而竟也。是何也？则堕之者众而持之者寡矣"。或可备一说。

故彰；不自伐，故有功；不自矜，故长"所表达的意思完全一致。其含义是，一个事物在系统中有其地位和作用，但是，这个地位和作用不可通过刻意增加某种有利因素就可强化，不是刻意强化自身的认识就能够深刻认识事物本质；不是刻意强化自己的话语权就能够使自己的认识成为公共知识；也不是以自身短期的强大就能够持久占有其地位；更不是刻意强调自身地位作用就能够占据重要地位。系统中每个因素的作用地位，都是在相互之间的协调平衡过程中得以认定的。

"其在道也，曰馀食赘形，物或恶之，故有道者不处"的含义是，自见、自是、自伐、自矜等行为，不仅无益于系统，对于自身地位作用的实现也是多余的甚至是额外的负担。真正认识"道"的人，是不会采取这样一些行为的。"物或恶之"的含义是，万物通常是厌恶这一方式的。"故有道者不处"句，帛书本作"故有欲者弗居"。由于"弗"的用法是"弗＋（前置宾语）"的省略，所以"故有欲者弗居"的含义是，这一方式，对于有意图目标者，也难以实现其目标。

本章的衔续关系：本章承接上一章有关"希言自然""同于道"的基础，进一步提出，凡是违背"希言自然"原则而额外为之的行为，都不是"同于道"的行为。自见、自是、自伐、自矜，都是"同于失"的典型行为，既违背"希言自然"原则，也不可能得到好的成效。

本章的关键词：同于失（与"同于道"相对）；馀食赘形

本章的哲学意涵：违背系统思维（与"同于道"相对，可称之为"同于失"），会有哪些表现，会有什么样的后果？就像"企者不立，跨者不行"一样，自见、自是、自伐、自矜等"同于失"行为，通过刻意增加某种有利因素，表面上也许能够获得短暂的增益，但从稍微长远一点的视角来看，其结果是无效的甚至是适得其反的。其所获得的短时收益，也如同"馀食赘形"一样，不仅是多余的消耗，而且给自身增加了不必要的负担。所以，真正认识"道"的话，就不会选择这样的"得不偿失"的非理性手段和路径。

【生态文明启示】

本章的生态文明的启示在于，现实世界中，人们为了短期的物质财富利益，往往自以为高明地采取"跨越式发展"方式，其结果就如同"企者不立，跨者不行"一样，其所要承受的后果也如同"馀食赘形"一样，不仅无谓地增加消耗了生态环境资源，而且增加了自身无谓的负担。凡是那些自鸣得意的"超速发展""跨越式发展""经济与生态环境双赢"，其本质都是"自欺欺人"，即以某种生态风险方式，把生态破坏性影响的危害遗留给未来或遗留给后代。

第二十五章

【原文通释】

通行本原文：有物混成，先天地生。寂兮寥兮，独立而不改，周行而不殆。可以为天地母。吾不知其名，强字之曰道，强为之名曰大。大曰逝，逝曰远，远曰反。故道大，天大，地大，人亦大。域中有四大，而人居其一焉。人法地，地法天，天法道，道法自然。

通行释译：有一个东西混然而成，在天地形成以前就已经存在。听不到它的声音也看不见它的形体，寂静而空虚，不依靠任何外力而独立长存永不停息，循环运行而永不衰竭，可以作为万物的根本。"我"不知道它的名字，所以勉强把它叫作"道"，再勉强给它起个名字叫作"大"。它广大无边而运行不息，运行不息而伸展遥远，伸展遥远而又返回本原。所以说道大、天大、地大、人也大。宇宙间有四大，而人居其中之一。人取法地，地取法天，天取法"道"，而道纯任自然。

【新认识与新释译】

本章要点的新释译

"有物混成，先天地生"更合乎字面含义，也更合乎老子哲学思想的解释：有一种东西，是在混沌初分之时就已经存在了的，它是天地的先导和规律[①]。

---

① 该句理解为"天地之先生"，或可备一说。

　　"寂兮寥兮，独立而不改，周行而不殆。可以为天地母"的含义是，这个东西，完全外生于天地万物且恒定不变，天地的形成运行离不开它的作用。

　　"强字之曰道，强为之名曰大"的含义是，<u>像以初始的象形文衍生文字一样，用"从大、从远、从逝、从返"等特征来描述"道"。"从大"是其基本特征，"从远、从逝、从返"是"从大"的延伸特征</u>。"逝"是"大"的运动到一定程度的时空变化状态，"远"是"大"的运动状态，"返"是"大"的循环往复特征。"字"的含义是以初始的象形文衍生文字。

　　"大曰逝，逝曰远，远曰返"的含义是，<u>其认识尺度超出一定程度后，就不再是线性无限延展，而是非线性弯曲，直至循环往复</u>。下图即是这一认识的一个直观示意图。

　　"道大，天大，地大，人亦大"的含义是，<u>自然系统、宇宙、地球大地、人类，都具有"从大、从逝、从远、从返"等特征</u>。相关的句子，郭店"楚简本"作"天大，地大，道大，王亦大。国中有四大焉，王居一焉"，此处的"王"应理解为"王所统治的社会系统"。

　　"人法地"的含义是，<u>人的生命系统、人的思维能力，具有从大、从逝、从远、从返的特性，是从大地对于万物的规定性而得到的，也是从顺应大地特性而获取的</u>。该句与"天人合一"思想有相通之义。

　　"人法地，地法天，天法道，道法自然"的含义是，人类顺应地球之法则，地球顺应宇宙之法则，宇宙顺应自然而然之法则。此处的"道"更接近现代意义的"大自然"，而"道法自然"中的"自然"不应理解为现代意义的"大自然"，而应当理解为"自然而然"。

"故道大，天大，地大，人亦大。域中有四大，而人居其一焉。人法地，地法天，天法道，道法自然"的逻辑关系是，之所以将"人"与"道""天""地"并列为四大，是因为"人法地，地法天，天法道，道法自然"。《道德经》中的"故……"，在很多情形下，不应译作"所以"，而应译作"之所以……，是因为……"。

本章的衔续关系：第一章提出有关"道"的概念之后，第十四章起开始论述如何认识"道"以及如何践行"道"。但《道德经》行文至此，尚未对"道"的本质特征作出正面的阐释。从本章开始即展开对"道"的特性的阐述。

本章的关键词：大逝远返；道法自然

本章的哲学意涵：要真正地践行"道"并有效发挥其功用，还应深刻地归纳"道"的基本特性及其在社会系统中的特性。综合而言，"道"是宇宙万物的规律，不以任何事物的存在与否为依存，是自然而然的客观存在；"道"有四大特征，即从大、从远、从逝、从返（"大"表征的是宇宙规律的普遍性，"逝"是"大"的运动到一定程度的时空变化状态，"远"是"大"的运动状态，"返"是"大"的循环往复特征）；人类思维，在顺应自然世界过程中，也获得了从大、从远、从逝、从返的特征。所以，人类社会作为一个系统，也必然遵从"道"所反映的自然规律。亦即，"道"及人类社会系统，都具有"大逝远返"及"法自然"的基本特性，这是践行"道"所必须遵循的规律。

【生态文明启示】

本章的生态文明的启示在于"人法地"，以现代思想来表述，那就是"尊重自然、顺应自然"。即人类生命系统之所以完好，人类种群之所以能够世代传承，人类社会系统之所以能够有序运行，其根本成因在于人类社会顺应自然生态系统。如果人类社会系统不是秉持"人法地"，而是持有"人定胜天"的思维和行为，那么，人类生命系统、人类种群传承、人类社会系统都无法延续下去。这是生态文明的根本问题。

第二十六章

【原文通释】

通行本原文：重为轻根，静为躁君。是以君子终日行不离辎重。虽有荣观，燕处超然。奈何万乘之主，而以身轻天下？轻则失根，躁则失君。

通行释译：厚重是轻率的根本，静定是躁动的主宰。因此君子终日行走，不离开载装行李的车辆，虽然有美食胜景吸引着他，却能安然处之。为什么大国的君主，还要轻率躁动以治天下呢？轻率就会失去根本；急躁就会丧失主导。

【新认识与新释译】

本章要点的新释译

"重为轻根，静为躁君"的含义是，任何系统都以确定性的稳态为其根本，以不确定性的、非收敛的状态为防范对象。以现代学术认识来理解，"轻"有"不确定性大""高风险"之义，"重"则有"确定性大""低风险"之义；"躁"有"波动""发散"之义，"静"则有"稳定""收敛"之义。

"是以君子终日行不离辎重。虽有荣观，燕处超然，奈何万乘之主，而以身轻天下？轻则失根，躁则失君"的意思是，一般的稳重之士尚且不使自己陷入漂泊无助之境，更何况作为一国的统治者，有着安稳的条件，为什么却要以自身的冒险行为而使国家处于高风险之境呢？句中"燕处"为安居乐业之义，《礼记》中有"燕处则听雅颂之音"之语。帛书本该句为"是以君子终日行不离其辎重,唯有环官,燕处则昭若。若何万乘之主而以身轻天下","环"有巡察之意。

"轻则失根,躁则失君"的含义是,<u>偏好风险就会失去确定性而失去根本;总是大起大落就会失去稳定而远离根本目标。</u>

本章的衔续关系:本章承接上一章关于"道"的"大逝远反"及"道法自然"特性的阐述,提出"道"的本质是"重"和"静",在践行"道"的过程中,应识别和克服"轻"和"躁"。

本章的关键词:重(确定性大、低风险);静(稳态、收敛)

本章的哲学意涵:"道"的"大逝远返"和"法自然"原则,在现实世界中有什么样的启示?是否可以转化为一些更为具体的准则?"大逝远反"特性体现在一个系统之中,其表现形式就是,任何系统,无论是自然系统,还是社会系统,都以可预期的稳态为根本,通过系统的稳定器机制克服可能出现的波动和不确定性。所以,社会系统统治中,也应以系统的稳态为根本。偶有风险之举,当以保障"确定性"为根本;偶有波动之举,当以"稳定"为长期宗旨。

【生态文明启示】

"重为轻根,静为躁君"的生态文明启示主要体现在,"尊重自然,顺应自然"的一个重要原则就是将生态风险降低到最低程度,轻易推行、推广生态不确定性高的经济、工程、技术活动,是违背生态文明原则的。经济发展必定要给生态环境带来相应的影响,所以应当尽可能选择影响的不确定性小、生态风险小的经济行为。尤其是技术创新过程中,一项可能给经济发展带来重要推进的技术创新,在推广普及之先,一定要评估其生态风险(即对生态环境影响的不确定性)。如果不考虑其生态风险,那么,在获得短期巨大经济利益之后,极有可能在未来的某一阶段才显现其不可逆的巨大生态环境影响。例如,20世纪中叶化肥农药的大量使用,给农业生产带来了巨大的发展成果,但几十年之后,其生态环境影响逐步显现,对土壤、对水流、对地下水、对农作物的后续耕作,都带来了极其严重的不可逆后果,在短时期内无法修复。

第二十七章

【原文通释】

通行本原文：善行无辙迹，善言无瑕谪，善数不用筹策，善闭无关楗而不可开，善结无绳约而不可解。是以圣人常善救人，故无弃人；常善救物，故无弃物。是谓袭明。故善人者，不善人之师；不善人者，善人之资。不贵其师，不爱其资，虽智大迷，是谓要妙。

通行释译：善于行走的，不会留下辙迹；善于言谈的，不会使人产生误解；善于计数的，用不着筹码；善于闭锁的，不用栓销而使人不能打开；善于捆缚的，不用绳索而使人不能解开。因此，圣人善于挽救人，所以没有被遗弃的人；善于物尽其用，所以没有被废弃的物品。这就是因循规律。所以善处事者是不善处事者的经验，不善处事者是善处事者的借鉴。不爱惜经验，不借鉴教训，虽然自以为聪明，其实是明显的迷惑。这是精深微妙"道"。

【新认识与新释译】

本章要点的新释译

"善行无辙迹"的含义是，车辆行驶得当，就不会出现明显的辙迹。随后各句"言无瑕谪，善数不用筹策，善闭无关楗而不可开，善结无绳约而不可解"句式相同，所表达的意义也相近。

"圣人常善救人，故无弃人"采用同样的句式，该句的意思是，"救人"得当，就不会出现明显的"弃人"。"救"字，《说文解字》解释为"救，止也"，即"纠正""制止"之义。所以，"圣人常善救人，故无弃人；常善救物，故无弃物"的含义是，<u>"圣人"往往以无形的机制纠正人们的不理性行为，因而就不会出现太多的"非理性之人"和"非理性之事"</u>。换言之，若是刻意去纠正反倒容易出现更多的"非理性之人"和"非理性之事"。

"袭"的本义是"衣上加衣"①，所以，"袭明"的意思就是，<u>不仅是单一途径地"救"，而且能够双向途径地"救"和"不弃"</u>。这与第五十二章所阐述的"袭常"有相近的含义。

"故善人者，不善人之师；不善人者，善人之资。不贵其师，不爱其资，虽智大迷，是谓要妙"的含义是，善行、善言、善数、善闭、善结的人的有效做法（亦即，对于"无形而有效机制"的掌握），可作为不善于这些的人可借鉴的经验；不善于这些的人的一些无效方法，亦可作为其他人的反面经验。不借鉴正反经验，就难以有效地践行"道"。

本章的衔续关系：本章承接上一章关于"道法自然"应用原则之一，在关注"重"和"静"、克服"轻"和"躁"的基础上，进一步阐述"道法自然"应用原则之二，即"善行"。

本章的关键词：善行（无形而有效的机制）

本章的哲学意涵：系统以稳态为根本。那么，社会系统如何实现这一"稳态"根本呢？社会系统之中，应当有通过无形而有效的机制（包括纠错机制），使万众皆有其理性的行为方式，万物皆有其理性的处置方式。这就可从多方面去顺应自然规律（"袭明"）。理性者、不理性者经验的相互借鉴，使得不理性行为方式不断被加以修正，逐步归于理性，这也是社会系统实现"稳态根本"的重要途径。

【生态文明启示】

生态文明不能依靠强制性的管制手段，而要形成内化于心的机制。在人类历史上，凡是有利于可持续发展的机制，还有那些靠强制性"达成"的生态环境保护，都应作为经验或教训加以有效地吸纳。通过无形而有效

---

① "袭"不宜解释为"因袭"，因为"袭明"解释为"因袭规律"的话，前后文没有什么联系。

的机制，使大多数人都能够成为秉持"可持续发展"理念的理性行为者，使大多数行为都是符合"可持续发展"原则的理性行为。

现实社会的各种管制问题。任何顺应而合理的目标，都不是以强制性的手段加之来强化成本来实现的，而是以"无形"的机制来实现的。如果在实现这一目标的过程中，产生了大量的成本和强制性的手段，表明或者目标不合理，或者机制不合理。

第二十八章

【原文通释】

通行本原文：知其雄，守其雌，为天下溪。为天下溪，常德不离，复归于婴儿。知其白，守其黑，为天下式。为天下式，常德不忒，复归于无极。知其荣，守其辱，为天下谷。为天下谷，常德乃足，复归于朴。朴散则为器，圣人用之，则为官长，大制不割。

通行释译：深知什么是雄强，却安守雌柔的地位，甘愿做天下的溪涧。甘愿作天下的溪涧，永恒的德性就不会离失，回复到婴儿般单纯的状态。深知什么是明亮，却安于暗昧的地位，甘愿做天下的模式。甘愿做天下的模式，永恒的德行不相差失，恢复到不可穷极的真理。深知什么是荣耀，却安守卑辱的地位，甘愿做天下的川谷。甘愿做天下的川谷，永恒的德性才得以充足，回复到自然本初的素朴纯真状态。朴素本初的东西经制作而成器物，有道的人沿用真朴，则为百官之长，所以完善的政治是不可分割的。

【新认识与新释译】

本章要点的新释译

"雄雌""白黑""荣辱"，这几组相对的概念，前者表示事物显性的特征，后者则表示事物的隐性特征（本质特征）。本章所要阐述的思想是，<u>显性特征是以隐性特征为依存的，如果单纯追求显性特征，而不顾隐性特征的关联关系，则事物整体得不到良性的运行与发展</u>。以现实事例来理解的话，国家强大与否，可以用"武力强盛"与否作为显性特征，但"藏富于民""社会和谐向上"却是国家强大的隐性特征。

"守其雌""守其黑""守其辱"的含义是，相对于普遍关注的显性特征，应更为关注隐性特征。《说文解字》对"守"的释义为"守，守官也"，即依法掌管职事。

"知其雄，守其雌，为天下溪。为天下溪，常德不离，复归于婴儿"的含义是，知晓自己有强大的作为能力，依然坚守作为一般能力者的修为，就如同不作滔滔大河而为山中小溪一般，那么，其本性之德就会得到保持，犹如婴儿之旺盛生命力。

"知其白，守其黑，为天下式。为天下式，常德不忒，复归于无极"的含义是，知晓自己有超出一般的优势，但依然清醒认识自己作为一般能力者的不足，这就是天下万物的基本定式，若能秉持这一定式，其本性之德就不会出现差错，犹如宇宙万物初生之无极（"无极"，即指显性与隐性特征尚未区分之状态，亦即阴阳一体未分的状态）。《汉字源流字典》释"式"的一种含义为古代的一种占卜用具。分策定卦，旋式正棋盘，然后言天地之利害，事之成败。《说文解字》对"极"的释义为"极，栋也"，即指房屋的脊檩。因此，"无极"的本义可理解为"两种事物之间平缓过渡"，以现代学术认识来理解的话，即为"拐点"——在数学曲线的凹凸分界点，直观地理解的话，阴阳鱼太极图的中间线，即为"无极"，这个图也恰好可以直观地表现"知其白，守其黑"。

"知其荣，守其辱，为天下谷。为天下谷，常德乃足，复归于朴"的含义是，知晓自己有较高的荣耀地位，依然坚守作为一般能力者的卑微恭谨，就如同不作实满的大山而为虚空的山谷一般，那么，其本性之发展机制就会得到保持，犹如万物未成型之时充满生机。"朴"的含义是"道"作用于万物的初始内在机制。

"朴散则为器，圣人用之，则为官长，大制不割"的意思是，基于初始内在机制的生机逐步扩散，而使万物逐步成长，成就了具体的万物。得道的圣人依此统治社会，那就是把握万物的本质秉性，或可总结规律使之成为一定的规制，但决不割裂万物的内在发展过程。

本章的衔续关系：承接上两章关于"道法自然"应用原则，本章则归纳了"道"之三性，并由此而归纳了践行"道"之"常德"三性。全章强调不可刻意关注"显性特征"。

本章的关键词："雌—雄"（隐性特征与显性特征）；婴儿（成长期的旺盛生命力）；无极（显性特征与隐性特征一体不分）；朴（内在生机）；常德（本性的发展空间）

本章的哲学意涵：要真正地践行"道"并有效发挥其功用，还应深刻地认知"道"之三性：婴儿之性、无极之性、朴之性。"婴儿"时期，尽管有旺盛的生命力，但显性与隐性特征是同步发展而不会有所偏颇；"无极"状态，无法区分显性与隐性特征；"朴"阶段，尚不知何为显性、何为隐性。由此可知，践行"道"当秉持"常德"三性，不可离弃本真的生命力，不可异化偏离完整的本性，不可弱化本初生机。如果刻意去关注显性特征，只关注其显性成长内容，即使顺应显性特征迅速发展壮大，那么也很快会进入成熟、衰退的发展过程。如果更加注重隐性特征，关注隐性成长的方方面面内容，那么，顺应隐性特征的发展，就会是全面的成长、完善的成长，尽管其成长不是快速的，但是稳健的，其成长、发展周期要漫长得多。由于其每一方面都在初始阶段得到了良好的发育，之后朝着任何一个方向发展，都会有其良好的发展空间。在这样一个有着良好基础的方向发展，必定不会偏离正常合理的发展路径。总而言之，保障事物相关方面的平衡以使整体事物顺畅运行，而不是局限于某一方面，这样实质上就是保障了事物初始的运行机制不被改变。

【生态文明启示】

"知其雄，守其雌"的生态文明启示是，"经济利益"与"生态环境影响"构成了人类活动的基本内容，"经济利益"是其显性特征，人们无时无刻都在关注；"生态环境影响"则是人类活动的隐性特征，人们往往并不关注。在重视可持续发展的背景下，人们在从事经济活动的过程中，应当更加关注"生态环境影响"，更加坚守有关生态环境的基本原则。如，某生态功能区，其在明知经济功能巨大的情形下，以维护生态功能作为根本性的选择，这就能够使"可持续发展"的基本理念得到真正的落实，自然生态系统的完好性和可持续性才有可能得以维护。

第二十九章

【原文通释】

通行本原文：将欲取天下而为之，吾见其不得已。天下神器，不可为也，不可执也。为者败之，执者失之。故物或行或随，或歔或吹，或强或羸，或载或隳。是以圣人去甚，去奢，去泰。

通行释译：想要治理天下，却又要用强制的办法，我看他不能够达到目的。天下的民众是神圣的，不能够违背他们的意愿和本性而加以强力统摄，否则用强力统摄天下，不能够违背他们的意愿和本性而加以强力统摄，否则用强力统治天下，就一定会失败；强力把持天下，就一定会失去天下。因此，圣人不妄为，所以不会失败；不把持，所以不会被抛弃。世人秉性不一，有前行有后随，有轻嘘有急吹，有的刚强，有的羸弱；有的安居，有的危殆。因此，圣人要除去那种极端、奢侈的、过度的措施法度。

【新认识与新释译】

本章要点的新释译

"将欲取天下而为之，吾见其不得已"句，与第三十章之"果而不得已"，"不得已"的含义应当是相近的，即"不可最终实现"之义。该句的含义是，直接以"取天下"为目的而行为的话，从"道"的视角来观察，永远是无法达成的目标。

"天下神器，不可为也，不可执也。为者败之，执者失之"句，郭店"楚简本"作"为之者败之，执之者远之。是以圣人，无为故无败，无执故无失"。该句的含义是，<u>对于某一目标，过于刻意而为的话，就会败坏</u>

事物内在的机制；过于偏执的话，就偏离目标越来越远。

"故物或行或随，或歔或吹，或强或羸，或载或隳"的含义是，之所以"为者败之，执者失之"，是因为万物有其适合的特性，有的适合先行，有的适合追随；有的适于为强，有的则适于羸弱；有的适于安全，有的适于风险。只要适于，就是恰当的；不适于，便是过当（"甚"）、过分（"奢"）、过度（"泰"）的。《道德经》中的"故"，多数情形下，宜释译为"之所以……，是因为……"，而不宜直译为"因此"；"去"字是"远离"的意思，而不是"去除"之义；"泰"字通"太"，即"极大"之义。

本章的衔续关系：上一章归纳了践行"道"的根本原则，即不可刻意关注"显性特征"。本章继续阐述这一认识，即如果对于"显性特征"刻意为之，其结果是"不可得"。所以，"去甚，去奢，去泰"是在"不可为"认知下的合理选择。

本章的关键词：不可为，不可执（刻意追求目标不可实现）；去甚，去泰，去奢（不过当、不过分、不过度）

本章的哲学意涵：要真正地践行"道"并有效发挥其功用，极为重要的一个原则是，不可刻意关注"显性特征"，可称之"不可强为原则"。因为，天下之事皆不可强行而为，不可勉强拥有，否则，强行而为必败，勉强拥有必失。任何事物有其自身的特性，或先行或追随，或强或弱，或适于安全或适于危险之境，总之，皆应顺应其特性，而不可违逆其特性。所以，以"道"行事者，并不刻意追求那些显性目标，而是远离那些过当、过分、过度的行为及要求。

【生态文明启示】

"去甚，去奢，去泰"对生态文明的启示是，凡是在自然生态系统承载力范围之内的行为，都是符合可持续发展的行为，无论其强弱大小。不同区域，不同事物，不能用单一的"可持续发展指标"去衡定，即使采用一般性的"可持续发展指标"去要求某一事物，也可能导致超出生态承载力的结果。总之，不要走向过当、过分、过度的行为方向。自身不可走向过当、过分、过度方向，也不可迫使他人走向过当、过分、过度。

第三十章

【原文通释】

通行本原文：以道佐人主者，不以兵强天下。其事好还。师之所处，荆棘生焉；大军过后，必有凶年。善有果而已，不以取强。果而勿矜，果而勿伐，果而勿骄，果而不得已，果而勿强。物壮则老，是谓不道，不道早已。

通行释译：依照"道"的原则辅佐君主的人，不以兵力逞强于天下。穷兵黩武这种事必然会得到报应。军队所到的地方，荆棘横生；大战之后，一定会出现荒年。善于用兵的人，只要达到用兵的目的也就可以了，并不以兵力强大而逞强好斗。达到目的却不自我矜持，达到目的也不去夸耀骄傲，达到目的也不要自以为是，达到目的却出于不得已，达到目的却不逞强。事物过去强大就会走向衰朽，这就说明它不符合于"道"，不符合于"道"的，就会很快死亡。

【新认识与新释译】

本章要点的新释译

"以道佐人主者，不以兵强天下"句，与第七十六章之"是以兵强则不胜"，两处的"兵强"，应当是相近的含义。综合来理解，"不以兵强天下"的含义是，单纯依靠"兵强"之类的外在强力是难以胜任治理天下职能的。

"其事好还。师之所处，荆棘生焉；大军过后，必有凶年"的含义是，这类事物是有其"报复性"后续影响效应的，比如，军伍过后，大战过后，粮食作物不种，常有荒年。用现代学术思想来理解，"其事好还"的意涵是事物不是孤立的，而是有其关联性、时滞性、反馈性影响效应的。

"善者果而已，不以取强"的含义，以现代学术思想来理解即是，充分认识事物规律的人，即使采用外在力量，也只是使之回复平衡状态，并不采用外在强力方式去取得某一方面的绝对优势。"果"字在这里的含义是采取果决的举措，短时取效。

"果而勿矜，果而勿伐"句，与第二十二章之"不自伐，故有功；不自矜，故长"句，第二十四章之"自伐者无功；自矜者不长"句，所表达的意思应当是相近的。其含义是，一个事物在系统中有其地位和作用，这是在相互之间的协调平衡过程中得以认定的。即使通过兵事等特殊手段获得了预期结果，也不能认为自身比关联者地位作用更重要。"矜"的含义是"自尊自大"，"伐"的含义是"夸耀、显耀"。

"果而不得已"句，与第二十九章之"将欲取天下而为之，吾见其不得已"，"不得已"的含义应当是相近的，即"不可最终实现"之义。本章的该句含义是，兵事等外在强力手段只能解决短期问题，但并不能真正解决根本矛盾。

"果而勿强。物壮则老，是谓不道，不道早已"，笔者认为，较合理的断句宜为"果而勿强物，壮则老，是谓不道，不道早已"。第五十五章，有类似的文字"使气曰强物，壮则老"，其含义是，单纯地增加人体生长所需的养分，只是强行促进物质层面的生长，并没有使得其整个生命体协调地生长。放在兵事论述之后，所要阐述的意涵是兵事只可在不得已的情形下，短期性地解决"无解的问题"，而不可用于使自身进一步强大或倚强凌弱的目标。否则，将陷入"壮则老，不道早已"的结局。"壮"在《道德经》中的含义是，人为强之壮之，而不符合"生长壮老矣"的自然规律[1]。

本章论"兵"，主要是以"兵事"之理来阐释"道"理。《道德经》不

---

[1] "生长壮老矣"语出《黄帝内经》。"壮"的含义，或与《易经》之"大壮"卦有关联。"老"是衰弱的意思，《左传》有"师直为壮，曲为老"之语。

主张采用外在的强力手段来实现系统的稳定，但也不完全否定这种方式是实现稳定的一种外在调节方式，强调只有在不得已的情形下才可使用。如果不得已使用了这一强制调节手段，即使取得了成效，也不可看作是正面的功业。因为，从系统角度来看问题，在某些情况下，系统要自动回复其系统稳定性，是极其困难或者需要极其漫长的过程，而系统相关利益者难以承受这一过程的话，则不得不采取外在强制性的回复稳定手段，这个强制回复手段必然会使一些部分受到无端的影响①，这个手段的实现，是以那些无端影响为代价的，这个代价是事先必须预期到的。由于有这样一个代价，所以，不到万不得已的情形下，一般不可采取这一手段方式。

本章的衔续关系：第二十八章论述了"道"之三性，婴儿之性、无极之性、朴之性，并由此而归纳践行"道"之"常德"。本章则以兵事为例从反面论述了"不道"，并提出了"不道早已"的认识。

本章的关键词：果而勿强物；不道早已

本章的哲学意涵：要真正地践行"道"并有效发挥其功用，必须遵循"不可强为原则"，亦即不可以强制方式去实现目标。因为，对于天下万事万物，强制方法通常都难以达成目标。尤其是以战争之类的强制方式来解决问题，既不可取，也难以持久有效。原因是，强制的方式方法，必然伴随着诸多负面的影响，久久难以消除。即使在不得已的情形下，使用了这一方式方法，也必然耗损其正常的生长潜力，而提前衰退。这就是"不道早已"规律的体现。

【生态文明启示】

在现实中，人类为了生存、发展，有时不得不采取一些破坏自然生态系统的行为，如：为了解决粮食问题而大量开垦耕地；为了解决水资源或缩短交通运输距离而开凿运河；为了解决能源问题，建设大型水电设施或建设高生态风险的核电设施……凡此种种，都有其"报复性效应"（"其事

---

① 顺应，相当于"全自动控制"。而"果"则为"临时手动式控制"，或许可快速调转，单对整个自动系统而言是破坏性的。中医与西医的区别，也在于此。西医更强调"以兵强天下"，但忽视了"其事好还"的后果；而中医则更强调"善者果而已，不以取强"。

好还")。并不是大自然有"睚眦必报之心",而是因为一个系统的稳定性是长期形成的,一旦破坏了其中的某一部分(或强盛之,或毁败之),就意味着系统其他相关部分不得不作出相应的应对,这个"回应"就会体现为"报复"。"报复"的后果不是一次性的,而是长久的、相互关联的,其影响将持续到新的稳态形成之时。

关联知识或其他启示:"兵事"之类的外在强力,是"损人亦损己"式的竞争手段,容易产生"正反馈效应",使得某些负面影响呈恶性循环之态。应以"道"来统治或协助统治社会("天下"),不可以武力等强制方式调解矛盾、稳定社会系统。任何强制行为,都会产生报复性回应后果。万不得已采取强制方式来调适社会,稍作强制使之顺应系统运转便罢,万不可常用这一方式使某一方面强盛起来。即使得到了调适目标,也不可认为这是好的调适方式,这是有效的方式,这是可常采用的方式。强制方式,即使达成了在难以调节矛盾情形下调适社会的目的,也不要认为找到了最好的方法,更不可采用此方法而强行超越社会发育演进历程。

"物壮则老"这个道理,也适用于社会发展。毕竟通过强制的方式,是会加速社会"老化"的。通过强制方式进行的调节,虽然可能达成目的,但不符合"道"的顺应原则,不符合自然发展的规律,因此必然加速其走向"老化"而衰亡。

第三十一章

【原文通释】

通行本原文： 夫兵者，不祥之器，物或恶之，故有道者不处。君子居则贵左，用兵则贵右。兵者不祥之器，非君子之器，不得已而用之，恬淡为上。胜而不美，而美之者，是乐杀人。夫乐杀人者，则不可得志于天下矣。吉事尚左，凶事尚右。偏将军居左，上将军居右，言以丧礼处之。杀人之众，以悲哀泣之，战胜以丧礼处之。

通行释译： 战争不是吉利的事物，不是君子所愿意采用的方式。万不得已使用，也是以恬淡之心适可而止，战胜了也不当成快事。以打胜仗为快事的人，就是以杀人为乐。以杀人为乐的人，是难以得志于天下的。所谓战争，是不吉利的事物，是天下人都厌恶的，得道的人不用它。君子平时以左方为贵，战时以右方为贵，因为左方表示吉祥，右方代表凶丧。军伍之中，偏将军在左边，上将军在右边，就是以凶丧来看待战事。杀人之众，理应哀悲为怀。因此，即使打了胜仗，也应采用凶丧之礼仪。

【新认识与新释译】

本章要点的新释译

"夫兵者，不祥之器，物或恶之，故有道者不处"句，《汉字源流字典》对"祥"的释义是"神所示的征兆"，因此，"不祥"即是"未予明确征示的情形"，亦即指不确定性和风险大的情形。以现代学术思想来理解的话，该句的意涵是，使用战争之类的强力手段来解决问题，其预期后果是不确定的、高风险的，综合考虑可能的关联影响、长远影响、反馈影响，其预期的风险损失大于风险收益，所以，理性的行为者通常不会选择这一手段作为常规手段。"不处"的含义是，不宜经常性地处于这一状态。"物或恶之"的含义是，万物通常是厌恶这一手段的。亦即，符合自然的万物是以"风险规避"为行为原则的，而不是风险偏好型的。"故有道者不处"句，帛书本作"故有欲者弗居"。由于"弗"的用法是"弗+（前置宾语）"的省略，故其后的动词一般不再带宾语，表示否定。所以，"故有欲者弗居"的含义是，这一手段，对于有意图目标者来说，也是难以实现其目标的。

关于"左""右"之义，"左"有"佐助强化"之义，"右"则有"求神祇保佑"之义。所以，"君子居则贵左，用兵则贵右"的含义是，常态化的、低风险、可预期的事物，可有为佐助之；而兵事之类非常态的不确定性事物，宜听之"神祇"，不可强为。

"兵者不祥之器，非君子之器，不得已而用之，恬淡为上"句，本章与第二十九章、第三十章均有"不得已"一语，它们含义是相近的，即"不可最终实现"之义，均表达了这样的含义：兵事只能解决短期内的问题，但并不能真正解决根本矛盾。

"胜而不美，而美之者，是乐杀人。夫乐杀人者，则不可得志于天下矣"句，以现代学术思想来理解的话，其含义是，以"消灭对手存在"的方式在博弈中取胜，一方面失去了其价值层面的正当性，另一方面是非合作的"负和"博弈（虽然取胜，但双方都损失巨大，整体的损益也很大），亦即，既损害正当性，也有效益损失。由于这两方面的原因，因此难以在社会系统中立足，难以实现其意愿。

《周礼》言"以吉礼事邦国之鬼、神、祇"。吉礼，即祭祀之礼，祭祀对象分为人鬼、天神、地祇等三类，主要有祭天地、祭日月星辰、祭先王、祭先祖、祭社稷、祭宗庙等礼仪活动。凶礼，就是跟凶丧灾难有关的礼仪活动，"以凶礼哀邦国之忧：以丧礼哀死亡，以荒礼哀凶札，以吊礼哀祸灾，以襘礼哀围败，以恤礼哀寇乱"，主要针对国家所遭遇的一些灾难。比照《周礼》，可见"吉事尚左，凶事尚右。偏将军居左，上将军居右，言以丧礼处之。杀人之众，以悲哀泣之，战胜以丧礼处之"所阐述的意涵是，兵事即使是取得了胜利，但对于国家和民众而言都是灾难。"以丧礼处之"，一方面是修复价值观层面的正当性，另一方面是在效益层面警诫不可轻举妄动战争手段。

因为，"左"有"佐助强化"之义，"右"则有"求神祇保佑"之义。所以，"吉事尚左，凶事尚右。偏将军居左，上将军居右"的含义是，吉事可积极有为，不吉之事应听之神祇，不可强为。基于此，军队副职可选择积极有为者担任，而正职将领则要选择不强为者担任。这一认识与第六十九章之"用兵有言：吾不敢为主，而为客；不敢进寸，而退尺"，有相通的含义。

本章的衔续关系：承接上一章以兵事为例论述"不道早已"的道理，本章继续以兵事为例，论述应当如何对"不道"行为保持警惧之心。

本章的关键词：有道者不处

本章的哲学意涵：要真正地践行"道"并有效发挥其功用，不可以强制方式去解决问题。即使在不得已情形下，使用了强制方式，也不应将之作为解决问题的常规方法。以强力行为或实现竞争优势，或解决常规手段难以解决的矛盾，或两害相权取其轻的不得已抉择，无论何种情形，都只能作为极端条件下偶尔为之的方式途径，不可作为经常性的解决问题手段。以"兵事"为例，即使在其他手段难有成效情形下采取了这一手段并且取得了成效，也不应享受或赞美这种解决方法，而应以一种"灾难"心态来反思，全面地反思其后续成本和关联影响。以兵事解决问题的方式，不可作为后来者解决类似问题的经验，更不可作为后来者的行为示范。

【生态文明启示】

本章内容对于生态文明的启示在于，人类与自然生态系统，原本应当是一体的、相互协调的，但在一些具体的生存条件下，人类与自然生态系统，则可能出现难以调和的矛盾。一定区域范围内的人群，为了自身的基本需求和必要的发展需求，不得不对自然生态系统进行改造，而对自然生态系统造成一些不可逆的影响，比如出于防御自然灾害的大型工程、利用自然水力资源的大型水电工程、开采自然资源的采矿工程、大型交通工程、人类聚集的大型城市建设等，对局部自然生态系统的破坏性影响是严重的，很多影响是不可逆的、无法修复的，但从人类需求角度而言又是不得已的。对于这样的大型环境影响活动，至少应当秉持这样的态度和原则：其一，要有严格的生态红线意识，对于一些极端重要的生态功能区，应划定为永久不予开发区域，无论如何，这些区域的生态功能不能让位于人类的物质需求；其二，从总体上加以限定，在一定时期内，对自然生态系统有不可逆影响的工程不可超过一定比例和一定规模。严格限制人类进行大型环境影响工程的"意愿"和"冲动"；其三，即使作出了开发建设的决定，也应对其可能的生态环境影响进行严谨的评估，使其影响程度和影响范围尽可能地压到最小；其四，即使建设成功并达成了预期的经济目的，也不应对其进行赞颂，而应客观地总结并公之于众，所获得经济利益和需求满足，是以什么样的生态环境破坏性影响为代价换来的。对后来者而言，"不足为训"。

"兵者不祥之器，非君子之器，不得已而用之，恬淡为上"的启示在于，人类不能热衷于以"利用自然、改造自然"的名义，进行大型环境影响活动。因为，这样的方式只能解决短期内的问题，并不能真正解决根本矛盾。根本矛盾依然只有依靠大自然的系统适应。所以，各代人在有限的时期内，应尽可能减少对大自然的大规模影响活动，"恬淡为上"。

"胜而不美，而美之者，是乐杀人。夫乐杀人者，则不可得志于天下矣"的启示在于，以大型生态环境影响工程实现"利用自然、改造自然"的目的，并不是值得夸耀的功绩，热衷于大工程，也就如同于热衷于在战场上杀人，都是违背自然之道的。而违背自然之道，是无法得志于天下的，换言之，无法得到大自然的支持。

总之，自然万物是"风险规避的"，所以人类成员与自然万物的关系也应以"风险规避"为行为原则。

第三十二章

【原文通释】

通行本原文：道常无名，朴虽小，天下莫能臣。侯王若能守之，万物将自宾。天地相合，以降甘露，民莫之令而自均。始制有名，名亦既有，夫亦将知止，知止可以不殆。譬道之在天下，犹川谷之于江海。

通行释译："道"永远是无名而质朴的，它虽然很小不可见，天下没有谁能使它服从自己。统摄者如果能够依照"道"的原则治理天下，万众将会自然地归从于它。天地间阴阳之气相合，就会降下甘露，人们不必指使它而会自然均匀。治理天下就要建立一种管理体制，制定各种制度。既然有了制度，就要有所制约使之适可而止，知道制约、适可而止，就没有什么危险了。"道"存在于天下，犹如川谷导引一切河川溪水都归流于江海。

【新认识与新释译】

本章要点的新释译

"道常无名"与第一章"无名天地之始"有相同的含义，即"道"永远是反映事物的初始状态、反映事物的本质机制。

"朴，虽小，天下莫能臣。侯王若能守之"句，帛书本作"朴虽小，而天下弗敢臣，侯王若能守之"，本书作者认为，较合理的断句应为"朴，虽小，而天下弗敢臣，侯王若能，守之！"，其含义是，"朴"是使事物收敛的内在机制，万物都无法摆脱或改变这一内在机制，社会系统的统治者如果贤能的话（对"道"有认知的话），也会遵从这一机制。"朴"的含义是符合道的特征的最基本因素或内在机制；"朴，虽小"之中"小"的含义，与第三十四章"常无欲，可名于小"的含义是相通的，即"小"是使系统收敛的机制。"朴，虽小"的含义是，这一使事物收敛的内在机制，似乎作用于万物，但这并不是"道"主观为之，而是万物顺应的结果。所以，下一句"万物将自宾"，并不是"侯王若能守之"的结果。

"万物将自宾。天地相合，以降甘露，民莫之令而自均"句，"万物将自宾"并不以"侯王若能守之"为前提，"万物将自宾"的对象并不是"侯王"，而是"朴"，亦即万物会自然而然地遵从"朴"的内在机制，天地相合以降甘露而自均，既不是遵从侯王的命令，也不是遵从老百姓的请求，而是自然机制决定的。

"始制有名，名亦既有，夫亦将知止，知止可以不殆"的含义是，根据对"朴"这一机制的认识，或可建立制度或规制，就有了其规定性，也就是对"不可为"的行为有了限制性的规定。有了某一规定性，就必然知晓并顾及可为、不可为的范围，如果能够使行为处于可为范围之内，则不会导致不可预期的后果。犹如"道"是天下万物的范围规定，江海是川谷的范围规定。"无名"的含义是没有明晰而固化的规定性，或者说，即使有某种无形的规定性，也只是符合"道"这一宽泛的规定。"有名"的含义是有明晰而固化的规定性，或者说，有了人为的规定性。

"譬道之在天下，犹川谷之于江海"的含义是，"道""朴"是天下万物的范围规定，就犹如江海是川谷的范围规定。本章还包括这样的意涵：制度化的规定性，显然是按照一定的理论概念来确定的，必然不及"道"那样的完备性。采用了一定的制度，主要目的是对"不可为"的行为作出限制性规定。必须认识到"可为""不可为"的边界。

本章与第三十七章之"道常无为而无不为。侯王若能守之。万物将自化，化而欲作，吾将镇之以无名之朴。无名之朴，夫亦将不欲。不欲以静，天下将自定"、第五十七章之"我无为而民自化；我好静而民自正；我无事而民自富；我无欲而民自朴"，所表达的含义基本相同。

本章的衔续关系：承接前几章关于"不道"的论述，本章以"朴"

这一表现"道"作用于万物的内在机制为基准，提出制度化的规定性或可对"可为""不可为"的范围有所引导，以引导人们"知止"而避免进入"不道"歧途。

本章的关键词：朴；始制有名；知止

本章的哲学意涵：要真正地践行"道"并有效发挥其功用，须遵循"不可为原则"。但是，如何来认知"可为""不可为"的范围呢？"道"本身是没有明晰而固化的规定性的，即使有某种无形的规定性，也只是符合"道"这一宽泛的规定。"道"作用于万物，是以"朴"这一使事物收敛的内在机制实现的，"朴"似乎作用于万物，但这并不是"道"主观为之，而是万物顺应的结果。例如，天地相合以降甘露而自均，既不是遵从侯王的命令，也不是遵从老百姓的请求，而是内在机制决定的。根据对"朴"这一内在机制的认识，或可建立制度或规制，对"不可为"的行为有了限制性的规定。有了规定性，就知晓并顾及"可为""不可为"的范围，如果能够使行为者处于"可为"范围之内，就不会导致不可预期的后果。如果遵从了"可为""不可为"的边界，其行为也就不会偏离"道"。

【生态文明启示】

本章对生态文明的启示主要体现在"始制有名，名亦既有，夫亦将知止，知止可以不殆"。自然生态系统原本是没有固化的规定性的，但生态系统有其内在的运行机制，万物都不得不遵从这一内在机制。人们根据对生态系统内在机制的认识，或可建立相应的制度化规制，也就可对人类经济社会活动中的"不可为"的行为有了限制性的规定，而使人们知晓并顾及对于自然资源环境可为、不可为的范围，如果能够使行为处于"可为"范围之内，则不会导致自然资源耗竭、自然生态环境耗损等劣化的后果。

第三十三章

【原文通释】

通行本原文：知人者智，自知者明。胜人者有力，自胜者强。知足者富，强行者有志。不失其所者久，死而不亡者寿。

通行释译：能了解、认识别人叫作智慧，能认识、了解自己才算聪明。能战胜别人是有力的，能克制自己的弱点才算刚强。知道满足的人才是富有的人。坚持力行、努力不懈的就是有志。不离失本分的人就能长久不衰，身虽死而"道"仍存的，才算真正的长寿。

【新认识与新释译】

本章要点的新释译

本章各句的句式均与第一句"知人者智，自知者明"相同。即，各句的对比分别为：

知人者智，自知者明；

胜人者有力，自胜者强；

知足于物者富，知足于自身者有志；

不失其所居者恒心，自始至终不失其本心者长永。

"胜人者有力，自胜者强"之"胜"，《说文解字》的释义是"胜，任也"，即胜任的意思。该句的含义是，用人能够恰到好处地发挥其作用是"有力"的表现，而能够把自己放在最适当的位置才是"强健"的表现；"知足者富"，与"知足者常乐"的含义相近；"强行者"之"强"，即为"自胜者强"之强，其含义即能够知足以使自己处于可胜任的位置。"自胜者强"，不宜以儒家"克己复礼为仁"的主张来阐释，更不宜以现代意义的"克制自我，超越自我，战胜自我"的励志思维来认识；"不失其所者久"与"有恒产者有恒心"的含义相近，此处该句是用来对照凸显"死而不亡者寿"这句的。

"死而不亡"的含义是，自始至终而不失去。《说文解字》对"亡"的释义为"亡，逃也"，即表述"由有而失"的变化。本书作者认为，"死而不亡"与第六章的"不死"有相近的含义，即表征其传承性。

本章的衔续关系：承接前几章关于"不道"的论述，本章提出避免走入"不道"歧途的两个基本准则："自胜"（即自己能够准确地认识自己并把自己放在一个合适的位置上）；"不亡"（即自始至终不失其本心）。

本章的关键词：自胜；不亡

本章的哲学意涵：要真正地践行"道"并有效发挥其功用，对于个人或群体而言，应当秉持什么样的原则呢？对于个人及群体而言，"自胜"和"不亡"是最重要的原则，即以"知足"为准则并把自己放在最适当的位置上，自始至终不失其本心。相比于知他人、胜他人、知足于外物、不失其外在，知己、胜己、知足于己、不失己之本心，更难能可贵，更接近于"道"。

【生态文明启示】

"自胜者强"，与现代学术认识中的"适者生存"有着相近的意涵。它的启示在于，生态文明的真正理念是，每一人类成员都能够真正认识到人类在自然生态系统中的位置和意义，并始终如一地坚持这一认识的话，就不可能过分地去追求物质财富，追求超越他人的地位，追求那些生不带来死不带走的无谓"需求"、所谓"财富"。

"死而不亡"的启示在于，人类成员除了有"物质需求""人文需求"之外，还应有"生态需求"。所谓"生态需求"，就是当代人类成员愿意为了人类种群的永续传承而适当减少自身的物质需求，以维护后代人生存传承的利益。

第三十四章

【原文通释】

通行本原文： 大道泛兮，其可左右。万物恃之以生而不辞，功成而不有。衣养万物而不为主，常无欲，可名于小；万物归焉而不为主，可名为大。以其终不自为大，故能成其大。

通行释译： 大道广泛流行，左右上下无所不到。万物依赖它生长而不推辞，完成了功业，办妥了事业，而不占有名誉。它养育万物而不自以为主，可以称它为"小"，万物归附而不自以为主宰，可以称它为"大"。正因为它不自以为伟大，所以才能成就它的伟大，完成它的伟大。

【新认识与新释译】

本章要点的新释译

本章各句，帛书本作"道泛兮，其可左右也。成功遂事而弗名有也，万物归焉而弗为主。则恒无欲也，可名于小；万物归焉而弗为主，可名于大。是以圣人之能成大也，以其不为大也，故能成大"。

"大道泛兮，其可左右"的含义是，"道"就像泛滥的河水，并无其固定的方向。

"万物恃之以生而不辞，功成而不有，衣养万物而不为主"的含义是，万物因之而获益成事，不认为是它自己的功绩。"道"表面上养育了万物，但这并不是"道"的主观意愿和主动作为，所以，它不是万物生长的主导者。

　　"常无欲，可名于小"的含义是，"道"对于万物，不仅是促进其生长，同时也起着抑制其无限生长的作用。从这个意义上来说，它可归于"小"的一类。"无欲"的含义是，"无欲而无不欲"，亦即使万物的"化育"符合"道"，同时使万物遵循"道"的"不欲"，这样就能够使万物的化育走向收敛。该句与第三十七章的"夫将不欲。不欲以静，天下将自正"的含义相通的。

　　"万物归焉而不为主"的含义是，万物因"道"的凝聚力而聚集归一，并不是"道"发号施令的结果。

　　"万物归焉而不为主，可名为大"的含义是，它不为万物之主却能使万物归一，从这个意义上来说，它又可归于"大"的一类。《道德经》之中"小"与"大"的含义，一定程度上可以这样来理解："小"是使系统收敛的机制与第三十二章"朴，虽小"之含义（使事物收敛的内在机制）相近；"大"是使系统扩张的机制。如下图所示。

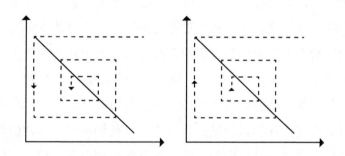

　　总之，"道"并不是通过设计和控制世界成为一个稳态系统，而是自然而然地将万物归化为一个稳态系统。人们所认识的"道"，就好像是无所作为、无所欲为的，可认定其"顺应系统之性"（"小"）。而看到万物都归之于一个系统时，则会认定其"系统归从性"（"大"）。

　　"是以圣人之能成大也，以其不为大也，故能成大"的含义是，社会系统的统治者，应建立起使系统收敛的机制，而不是使系统发散的机制。在系统收敛稳定的机制下，民众或其他群体的归附，是其系统稳定的效果，而不是系统预设的目标。

　　本章的衔续关系：上一章提出社会成员避免走入"不道"歧途的两

个准则——"自胜"和"不亡"。本章则从"道"的"无欲"特性（即万物因"道"获益并不是"道"的主观意愿）引申出"不自为大"的本性。如果借鉴于社会系统的话，统治者也不宜刻意怀有"造福万众"之心，更不可因"造福"之心而发号施令，自然而然为之即可。

本章的关键词：无欲；不自为大

本章的哲学意涵：要真正地践行"道"并有效发挥其功用，对于社会系统统治者而言，则要认知并遵循"道"的"不自为大"的特性。"道"并无其先决的利害关系。万物因之而获益，万物以其为中心，并非是它的主观意愿和它的主动作为。它不为万物之主却能使万物归一。以此类比，得道的社会统治者，要成就其"大"，也就不能有意识地去为万众谋利，也不能有意识地凝聚万众而作万众之明主。

【生态文明启示】

本章的生态文明启示在于，自然生态系统发挥其生态功能，护佑人类以及万物的生存传承，生态系统功能完好，人类生存传承环境就好。但并不意味着自然生态系统是有意识的。反过来，人类保护自然生态系统的行为，也不能如此"实用"，如此"功利"——能够在短时期内感受到生存环境的改善，我们就去治理和保护；不能在短时期内感受到生存环境的改善，我们就认定治理和保护是没有价值的。我们应当有这样的认识：每一代人都只是自然生态系统中的过客，没有任何理由在我们这一代使生态系统功能劣化。

第三十五章

【原文通释】

通行本原文：执大象，天下往。往而不害，安平泰。乐与饵，过客止。道之出口，淡乎其无味，视之不足见，听之不足闻，用之不足既。

通行释译：谁掌握了那伟大的"道"，普天下的人们便都来投靠他，向往、投靠他而不互相妨害，于是大家就和平而安泰、宁静。音乐和美好的食物，使过路的人都为之停下脚步，用言语来表述大道，是平淡而无味。看它，看也看不见；听它，听也听不见。而它的作用，却是无穷无尽的，无限制的。

【新认识与新释译】

本章要点的新释译

"执大象，天下往。往而不害，安平泰"的含义是，无形的"道"，存在往来于万物之中。虽然没有什么阻碍，但也仅仅是平滑而过，不会引起明显的效果。"大象"可由"大象无形"而解释为"无形之道"。"泰"字，《说文解字》释义为"泰，滑也"。

"乐与饵，过客止。道之出口，淡乎其无味"的含义是，音乐、美味尚有吸引人关注的特性，而"道"却缺乏这样明显的关注点。

"用之不足既"的含义是，运用它也不足以解决具体问题。该句应与"视之不足见，听之不足闻"的行文逻辑顺序相连贯，语义和逻辑都一致，不宜解读为"其作用无穷无尽"。

总之，掌握"道"的本质，则众多事物归为一个稳态系统。系统的扩张并不会增加其利益，也不会强化其害处，只不过是依然维持一个稳态系统。系统的维持和扩大，并不是依靠利益的诱致，如果依靠利益诱致的话，是无法保持持久稳态的（因为，如果是靠利益诱致的话，归附者会因利益而至也会因得失而去）。"道"的本质，不可能因系统归一而强化谁的利害，"道"就是这样的平淡无奇，观察不到它的精妙，运用它也不会立竿见影。

本章的衔续关系：《道德经》开篇以来，一直在论述"道"的一些特性及其认识方法。本章理性地指出，"道"其实是难以认知、难以践行的。所以，必须采取一些有效的方式方法。本章为下一章的展开提出了问题。

本章的关键词：无味；用之不足既（难以解决具体问题）

本章的哲学意涵："道"虽然可认知、可践行，但是，由于其"无形"，虽可无阻碍地运行于天下万物之中，但也难以起到明显的影响效果。好听的音乐、好闻的美味，都能够吸引过客驻足，但平淡无味、无色、无声、无直接作用的"道"，则很难引起人们的关注。所以，才需要采用下一章提出的"将欲歙之，必固张之"等方式方法。

【生态文明启示】

"生态文明"认识之于世人，就如同本章所阐述的"道"之于世人一样，没有什么直接利益的吸引力，较难在民众中形成共同的理念。只有通过下一章所提出的"将欲歙之，必固张之"等手段，亦即，不得不暂时听任自然生态环境系统受到一定程度破坏之后，才能使人们意识到保护生态环境的重要性，才能够逐步接受"维护生态环境"的理念。

第三十六章

【原文通释】

通行本原文：将欲歙之，必固张之；将欲弱之，必固强之；将欲废之，必固兴之；将欲取之，必固与之。是谓微明。柔弱胜刚强。鱼不可脱于渊，国之利器不可示人。

通行释译：想要收敛它，必先扩张它；想要削弱它，必先加强它；想要废去它，必先抬举它；想要夺取它，必先给予它。这就叫作虽然微妙而又显明，柔弱战胜刚强。鱼的生存不可以脱离池渊，国家的刑法政教不可以向民众炫耀逞威。

【新认识与新释译】

本章要点的新释译

"将欲歙之，必固张之；将欲弱之，必固强之；将欲废之，必固兴之；将欲取之，必固与之"句，以现代认识方法来理解的话，是一种认识事物并寻求其理性范围的方法。当我们要寻求某一事物的极值时，只有让事物突破某一值之后发现其反向变化，才能够认识到这一临界值是极值。该句，与第二十二章之"曲则全，枉则直，洼则盈，敝则新，少则得，多则惑……。古之所谓曲则全者，岂虚言哉！诚全而归之"，有相近的含义。即，主观或客观，稍作偏离，反倒容易实现最终目标；过程之中过于执着于最终目标，反倒难以实现。

"是谓微明"的含义是，<u>这是认识事物规律的一种渐近方法，虽然并未完全认识到规律的本质，但对深化认识有一定的帮助</u>。《道德经》第十六章、第五十二章、第五十五章等篇多次提到"知常曰明"，意思是认识规律就是"明"，因此，"微明"则可理解为认识规律、践行规律过程中的一种迂回渐近方式。

"柔弱胜刚强"的含义是，以"微明"这种迂回渐近方式来达成某种目标，也是"柔弱胜刚强"的一种表现形式，即迂回渐近的方式胜于执着的方式。

"鱼不可脱于渊，国之利器不可示人"的意思是，<u>这种以突破临界点来认识极值的方法，只适合于那些可逆的事物，而对于"鱼脱于渊""国之利器示人"之类的不可逆事物，超出可逆阈值的状态，则不可采用这一方式方法的</u>。有些释本将这一句话解释为老子也有"权谋御下"之术，是完全违背老子哲学思想的"解释"。恰恰相反，《道德经》主张，有些可逆的事物可以采用"将欲歙之，必固张之"的方法，而国之利器（战事等）之类的不可逆事物，是不可以轻易采用这种方法的。

本章的衔续关系：上一章提出了认识及践行"道"的难点，本章针对这一难点，提出了具体的有效方法——"微明"，并指出了"微明"的适用范围，即不可突破不可逆的阈值。

本章的关键词：微明（渐近方式）；鱼不可脱于渊（谨守可逆阈值范围）

本章的哲学意涵："道"虽然可认知、可践行，但因其"无形"，而难以引起人们的关注。所以才需要采用渐近的方法。即，在认识事物的过程中，迂回的方式要比强行的方式更有效。例如，当我们要寻求某一事物的极值时，可让事物突破某一值之后观察其反向变化，就可认识到这一临界极值。再如，在面对某一目标时，路径稍作偏离，反倒容易最终实现；过程之中过于执着于终极目标，反倒难以实现。但是，使用这种渐近方法，一要适"度"，二要适"事"，否则就可能导致"鱼脱于渊""国之利器示人"之类的不可逆结果。

【生态文明启示】

本章的生态文明启示在于，对于一些可逆的生态环境影响，可能只有在突破了生态环境承载力的情形下，才能让大多数民众认识到破坏生态环境的后果及其趋势，在这种情形下，对于"生态环境可持续"重要性、必要性的认识才能够深切。而在没有突破生态承载力的情形下去探讨"可持续发展"，往往难以被公众接受的，也就难以实施。当然，这一方式方法，只适用于可逆的阈值范围内。对于那些不可逆的生态环境影响，或者超出阈值的生态环境影响，是不可去尝试的。一旦尝试就将使生态系统功能劣化。

关联知识或其他启示：："道"的重要本质之一，是维持稳态系统。当我们要寻求系统稳态之值时，可适当地施加外力，它在外力作用下会在外力方向运动，而在系统的反作用下又会朝反方向运动，而后可逐步减小震荡幅度而归于稳态（如同"钟摆运动"，这是物理学三大守恒定理之一的"角动量守恒"所决定的。如下图所示），此时我们就可观察到稳态及稳态所需的条件。

在社会系统中，也应形成这样的机制。某些可能导致稳态被打破的因素出现之时，姑且任该因素有所扩张、强化、兴盛、索取，而后系统内的相克因素就会发挥作用，使之收缩，使之弱化，使之废行，使之还取。柔弱胜于刚强之道理在于，为维护系统稳态性，其内部的相互制约关系在起作用。这种维持系统稳态的机制，只适用于可逆的事物。如果对不可逆的事物也采用这一方式，那就如同鱼脱离江河湖泊而无法生存。

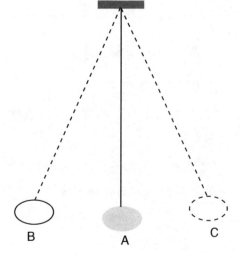

第三十七章

【原文通释】

通行本原文： 道常无为而无不为。侯王若能守之，万物将自化。化而欲作，吾将镇之以无名之朴。镇之以无名之朴，夫将不欲。不欲以静，天下将自正。

通行释译： "道"永远是顺其自然的，看似无所作为，而又无所不为（该达成的，都达成了）。统摄者若能遵循"道"，所统辖的万物都将按规律来发展变化，就会自我化育。自生自长而产生贪欲时，"我"就要用"道"来镇住它。用"道"的真朴来镇服它，就不会产生贪欲之心了，万事万物没有贪欲之心了，天下便自然而然达到稳定、安宁。

【新认识与新释译】

本章要点的新释译

"无为而无不为"的含义是，遵循"道"的"为"，也就是遵循"道"的"不为"。

"道常无为而无不为。侯王若能守之"句，合理的断句应为"道常，无为而无不为。侯王若能，守之！"其含义是，"道"是有规律的，明确了"无为"及"无不为"的范围，社会系统的统治者如果对"道"有认知的话，也会遵从这一原则。

"万物将自化"的含义是，自然界的万物，自行化育、成长，并不依赖外在的动力。

"无名之朴"的含义是，"朴"不是具有具体形态的事物，而是一种机制，是一种体现"道"的"无为而无不为"规律的内在机制。"无名"与第一章"无名天地之始"有相同的含义，即反映事物初始状态的本质机制。

"化而欲作，吾将镇之以无名之朴"句，帛书本作"化而欲作，吾将阗之以无名之朴"。《汉字源流字典》对"阗"的释义是，充满、填塞门庭的样子。该句的意思是，在万物自化过程中，有某些方面出现有违系统要求而不断增长的苗头之时，"道"是如何遏制这一苗头的呢？是万物之中都包含的"朴"这个内在收敛机制起着抑制作用。

"夫将不欲。不欲以静，天下将自正"的含义是，"朴"的作用机制是"无欲而无不欲"，亦即使万物的"欲作"符合"道"，同时使万物遵循"道"的"不欲作"。这样就能够使万物的化作走向收敛和稳定，不会导致无限发展的态势。万物收敛稳定了，整个自然界也就自然而然地收敛而稳定了。"静"的含义是收敛稳定；"正"的含义是系统正常稳定运转。

本章与第三十二章之"道常无名，朴虽小，天下不敢臣。侯王若能守，万物将自宾"、第五十七章之"我无为而民自化；我好静而民自正；我无事而民自富；我无欲而民自朴"，所表达的含义相通。

本章的衔续关系：本章作为《道德经》上半部的终结篇，对"道"的特性和循道的基本准则作了归纳，即"无为而无不为""万物将自化。化而欲作，镇之以无名之朴""不欲以静，天下将自正"。

本章的关键词：无为而无不为；无名之朴

本章的哲学意涵：综合而言，遵循"道"，最根本的就是遵从"道"的基本准则而明确"不可为"的范围，以此为原则而"为"及"不为"。如果事物有突破"不可为"之意图，则要以其"无名之朴"（事物内在的收敛稳定机制）以抑制之。万物的化育会自行收敛稳定，由万物构成的整个系统也会收敛稳定并正常运作。自然系统如此，社会系统如果遵循了"无为而无不为"的准则，社会系统中的万众万物和整个社会系统也将是稳定和正常运转的。

【生态文明启示】

本章对于生态文明的启示体现在"无为而无不为""万物将自化。化而欲作，镇之以无名之朴""不欲以静，天下将自正"等准则。这些准则也应作为可持续发展的基本准则。人类的经济社会活动，应以自然生态系统的规律为准则，确定其"可为"的范围，更重要的是确定其"不可为"的红线；尊重和敬畏自然生态系统对于万物运行所作的规定性，人类不要自以为高明地去改造自然世界；人类对于自然生态系统尽可能地减少欲望，尤其是减少改造自然的冲动，自然生态系统就将完好地永续传承。

第三十八章

【原文通释】

通行本原文：上德不德，是以有德；下德不失德，是以无德。上德无为而无以为；下德无为而有以为。上仁为之而无以为；上义为之而有以为。上礼为之而莫之应，则攘臂而扔之。故失道而后德，失德而后仁，失仁而后义，失义而后礼。夫礼者，忠信之薄，而乱之首。前识者，道之华，而愚之始。是以大丈夫处其厚，不居其薄；处其实，不居其华。故去彼取此。

通行释译：上德的人不自以为有德，所以他有德；下德的人有心施德，而失离了德。上德的人顺应自然而不故意去作为，下德之人不顾自然而有心作为。上仁之人有所作为，却处于无意；上义的人有所作为，且出于有意。上礼的人强行为之而得不到回应，于是就伸出手臂来使别人强从。如此看来，失去了大道之源，而后只好强调内在的德性；失去了德性，而后只好强调仁爱，失去了仁爱，而后只好强调正义法则；失去了正义法则，而后只好强调礼仪规范。当社会需要用礼仪规范来维系的时候，忠诚和信实已经荡然无存，虚伪巧作也就开始横行了。所以"礼"这个东西，不但是忠信不足的产物，而且是祸乱的开端。以智取巧实在是虚伪的根源，所谓"先知"，不过是"道"的虚华。因此，一切自以为聪明的人，终将会变为愚昧无知之徒。所以真正有道德的人应遵守质朴的"道"，宁可居于忠信之厚，不愿居处理文之薄，宁可保持纯朴之实，不愿强取浮泛之华，使你的心灵始终像水那样身处于谦卑之地，你将进入无为而无所不为的境界。

【新认识与新释译】

本章要点的新释译

本章"上德不德，是以有德；下德不失德，是以无德"与第七十九章"有德司契，无德司彻"之中的"有德""无德"，意涵是相通的。参照第七十九章对"有德司契，无德司彻"的释义，"上德不德，是以有德；下德不失德，是以无德"的含义应当是，上德，遵循"道"的整体性和关联性来考虑问题，并不拘泥于以决绝的方式来执行某一约束，而以更和缓的方式变通，所以"有德"；下德，则不从"道"的整体性和关联性来考虑问题，单一地考虑约束的执行，而不顾一切关联影响的后果，所以"无德"。

参照"有德司契，无德司彻"，可以更好地理解"上德无为而无以为；下德无为而有以为。上仁为之而无以为；上义为之而有以为。上礼为之而莫之应，则攘臂而扔之。夫礼者，忠信之薄，而乱之首"的含义。即，以执行契约为典型之例来认识，上德，既没有采取强制执行行为，也在本质上没有违背契约；下德，采取了强制执行行为，虽然没有违背契约；上仁，没有采取强制执行行为，却在本质上变更了契约内容，即使从个体意图来看是"良善"的，却极有可能损害了整体的秩序和利益；上义，在本质上是有强制执行行为，也在本质上变更了契约内容，虽然从个体意图来看是"良善"的，却极有可能损害了整体的秩序和利益，甚至违背了直接受益者的意愿；上礼，话语权大的小众群体，以自身认识变更契约内容，进而以变相的方式强制执行，变更的契约未必符合规律，也未必符合大众的意愿和利益。所以，礼是破坏契约、不遵循规律、不顾及大众意愿和利益的行为，也是导致大众破坏契约、不遵循规律、不顾及整体利益的起因。

"道"是客观的自然规律，但是人们无法先验地认识，而只能通过所观察到的内容加以认识，并使其认识逐步接近客观规律。认识并践行"道"并有效发挥"道"的功用，就是"德"。上德，完全遵循"道"的行为，且这个行为对"道"的遵从是内化于心的自主行为，并非刻意而为；下德，完全遵循"道"而决定其行为，但这个行为对"道"的遵从是刻意而为，尚未内化于心；上仁，意愿上是遵循"道"的规则而行为，但在行为过程中无意中加入了"公平""仁爱"等其他的自身价值内容，尽管从具体相关者角度而言是"良善"的，但对于整体而言未必是合理的，这个行为并不是刻意而为，亦即自身并没有意识到自身良善的意愿已经加诸"道"规则之上；上义，与上仁的行为基本类似，但是这个行为是刻意而为，亦即，将自身价值强加于"道"规则之上；上礼，行为并不以"道"的规则为主要遵循，而是以话语权大的部分群体的价值来规定，并采取具有一定强制力的方式予以推行。

结合第二十三章"希言自然。……故从事于道者，同于道；德者，同于德；失者，同于失"句，可以认识到"仁""义""礼"，都可以归于"道""德"之外的"失"范畴内。以"网"来比拟（如下图所示），道者遵循的是一张完整网的功能，不仅要遵循捕捞大鱼获得利益的功用，同时也要遵循放弃生长期的小鱼以保障持续性利益的功能；德者遵循的是一根

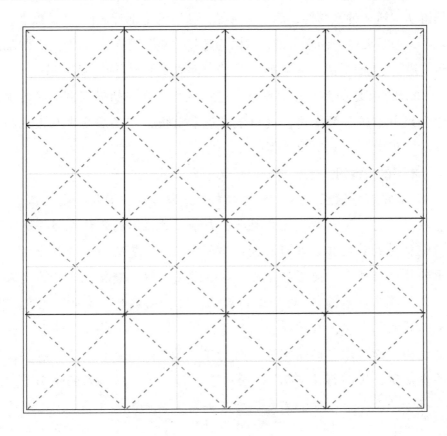

根网绳的规定性，虽然并不完全认识完整网的功能，但严格遵守了完整网的要求；而仁者则可能在"网眼"部分，依据自身的价值判断增加一定的网格，虽然本意是堵塞"漏洞"，但它已经妨害了完整网的整体性功能；义者则只是遵从仁者所"缔结"的网绳，而完全不再关注道者完整网的整体性功能；礼者则是完全依据自身的价值判断来"缔结"过密的网眼，表面上是堵塞了"漏洞"，但使完整网的各种功能丧失殆尽。从这个角度来认识就很容易理解老子为什么要否定"仁""义""礼"，因为它们是人为的，是反自然的，是妨害系统功能的。

"夫礼者，忠信之薄，而乱之首。前识者，道之华，而愚之始。是以大丈夫处其厚，不居其薄；处其实，不居其华。故去彼取此"的含义是，"礼"完全偏离了"道"的本义，人为施加的各种规定性，必然导致系统紊乱。提出"礼"的人自以为是，其实他们只看到了"道"的一些稀疏统摄的表象，而对"道"的系统性缺乏完整认识。真正认识"道"的人，必然遵从"道"的系统性，而不会选择"礼"的局部片面性。"前识者，道之华，而愚之始"的含义是，自以为超越"道"而提出的"礼"，强加之于"道"，表面上似乎是完善了"道"，而实质上越来越偏离"道"。

本章的衔续关系：本章作为《道德经》下半部的开篇，对现实中认识和践行"道"的本质，提出了其基本前提，即层层去除人为施加的各种"规定"——下德、仁、义、礼。

本章的关键词：道—德—仁—义—礼；去彼取此

本章的哲学意涵："道"的核心本质是整体的系统性。要认识"道"并践行"道"的本质，就必须层层去除人为施加的各种局部"规定"，回归整体的系统性。各种人为的"规定"，都是从局部情形出发而作出的片面性规定，使得整体的系统性遭受破坏，使得人类行为越来越偏离"道"的本质。"故失道而后德，失德而后仁，失仁而后义，失义而后礼"表明，人类社会在朝着偏离"道"的方向不断退化，在无法完全认识"道"的情形下，践行了"德"；而对于"德"有所偏离的情形下，又践行了"仁"；而对于"仁"又有所偏离的情形下，又践行了"义"；而对于"义"继续偏离，转而就是"礼"，已经基本上是人为的规定性，而远远地偏离了自然而然的"道"。《道德经》批判"仁""义""礼"的逻辑基础是，自然规律、社会规律的系统性，是最为根本的是各主体在任何时空条件下所需遵循的，人类社会某些群体以自身的价值判断为依据所作出的人为规定性，不能损害和无视最根本的"规律"。（如果以"网"来比拟的话，那就是不能在自然法则已编织好且功能完好的系统之网上，再去编织更细密的网）。

【生态文明启示】

本章的生态文明启示在于，人类行为中所谓"利用自然"，实质上是"顺应自然"的基本准则一步步被人为放松的结果，也就是"破坏自然"的开端。所谓"认识自然"，就成为了以认识"自然"的名义，而始行"利用自然、改造自然、破坏自然"之实。所以，真正的"道者"应当是坚守"顺应自然"的基本准则不放松，并不试图无限度去"认识自然"；只得到"大自然所给予的权益"而不追求任何形式的"增益"。人类之于自然系统，有以下几种关系：其一，人类行为完全是自然系统行为的一部分，除了自然系统所给予的"权益"外，没有任何人为的行为和增益，这是"道"；其二，人类行为在顺应自然系统的过程中，有"利用自然"谋取人类"增益"的行为，但这种行为并不违逆自然，对自然的影响也微乎其微，这是"德"，人为性程度较低就是"上德"，人为性超过一定程度即是"下德"；其三，人类行为在自然系统中，有"利用自然"谋取人类"增益"的整体性行为，这种行为虽然不违逆自然，但对自然的影响累积加总是不可忽略的，这是"仁"，因为，这种整体性行为对于人类个体而言是无差异的，表面上对人类各个体都是有益的；其四，人类行为在自然系统中既有"利用自然"谋取人类"增益"的整体性行为，还有谋取局部群体"增益"的行为，局部群体的行为，虽然避免对周边群体的影响，但最终需要大自然以及人类整体来承担其影响，这是"义"，因为，这种局部群体性行为，其影响并不针对特定的他人；其五，人类行为在自然系统中，各个局部群体都有谋取自身"增益"的行为，其累积影响是不断扩大的，为避免人类行为从"顺应自然"走向"无限度利用自然"，人类各群体共同规范人类与自然系统的关系准则，这是"礼"，因为，这种规范是强制性的，且最终造成各群体行为在谋取自身利益最大化过程中只求遵循最低标准，而远离"顺应自然"的"道"。

"夫礼者，忠信之薄，而乱之首"的启示是，"礼"会引致"逐底竞争"，社会规范标准不断降低，最终导致乱局是必然的。"前识者，道之华，而愚之始"的生态文明启示是，自以为（或妄自揣度）了解整体的结局，或自以为了解他人的行为路径，而预先采取"有利于自身"的行为者，必然因其自作聪明的行为而引致社会的混乱，自身也不可能因此而得到有利的结果。引申含义是，按照一定的准则行事是最好的策略，而妄自揣度"上意"之后采取的策略并不是理性的策略。

"故失道而后德，失德而后仁，失仁而后义，失义而后礼"的启示是，人类活动远低于自然系统的生态承载力，生态环境未被破坏的情形下，无所谓"生态公平""代际公平"之类的问题；只有在生态环境受到破坏，经济活动规模及强度接近甚至超过生态承载力的情形下，就有了"生态公平""代际公平"的问题，包括生态影响的公平承担、生态可损耗额度的公平配置、生态责任的公平承担、生态恢复成本的公平分担等；在"生态公平"无法成为各主体自觉行为准则的情形下，就必然出现通过利益机制（市场机制）交易的方式，包括生态利益与经济利益的交易、生态可损耗额度权的交易、污染权的交易。当真正的"生态维护"无法实现之时，就会出现所谓的"生态恢复"，如，破坏了一定面积的生态功能区，而在其他区域重新建设一个类似的区域，实质上其生态功能是不可同日而语的。

以原始生态区域为例，如果发达群体为该区域修建便利的现代交通，从发达群体自身的价值评判而言，必然是"仁"的行为。但是，从整个生态系统的角度而言，这个行为其实是破坏生态环境的开端，此后将因交通便利而使得该区域的生态环境不断劣化。而从原始区域的民众视角而言，也因交通便利化而打破了其既有的和谐生活方式，还可能因此而让他们担负"破坏生态环境"的罪责。凡此形式的"仁"，即以发达富裕群体自身的价值判断标准而强加于其他群体的行为，其实质皆类此。

关联知识或其他启示：道、德、仁、义、礼、礼崩的"退化"关系，可以这样来理解："道"是符合自然规律却完全没有规定性的范畴，它的包容性最大；其次，"德"是符合自然规律却有一定规定性的部分范畴；再次，"仁"是符合自然规律却有较强规定性的较小范畴；再次，"义"是符合自然规律却有严格规定性的小范畴；再次，"礼"只是有严格规定性的小范畴；最后，"礼崩"是不符合自然规律非规范的范畴。《道德经》之所以贬斥仁、义、礼，就在于与"德"相比较，它们破坏了客观规律或事前规则。仁、义、礼往往是以临时起意的方式改变规则而实现表面上的"公平正义"，这种改变规则的公平正义，只是局部时空范围内的公平正义，如果放在更大时空范围来看，其实只是把损害"外部化"为整体的、未来的或其他对象了。

如果以自然科学的热力学来比拟的话，"道"相当于绝对零度的极限状态；"德"相当于不断接近绝对零度所呈现的状态；"仁"相当于热力学第零定律所表征的热平衡状态，表现为宏观状态的温度；"义"相当于热力学第一定律所表征的能量守恒规律，反映的是热能可逆转化为做功；"礼"相当于热力学第二定律所表征的熵增规律，反映的是能量转换的不可逆性。"夫礼者，忠信之薄，而乱之首"相当于表征热系统朝着无序状态的不可逆演化。"前识者，道之华，而愚之始"相当于表征，如果人类认识了热力学第一定律、热力学第二定律并加以利用，那么，系统朝着无序方向的演化就会因人类的行为而加速无序化。

第三十九章

【原文通释】

通行本原文：昔之得"一"者：天得"一"以清；地得"一"以宁；神得"一"以灵；谷得"一"以盈；万物得"一"以生；侯王得"一"以为天下正。其致之也，谓天无以清，将恐裂；地无以宁，将恐废；神无以灵，将恐歇；谷无以盈，将恐竭；万物无以生，将恐灭；侯王无以正，将恐蹶。故贵以贱为本，高以下为基。是以侯王自称"孤""寡""不谷"。此非以贱为本邪？非乎？故致数舆无舆。是故不欲琭琭如玉，珞珞如石。

通行释译：往昔曾得到过道的有：天得到道而清明；地得到道而宁静；神得到道而灵性；河谷得到道而充盈；万物得到道而生长；侯王得到道而成为天下的首领。推而言之，天不得清明，恐怕要崩裂；地不得安宁，恐怕要震溃；人不能保持灵性，恐怕要灭绝；河谷不能保持流水，恐怕要干涸；万物不能保持生长，恐怕要消灭；侯王不能保持天下首领的地位，恐怕要倾覆。所以贵以贱为根本，高以下为基础，因此侯王们自称为"孤""寡""不谷"，这不就是以贱为根本吗？不是吗？所以最高的荣誉无须赞美称誉。不要求琭琭晶莹像宝玉，而宁愿珞珞坚硬像山石。

【新认识与新释译】

本章要点的新释译

本章的"一"的含义是一个完整的有机联系的稳定系统，亦指使其系统进入稳态状态的内在稳定机制。可采用现代认识思想理解为"自组织系统"。"清"可理解为稳态状态的特征，"裂"可理解为非稳态的动荡状态或发散过程。《说文解字》对于"一"的释义是"一，惟初太始，道立于一，造分天地，化为万物"。第四十二章"道生一，一生二，二生三，三生万物。万物负阴而抱阳，冲气以为和"，借用《易经》的义理来阐述"道"。简单地理解"道"，就是"阴"和"阳"。"万物负阴而抱阳，冲气以为和"的含义是，大部分卦象都是有阴有阳，有空虚有充实，才能够交融和合，亦即阴阳交合才能形成均衡和谐状态。所以，本章的"一"，也可以从这一认识来理解（详见《第四十二章》的"新认识与新释译"）。

"天得一以清；地得一以宁；神得一以灵；谷得一以盈；万物得一以生；侯王得一以为天下正。其致之也，谓天无以清，将恐裂；地无以宁，将恐废；神无以灵，将恐歇；谷无以盈，将恐竭；万物无以生，将恐灭；侯王无以正，将恐蹶"的含义是，自然界、社会领域都是一个有机联系的稳态系统。宇宙是一个有机联系的系统才不再混沌，否则将四分五裂而难以形成一个整体；"物种"如果不具有一个完整有机联系的遗传性，则无法呈现其"永续性"；"湖泊"如果不具有一个完整的地下水系统，则无法充满湖水；万物如果不是一个生命体系统，则无法生息；帝王如果不是把所统治的社会作为一个稳定系统来维护，必然无法维持其统治。

"贵"与"贱"的关系是，在较低层级上构成某一系统的因素，被视之为"贱"；而在更高一层级上代表该系统的事物，被视之为"贵"。所以，"故贵以贱为本，高以下为基"的含义是，虽然一个系统的代表者"贵"处于更高层级，但要以该稳定系统的构成因素"贱"为根本。以现代学术思想来理解，无论是自然世界还是社会系统，都可以分成很多层级，每个层级相对于低层级来说是宏观，而相对于更高层级来说又是微观，宏观层级的规律以微观层级的运行结构为基础。

同理，"侯王自称孤、寡、不谷"的原因就在于，侯王是作为一个社会系统的代表者，必须以构成这个稳定社会的民众为根本，他们处在一个更高的层级上，而不与构成这个社会系统的民众并列于同一层级上，因此也不与他们在同一层级上争竞利益。也就是说，统治者并不是社会系统诸成员中的突出者，而是代表整个社会系统的代表者。本章"是以侯王自称孤、寡、不谷，此非以贱为本邪"，与第四十二章"人之所恶，唯孤、寡、不谷，而王公以为称"，应有相通的意涵。笔者在第四十二章中论述，"人之所恶，唯孤、寡、不谷，而王公以为称"是类比《易经》中的"乾卦"（☰），此卦各爻只有阳没有阴，一般来说是不吉祥的卦象，而"乾卦"却往往被视作最重要的一卦。此认识与本章也是相通的，其含义是，不应简单地观察"乾卦"各爻只有阳没有阴的特性，而应主要关注六个阳爻构成的"乾卦"的整体特性，其整体特性是"元，亨，利，贞"。

"故致数舆无舆。是故不欲琭琭如玉，珞珞如石"的含义是，根据前文所讨论的系统与构成因素的关系，可以这样来认识：对于一个车队，要观察各车辆组成的系统，而不是简单地观察各车辆；对于一大堆玉，就要观察众多玉构成的系统，而不是简单地观察每一块玉；对于众多石块的石堆，也要观察石块构成的系统，而不是简单地观察每一石块。犹言<u>统治者并不是诸多车辆中最突出的那辆，而是整个车队系统；统治者并不是诸多美玉中的最佳者，而是众玉整体；统治者并不是众多石块中的最大者，而是石堆整体</u>。

本章的衔续关系：承接上一章关于人类人为"规定"越来越偏离"道"的论述，本章指出：偏离"道"的本质，实质上就是罔顾"道"的稳态系统特征。只有站在系统整体角度来维护系统的稳态性，才是真正地遵从"道"。而那些"只见树木不见森林"的规定，是无法维持系统稳态的，也无益于整个系统。

本章的关键词："一"（稳定系统及内在稳定机制）；贵以贱为本（系统整体的稳定性要以系统构成要素之间的和谐为基础）

本章的哲学意涵：自然界、社会领域，都是一个有机联系的稳态系统。宇宙是一个有机联系的系统才不再混沌，否则将四分五裂、持续动荡而难以形成一个稳定整体；"物种"如果不具有一个完整有机联系的遗传性，则无法显现其传承的"生命力"；"湖泊"如果不具有一个完整的地下水系统，则无法充满湖水；万物如果不是一个生命体系统，则无法生生不息；帝王如果不是把所统治的社会作为一个稳定系统来维护，所统治的王朝就难以持久稳固而会垮台。所以，处于系统核心地位者，必须认识到构成系统各局部的重要性。运行最为良好的社会系统就是，没有任何一部分有突出的表现而总是能够正常运行的系统。

【生态文明启示】

本章的生态文明启示在于，人类因生活在同一个地球，因生活在同一个无法区隔的自然生态系统中，因维护人类世世代代生存传承繁衍的共同目标，构成了共同的利益和需求。这个共同利益和共同需求的本质，就是永续性地维护人类赖以生存传承的生态系统及其生态功能的完好性。因为，如果生态系统的完好性无法永续，那么人类世代的生存环境就将日益劣化。因此，这一共同利益，构成了人类各主体行为的前提条件和基础性约束。生态环境问题必须从"人类整体"的共同利益角度来认识，经济活动的生态环境影响必须从全球范围来看待，有关"可持续发展"的行动必须在全球范围内协同推行。因此，"生态文明""可持续发展"理念只有在"人类整体"视野下才能真正认识到其本质意义，局部区域、局部群体、局部范围的"生态环境保护"，都不是真正意义上的"生态文明""可持续发展"。

再者，从现代科学思想来认识的话，一个稳定系统必定需要一个"负反馈"，否则系统将发散而无法收敛。所以，本章的生态文明启示还在于，人类经济活动应当形成一个"负反馈"制约机制，这个负反馈制约机制在制约经济活动对生态环境影响的同时，也就能够有效地维护自然生态系统的稳定性。

关联知识或其他启示：本章所阐述的内容对于认识自然世界的规律，有着哲学上的重要价值。它表明：自然世界（无论是天体宇宙、宏观事物、微观世界）必然有其稳定的规律，这是我们认识自然世界的哲学基础。因为，自然世界之所以能够被我们观察到、认识到，就因为自然世界是一个稳态系统。如果自然世界不具有规律性，那么意味着自然世界不是稳态的，人类也就无从去认识其规律，所谓"认识"也就没有意义。

第四十章

【原文通释】

通行本原文：反者道之动，弱者道之用。天下万物生于有，有生于无。

通行释译：循环往复的运动变化，是道的运动；柔弱，是道的作用。天下的万物产生于看得见的有形物质，有形质又产生于不可见的无形物质。

【新认识与新释译】

本章要点的新释译

"反者道之动"是指"道"的循环往复。考虑到与上一章的衔接关系，该句最主要的意涵是，"道"能够循环往复，就是系统稳态性得以维持的基本表征。

"弱者道之用"之"用"，如同第十一章之"当其无，有车之用""有之以为利，无之以为用"之"用"。以现代学术思想来理解该句的意涵，那就是，在保证"道"循环往复正常运行的前提下，可被利用的能力亦即"道"的承载力。"弱"在这里可理解为"强"的反义词，即"非强行的，可承受的"之意。本章"弱为道之用"之"弱"，与第三章"弱其志，强其骨"之"弱"，有相通的意涵。

"天下万物生于有，有生于无"，郭店"楚简本"作"天下万物生于有，生于无"，两种表述的基本意涵，并无根本性的差异。

"反者道之动，弱者道之用"与"天下万物生于有，有生于无"，两句之间有什么样的逻辑联系。既然把这短短的几句话放在一章之内，必然有其逻辑联系。用同一句式表述的话，则可以改写为"反者道之动，弱者道之用，有者道之生"。这三者之间，并不是简单的并列关系，而是递进关系。即，系统必须能够循环往复，才标志着系统的稳态；保证系统的稳态，是"道"的功用为世间万物所采用的前提条件和约束条件；利用"道"的功用之"创生物"，更是受制于这一约束。

以现代现实生活中的一个例子来阐释，就可以很好地理解本章的意涵。在现代技术条件下，利用自然河流的落差所形成的势能来修建水电站发电，其固有的落差就是"道之用"；通过水电站发电所形成的可利用能源，这就是"万物生于有，生于无"（亦即，"水电"的生成源于"落差"的利用，"落差"能够被利用则源于"源源不断的水流"）；但是水电站的修建必须受一定的约束，即，不能改变自然的地质地理条件，不能影响自然河流的流向及其对下游的流域范围，否则将对周边甚至整个流域产生不确定性的风险，这就是"反者道之动，弱者道之用"的要求。

本章的衔续关系：承接上一章关于应站在系统整体角度维护系统的稳态性的论述，本章提出：在维持系统稳态的前提下，可有限地利用"道"的功用，并可利用"道"而创生有新用途的"创生物"，但不可超越"道"的有限承载力。

本章的关键词：弱者道之用（"道"的功用以其有限承载力为约束）

本章的哲学意涵："循环往复"（系统稳态）是"道"运行正常的基本表征；"弱者为用"是"道"的功用是受其"承载力"的约束的；而"道"的承载力约束则是有限利用"道"的功用创生万物的基本前提。

【生态文明启示】

"反者道之动；弱者道之用"的生态文明启示，可以从以下视角来理解：自然生态系统的自净化能力，能够使生态系统在承受一定程度的生态环境影响之后，回复到自然生态系统的完好状态。人类经济活动所产生的生态环境影响只要在自然生态系统的自净化能力范围之内，就不会对生态系统造成根本性的影响，这个范围就是人类对于自然生态系统的可利用区间。再者，人类利用科学技术而形成各种"人造物"，同样必须遵从自然生态系统的承载力约束，尤其是其生态环境不确定性风险，也必须约束在自然生态系统的承载力范围之内。

　　关联知识或其他启示："弱者道之用"，以现代学术思想来理解，那就是在保证"道"循环往复正常运行的前提下，可被利用的能力，亦即"道"的承载力。"弱"，相当于现代经济管理理论"木桶效应"中的"短板"，即构成木桶的最短板决定了木桶的承载量，"道之用"即相当于木桶的承载量。

第四十一章

【原文通释】

通行本原文：上士闻道，勤而行之；中士闻道，若存若亡；下士闻道，大笑之。不笑不足以为道。故建言有之：明道若昧；进道若退；夷道若纇；上德若谷；广德若不足；建德若偷；质真若渝；大白若辱；大方无隅；大器晚成；大音希声；大象无形；道隐无名。夫唯道，善贷且成。

通行释译：上士听了道的理论，努力去实行；中士听了道的理论，将信将疑；下士听了道的理论，哈哈大笑。不被嘲笑，那就不足以成其为道了。因此古时立言的人说过这样的话：光明的道好似暗昧；前进的道好似后退；平坦的道好似崎岖；崇高的德好似峡谷；广大的德好像不足；刚健的德好似怠惰；质朴而纯真好像混浊未开；最洁白的东西，反而含有污垢；最方正的东西，反而没有棱角；最大的器具，反而最后完成；最大的声响，反而听来无声无息；最大的形象，反而没有形状；道幽隐而没有名称，无名无声。只有"道"，才能使万物善始善终。

【新认识与新释译】

本章要点的新释译

上士、中士、下士之"闻道"，所"闻"的是指上一章所论述的"弱者道之用"。因此，"上士闻道，勤而行之；中士闻道，若存若亡；下士闻道，大笑之"的意涵是，<u>上士，在利用"道"的功用时，由于时刻遵从"弱</u>

者道之用"的原则，而时刻关注"道"的有限承载力；中士，在利用"道"的功用时，对于"弱者道之用"的原则将信将疑，总是意图更多地利用；下士，在利用"道"的功用时，则不在意"弱者道之用"的原则，总是无所顾忌地无限利用。

"不笑不足以为道"的意思是，嘲笑"弱者道之用"是因为他们认为，如此浅显的说法怎么会是高深的"道"呢？

"明道若昧……大象无形"一句，并不是阐释明昧、进退之类的辩证关系，更不是《道德经》众多注释者作出的"虚玄"阐释。《道德经》的哲学思想是非常朴素的，那种"虚玄"的阐释是不符合《道德经》本意的。对照本章的"大白若辱"和第四十四章的"知足不辱"，就很容易理解到，"大白若辱"等各句所要表达的意涵是，不可过度地去追求那种极端的状态，而要"知足""知止"，"知足""知止"的依据就是"道"的有限承载力。所以，在实现"明道""进道""夷道"等目标时，不可无视"道"的有限承载力。"道"的承载力是有限的吗？这大概是"下士闻道，大笑之"的根本原因。

"上德若谷；广德若不足；建德若偷；质真若渝；大白若辱；大方无隅；大器晚成；大音希声；大象无形"的含义是，正因为在利用"道"的功用时要时刻考虑"弱者道之用"的原则，时刻关注"道"的有限承载力，所以，在实现每一个目标时都必须留有余地，而不可达成"极致"的状态。真正符合"道"所呈现的优化状态是"若谷，若不足，若偷，若渝，若辱，无隅，晚成，希声，无形"，通俗地说，凡是符合"道"的都不会去追求达到极致状态。本章最重要的认识是"夫唯道，善贷且成"，其基本内涵是，越是遵从"弱者道之用"的原则，越是顾及"道"的有限承载力，利用"道"的功用的目标就越是能够得以实现。

"大方无隅；大器晚成；大音希声；大象无形"一句，郭店"楚简本"作"大方亡隅，大器免成，大音祇声，天象亡形"，含义更为精准，更不容易产生歧义。《说文解字》对"亡"的释义为"亡，逃也"，即表述"由有而失"的变化。所以，该句的含义是，如果方正到了极端程度，就失去了角隅形态，也就不成其为"方正"了；过度精美的器物往往是难以制成的；音乐表达达到极端状态之后恐怕就失去了音乐的意韵；空间无限扩大的话，也就逐步失去具体形态。

本章的衔续关系： 承接上一章关于"弱者道之用"的阐述，本章继续阐述不同认识者对于"弱者道之用"的认识，并从"弱者道之用"的原理，反推出"明道如昧，建德若偷，大白若辱"等认识，其意涵即是，任何符合"道"的事物，都不是极端条件下的"极致"状态。

本章的关键词： 明道如昧；建德若偷；大白若辱

本章的哲学意涵："弱者道之用"，是一个非常简单的原理。对于这一简单原理，认识事物深刻的人（"上士"），会坚信并坚守这一认识；而认识事物并未达到完全理解程度的人（"中士"）对此则将信将疑；那些缺乏哲学思维能力的人（"下士"），听闻这一浅显认识之后，反而会认为自己的认识更为深刻。能够认识"弱者道之用"这一简单原理，就能够认识到：任何符合"道"的现实事物，都不是极端条件下的"极致"。越是遵从"弱者道之用"的原则，越是顾及"道"的有限承载力，利用"道"之功用的目标达成的可能性就越大。

【生态文明启示】

本章"上士闻道……不笑不足以为道"的生态文明启示是，在现代社会中，真正将生态环境可持续性内化于心的人（"上士"），在利用"自然生态环境"发展经济时，时刻遵从"生态承载力"的原则而不超载；对生态环境可持续性将信将疑的人（"中士"），在利用"自然生态环境"发展经济时，对于"生态承载力"将信将疑，总是意图更多地利用自然生态环境而带来更大的经济发展；根本不考虑生态环境可持续性的人（"下士"），在利用"自然生态环境"发展经济时，则罔顾生态承载力，总是无所顾忌地无限损耗自然生态环境。

"大象无形，道隐无名"引申到生态环境领域，或可表述为"生态文明并无强制性的规制"。其含义是，真正的生态文明和可持续发展，并不是依赖强制性的环境规制，而是"生态文明"理念内化于每一个社会成员、每一个经济主体的行为规范之中，已经成为其人生观、价值观、世界观的一部分，已经成为其行为修养的基本准则。

关联知识或其他启示：本章的内容，可借鉴于各学科领域的理论探索方面。"德"是对"道"的认知、描述、阐释，或可称之为"理论认识"，近于完美的理论认识，并不是完美无缺的，而是能够因应更多新的现象发现，而加以阐释并容纳之；近于完备的理论认识，并不是穷尽一切可能，而是预留了许多未知领域的接口；在理论认识方面有所进益，并不是刻意探究可得到，而是在有意无意之间得以实现。上士、中士、下士闻道后的举止，类似于"看山是山，看山不是山，看山还是山"的意味。"建德若偷"句的"偷"字，《汉字源流字典》释义为"苟且"。该句的意思是，理论建树并不是刻意探究得来的，而是在有意无意之间，通过合乎逻辑的延伸思考、推理、类比等方式得来的。犹言"踏破铁鞋无觅处，得来全不费工夫""蓦然回首，那人却在灯火阑珊处"。

之所以现实中存在"明道若昧；进道若退；夷道若纇；上德若谷；广德若不足；建德若偷；质真若渝；大白若辱；大方无隅；大器晚成；大音希声；大象无形"等现象，根本原因在于观察者（上士、中士、下士）的时空视野尺度的不同。时空视野尺度越小，他所观察到的内容就越表象，越是只具有短期、小范围的意义，与从长期、大范围的视角看到的内容往往是不同的；反之，时空视野尺度越大，他所观察到的内容就越接近本质。"夫唯道，善贷且成"可理解为：越拓延时空视野，越能够体现"道"的本质。

第四十二章

【原文通释】

通行本原文： 道生一，一生二，二生三，三生万物。万物负阴而抱阳，冲气以为和。人之所恶，唯孤、寡、不谷，而王公以为称。故物或损之而益，或益之而损。人之所教，我亦教之。强梁者不得其死，吾将以为教父。

通行释译： 道是独一无二的，道本身包含阴阳二气，阴阳二气相交而形成一种适匀的状态，万物在这种状态中产生。万物背阴而向阳，并且在阴阳二气的互相激荡下形成新的和谐体。人们最厌恶的就是"孤""寡""不谷"，但王公却用这些字来称呼自己。所以一切事物，如果减损它却反而得到增加；如果增加它却反而得到减损。别人这样教导我，我也这样去教导别人。强暴的人死无其所。我把这句话当作施教的宗旨。

【新认识与新释译】

本章要点的新释译

本书作者认为，本章是借用《易经》的义理，来阐述"道"。"道生一，一生二，二生三，三生万物"，即是《易传》之"易有太极，是生两仪，两仪生四象，四象生八卦"。或为"道生一（或－－），一生二，二生三，三生万物"之讹。

如图所示。

"道生一，一生二，二生三，三生万物"的含义是，简单地理解"道"，那就是"阴"和"阳"；进一步深入理解的话，那就可以从"太阴、太阳、少阴、少阳"这样稍微复杂的角度来认识；更深入一步的话，则可以从"乾、坤、震、巽、坎、离、艮、兑"八卦的角度来认识；进而，由八卦演化为六十四卦，则可以认识和阐释世间万物及其关联变化。①

"万物负阴而抱阳，冲气以为和"的含义是，大部分卦象都是有阴有阳，有空虚有充实，才能够交融和合，亦即，阴阳交合才能形成均衡和谐状态，才是吉利的卦象。

"人之所恶，唯孤、寡、不谷，而王公以为称"的含义是，"乾卦"只有阳没有阴，一般来说是不吉祥的卦象，而"乾卦"却往往被视作最重要的一卦。这就如同人们不喜欢"孤、寡、不谷"等词语，王公却以这些词语自称。部分释译文本，由于无法联系上下文，而把"人之所恶……"全部归为"错简"，这是很武断的做法。

"故物或损之而益，或益之而损"的含义是，每一个不吉祥的卦象，只要稍微有所变化就有可能转化为吉祥的；吉祥的如果稍微有所变化，也可能转化为不吉祥的。

"强梁者不得其死，吾将以为教父"的含义是，"乾卦"的卦辞是"元，亨，利，贞"，都是吉祥的，因此，我（指代《道德经》）把"乾卦"作为阐释和运用《易经》道理的依据。笔者大胆猜测，"强梁"，从文字语言角度来看，极有可能与"乾"有紧密的联系。一方面在读音上，"强梁"可快读连读为"乾"，另一方面在表义方面，"强梁"可表示"乾"卦全阳爻之特性。"不得其死"，并没有表达"不得善终"的意思，反倒是表达了"不会走入绝境"的意涵。笔者认为，"不得其死"，与第三十三章的"死而不亡"、第六章的"不死"均有相近的涵义。

"人之所教，我亦教之"的含义是，上述这些是《易经》所阐述的道理，

---

① 有学者有近似的认识，"道生一太极也，一生二两仪也，二生三四象也，三生万物八卦也。八卦具天地、山泽、风雷、水火、五运六气，万物蕃庶其中矣。"李仲愚. 大道归于自心——我看老子的道德观 [J]. 文史杂志，2001（2）.

《道德经》也认可并运用这些道理。

本章的衔续关系：上两章主要阐述了利用"道"的基本原则"弱者道之用"，本章则承接第三十九章继续阐述"道"的系统性问题。

本章的关键词：强梁（"乾"）

本章的哲学意涵："道"，与阐述"阴""阳""八卦"的《易经》，有相通之处。本章也认同这样一些认识：乾坤等六十四卦，可以阐释世间万物及其关联变化。一般来说，各卦象都有阴有阳，有空虚有充实，这样才能够交融和合，亦即，阴阳交合才能形成均衡和谐状态，才是吉祥的卦象。但也有一些特殊的情形，比如，"乾卦"，六个爻都只有阳没有阴，一般来说是不吉祥的卦象，而"乾卦"的卦辞是"元，亨，利，贞"。这就如同人们不喜欢"孤、寡、不谷"等词语，王公却以这些词语自称。其实，每一个卦的吉与不吉，都不是一成不变的。不吉祥的只要稍微有所变化，就有可能转化为吉祥的；吉祥的如果稍微有所变化，也可能转化为不吉祥的。《道德经》把"乾卦"的道理作为阐释和运用《易经》思想的依据。

【生态文明启示】

本章"故物或损之而益，或益之而损"的生态文明启示是，经济社会活动中，各种对生态环境带来负面影响的生产方式、生活方式，只要对其进行适当的改进，就有可能成为适合生态系统的生产生活方式。例如，生产生活过程中形成的废弃物，无疑对生态环境的负面影响很大，但通过循环经济的方式，则可以大大降低其对生态环境的负面影响，而使之处于生态系统的自净化能力范围之内。所以，生态友好型生产生活方式并非一成不变。在一定的背景条件下，通常认为是生态环境友好型的行为也可能对生态环境造成负面影响。比如，植树造林在一般情形下有利于生态环境改善，但在特殊地理条件下则可能破坏了自然生态系统的正常循环。"三北防护林"由于对风力的阻碍，不利于雾霾的扩散，就是一个现实例子。

第四十三章

【原文通释】

通行本原文：天下之至柔，驰骋于天下之至坚。以无有入无间。吾是以知无为之有益。不言之教，无为之益，天下希及之。

通行释译：天下最柔弱之物，可穿行于最坚硬之物；无形之物可以穿透没有间隙之物。"我"因此认识到"无为"的益处。"不言"的教导，"无为"的益下，普天下少有能及。

【新认识与新释译】

本章要点的新释译

上一章"强梁者不得其死，吾将以为教父"是论说"乾"卦，本章当为论说"坤"卦，亦即<u>借用《易经》"坤"卦的义理，来阐述"道"的至柔之性，即非主动作为的承载性</u>。何谓"天下之至柔"？专门阐释"乾""坤"两卦的《文言传》（《周易大传》七种之一）曰："坤，至柔，而动也刚；至静，而德方。后得主而有常，含万物而化光。坤道其顺乎，承天而时行。"大意是，"坤"极为柔顺，但它的运动却是刚健的，它极为娴静，但品德是方正的，后于天道而行动，但运动具有规律性。它包容万物，其化育作用是广大的。坤道，至为柔顺！顺承天道而依准四时运行。"驰骋"主要表达的含义是"无障碍地行进"；"无有"主要表达的含义是"无固化的形态"，而不是"完全无形"之义。

从语言逻辑来读,"至柔""无有""无为""不言"是相类比的事物,而"至坚""无间""有益""教"则是另一方面相类比的事物。"有益"亦即"无损","教"亦即"非蒙"。

"不言之教"的含义是,从接受者角度而言,是自身适应环境所形成之知识结构,而非先入为主的主流"知识";从施教者角度而言,是不教授事先固化的概念化知识,而使受教者形成自我认识的能力。

本章"不言之教,无为之益,天下希及之"一句,与第二章"是以圣人处无为之事,行不言之教"的意涵相同,即"行无为之事"在言语上的表现就是不言之教。之所以"天下希及之",是因为只有得道的圣人才能够领悟并践行这一道理。

本章的衔续关系:承接上一章关于强梁("乾")的阐述,本章对"至柔"("坤")进行相应的阐释。"至柔"反映的是"道"的非主动作为的承载性,亦反映了"弱者道之用"之"弱"。

本章的关键词:至柔("坤");无为之有益

本章的哲学意涵:上一章借用《易经》"乾"卦阐述了"道"的至阳之性。本章则借用"坤"卦的义理来阐述"道"的至柔之性,所谓"至柔"就是承载而不主动作为。"道"的基本特性是"无为之有益",亦即,对于万物并不主动作为,而只是承载。"无为""不言",都是有效地承载,而"有为""有言"都是不当的主动作为。"无言"胜于那些主动的教导,"无为"胜于那些目的性极强的主动作为。但是在现实中大多数行为者都在作"有言之教,有为之为"。社会系统的统治过程中,社会群体行为也存在那种至坚难摧的东西,对于这些持久形成的东西,通过强制性的发号施令是无法改变的,只有寻求那种"至柔"的机制,才能够使之潜移默化。只有那种"至柔"的机制,通过"不言而教"的方式才能够有效地统治之(承载之)。

【生态文明启示】

"不言之教"对于生态文明的启示在于,生态环境的劣化关乎当代人、后代人、人类整体的生存传承,但是这个认识不能强加于社会成员,而应让社会成员从切身感受中去感悟，只有这样，他们所采取的生态环境友好行为，才是发自内心的，才会有切实的成效。外在强加的"环保行为"，只会流于表面形式，而难以达成实际效果。"无为之益"的启示在于，全社会所倡导的"生态环境友好行为"，其实不是让社会成员做什么行为，而是需要社会成员不作若干行为，或者是将不得不有的行为对生态环境影响的程度尽可能地降低。

第四十四章

【原文通释】

通行本原文：名与身孰亲？身与货孰多？得与亡孰病？甚爱必大费；多藏必厚亡。故知足不辱，知止不殆，可以长久。

通行释译：声名和生命相比哪一样更为亲切？生命和货利比起来哪一样更为贵重？获取和丢失相比，哪一个更有害？过分的爱惜就必定要付出更多的代价；过于积敛财富，必定会招致更为惨重的损失。所以说，懂得满足就不会受到屈辱，懂得适可而止就不会遇见危险，这样才可以保持住长久的平安。

【新认识与新释译】

本章要点的新释译

"名与身孰亲？身与货孰多？得与亡孰病？"的含义是，人们总是喜欢比较，"思想、精神、灵魂"与身体相比哪一个更珍贵？身体与身外财物相比哪个更重要？更应担心哪一方面的得失？其实，两者之间是承载与被承载的关系，只有能够承载的才是真正有价值的。与"思想、精神、灵魂"相匹配的身体，才是真正有价值的身体；身体有需求并且能够享受到的财物，才是真正有价值的财物；有得便有失，能够承受"所失"的"所得"才是真正有价值的"得"。

"甚爱必大费；多藏必厚亡。故知足不辱，知止不殆，可以长久"的含义是，在承载关系中，如果超过了承载力，必然导致更大的损害和损

失。因此，能够以"承载力"为依据"知足""知止"的话，就可使系统
持续。

本章的衔续关系：上两章分别讨论了"强梁"（"乾"）、"至柔"
（"坤"），本章承接第四十一章，再次回到"弱者道之用"的主题，针
对"下士闻道大笑之"，提出了"知足不辱，知止不殆"的简洁主张。

本章的关键词：知足不辱；知止不殆

本章的哲学意涵：任何承载与被承载的关系之中，无论是思想精
神、还是物质财富、或是所得收获，只有能够被承载的才是真正有价
值的。如果超过了承载力，必然导致更大的负面后果，无谓的过当追
求和所得必然引致其后无可避免的巨大损失。因此，要以"承载力"
为依据，"知足""知止"，这样才能使承载系统持续稳定。

【生态文明启示】

本章的生态文明启示是，自然生态系统也存在"名""身""货"三者
的关系，自然生态系统的内在稳定性是其"灵魂"，而自然生态系统中的
重要功能区（森林、湿地等）则是其"身"，而各种人为的工程设施则是
"货"。三者之间的关系就是，内在事物的保持远比外在事物的增加重要。
在增加外在事物的过程中，一定要遵循"适可而止"的原则，这样才能使
自然生态系统得以保持其"可持续性"。

第四十五章

【原文通释】

通行本原文：大成若缺，其用不弊；大盈若冲，其用不穷；大直若屈，大巧若拙，大辩若讷。躁胜寒，静胜热。清静为天下正。

通行释译：最完满的东西，好似有残缺一样，但它的作用永远不会衰竭；最充盈的东西，好似是空虚一样，但是它的作用永远不会穷尽。最正直的东西，好似弯曲一样；最灵巧的东西，好似最笨拙的；最卓越的辩才，好似不善言辞。清静可克扰动，寒冷可克暑热。清静无为才能统治天下。

【新认识与新释译】

本章要点的新释译

本章的"用"，如同第十一章的"当其无，有车之用""有之以为利，无之以为用"之"用"，亦如第四十章"弱者道之用"之"用"。

"大成若缺，其用不弊"等各句的含义是，在遵从"弱者道之用"的原则下，"道"的有限承载力就会留有余地，这样的话，"道"的承载力就永远存在，永远可以被利用。反之，如果不留余地的话，"道"的承载力就会不断降低，直至无法被利用。本章"大盈若冲，其用不穷"一句与第四章"道，冲而用之，或不盈"一句的含义，基本相同。

"躁胜寒，静胜热。清静为天下正"的含义是，"发散"的机制适用于内在扩张动力不足的情形，以现代学术思想来理解，即此时需要一个正反馈使之有所扩张；"收敛"的机制适用于内在扩张动力过旺的情形，以现代学术思想来理解，即此时需要一个负反馈使之收敛。"稳态"是各种系统持续最为长久的状态。"静"相当于"收敛"，"躁"相当于"发散"，如同第二十六章"重为轻根，静为躁君"之释义。"清静"相当于"稳定地趋近于某一有限状态"。

本章的衔续关系：《道德经》下篇开篇以来，各章交叉地讨论着两个主题，一个是"道"的系统稳态性，另一个是"道之用"的有限承载力。本章将两个主题结合了起来，统一了起来。即只有"道之用"的过程中遵循其有限承载力，才能够使系统保持稳态，否则就将使系统逐步缩小或使系统稳态被破坏。

本章的关键词：大成若缺，其用不弊；清静为正

本章的哲学意涵：以现代学术思想来理解，"清静为天下正"所阐释的哲理是，只有系统收敛，才能使系统最终达致稳定状态。"躁胜寒，静胜热"所阐释的哲理是，当系统趋向一个萎缩状态之时，需要一个"发散"因素（如正反馈因素），使之转向扩张状态发展，而后当发散到一定程度之后，通过"收敛"因素（如负反馈因素）使之逐步趋向一个稳定值，使系统最终趋于稳态。

【生态文明启示】

"大成若缺，其用不弊"等各句的生态文明启示是，遵从"生态承载力"的原则，对于自然生态系统的有限承载力，就会留有余地，这样的话，自然生态系统的承载力就永远存在，永远可以被利用。反之，如果不留余地的话，自然生态系统的承载力就会不断降低，直至无法被利用。所以，生态文明和可持续发展领域，有三个基本原则：可再生资源的利用速度不超过资源再生速度，不可再生资源的利用速度不超过可替代资源的开发速度，污染排放和废弃物生成不超过生态系统的自净化能力。只有遵循这几个原则，才可以维护自然生态系统的可持续性，人类也就可以永续地分享生态系统功能。

第四十六章

【原文通释】

通行本原文：天下有道，却走马以粪。天下无道，戎马生于郊。祸莫大于不知足；咎莫大于欲得。故知足之足，常足矣。

通行释译：治理天下合乎"道"，就可求得太平安定，把战马退还到田间给农夫用来耕种。治理天下不合乎"道"，连怀胎的母马也要送上战场，在战场的郊外生下马驹。最大的祸害是不知足，最大的过失是贪得的欲望。知道到什么地步就该满足了的人，永远是满足的。

【新认识与新释译】

本章要点的新释译

按照通行释译来理解的话，"天下无道，戎马生于郊"与"祸莫大于不知足"有什么关联性？为什么要把这两个不直接相关的内容放在一起？

"天下有道，却走马以粪。天下无道，戎马生于郊"到底要表达什么样的意涵？笔者认为，"戎"，在当时多指称西域之敌国，此处"戎马"或指来自西域的贵重好马，不宜释为"战马"。与之相类的例子，司马迁《报任安书》中"且李陵提步卒不满五千，深践戎马之地，足历王庭"之句，此处之"戎马"也宜理解为西域腹地，胜于释为"兵事之地"。所以，"天下有道，却走马以粪。天下无道，戎马生于郊"的意涵是，<u>社会运行符合"道"的话，人们则知足而不贪，即使有好马也不愿用于交通远方；反之，社会运行不符合"道"的话，人们则贪而不知足，即使是西域的好马也会想方设法地获得</u>。此章所论内容与战争意愿没有关联，只论贪欲与知足。

与第三章所论"不贵难得之货，使民不为盗；不见可欲，使民心不乱"，以及第八十章"虽有舟舆，无所乘之"都有相近的意涵。"天下有道""天下无道"，也不应想当然地解释为"天下太平或战乱"，而应当按字面词义来理解为"社会系统运行是不是符合'道'"。

"祸莫大于不知足；咎莫大于欲得。故知足之足，常足矣"，郭店"楚简本"作"罪莫厚乎甚欲，咎莫险乎欲得，祸莫大乎不知足。知足之为足，此恒足矣"。

本章的衔续关系：本章再次回到"弱者道之用"的主题，讨论社会系统中的"知足"问题，即"知足"是"天下有道"的基本表征。

本章的关键词：知足

本章的哲学意涵：一个社会系统，是不是符合"道"，只要观察这个社会对于难得之"好马"的态度，就可以作出判断。凡是不用"好马"去交通远方的，说明这个社会及其成员是"知足"的，那么这个社会的运行就是符合"道"的；反之，如果这个社会各地各阶层总是想方设法地得到"戎马"，这个社会及其成员就是"不知足"的，那么这个社会的运行也是不符合"道"的。和是否追求"好马"一样，各种的"不知足"的"欲得"必然积累祸患，遗祸于全社会。只有全社会"知足"，才能够形成一个正常而稳定的社会系统。

【生态文明启示】

本章对于生态文明的启示在于，全球各地各群体过于趋同的物质追求，并通过过于便利的交流交通方式实现贸易，对整个生态系统的影响必然是加大的。毫无疑问，加剧生态环境影响的根源在于各地各群体之间互相攀比、循环影响、不知餍足的需求。只有真正践行"需求有限"原则，才能够真正实现生态系统和社会系统的可持续。现代社会，一旦某地形成了一种新的财富形式、一种新的效用满足产品，就会迅速成为全球各地各阶层追逐的目标，迅速地在全球推广普及。这种"欲得"超出了一定限度后，必然积累祸患，遗祸于全球全人类。只有全球全人类在各自条件下"知足"，才能够形成一个正常而稳定的人类社会系统。

第四十七章

【原文通释】

通行本原文：不出户，知天下；不窥牖，见天道。其出弥远，其知弥少。是以圣人不行而知，不见而名，不为而成。

通行释译：不出门，就能够推知天下的事理；不望窗外，就可认识日月星辰运行的规律。你向外奔逐得越远，你所知道的规律可能更少。所以，有"道"的圣人不出行却能够推知事理，不亲见而能明了"天道"，不作为而有所成就。

【新认识与新释译】

本章要点的新释译

笔者认为，本章各句并不是讨论理论认识是否来自实践之类的问题，而是主要讨论理论思维、认识世界的视角问题。

"不出户，知天下；不窥牖，见天道"句，其中，"天道"本义是指宇宙的秩序，即天体运行的周期性。从"不窥牖，见天道"的表述来看，也符合古代天文学的含义。在古天文学的意义上，"天道"即日、月、行星在天空中有秩序运行的路径、轨道。如"夫天道自然也无为。黄老之家论说天道，得其实矣"（王充《论衡》）。由"天道"的概念引申而有"地道""人道"，进而形成了表征规律性、周期性的"道"这一哲学范畴。所以，该句所要表达的意涵是，<u>要正确认识所处系统的"道"，就必须站在</u>

整个系统的视角去思考。站在系统的局部是无法准确观察、认识整个系统的，认识系统性要更多地通过逻辑思维。"其出弥远，其知弥少"的含义是，如果站在系统的局部去观察认识的话，观察得到支离破碎的"现象"越多，也就越是偏离站在整个系统高度的认识。

"无为而无不为"是《道德经》的核心思想之一。本章"不为而成"中的"不为"，与"无为而无不为"的"不为"是同一意义，即符合"道"的"不为"，亦即，在认知事物过程中，应当寻求自然世界的逻辑体系，而不是进行各种各样的实验或分析。"不为而成"所要表达的意涵是，能够使事物都得到符合逻辑体系的解释，才是真正符合"道"的认知，这是得道者达成认知目标的重要途径。

"不行而知，不见而名"的含义是，在符合逻辑的认知体系下，就能够预期到一些未见未闻的事物。不可解读为老子主张"不出门而知天下事"的认识观。

本章的衔续关系：本章又回到"道"的系统性这一主题，提出：正确认识"道"，必须首先站在系统的角度，而不应站在系统构件的局部角度。

本章的关键词：不行而知；不为而成

本章的哲学意涵：如何获取关于一个系统的正确认识？站在系统整体角度，逻辑一致是最为重要的，而观察那些支离破碎的现象，无助于系统的逻辑认识反倒容易破坏系统的逻辑认识。

【生态文明启示】

本章对于生态文明的启示主要体现在，在生态系统思想的指导下，形成人类整体利益观（人类命运共同体）、地球生态系统完好的理念，对于推进生态文明至为重要；而局部的群体利益、局部的生态环境问题，相比全球生态环境问题是次要的。现实中，对于以下几个问题，拥有维护地球生态系统完好的理念，远比关注局部的变化重要得多。

（1）转基因作物的推广问题。以生态系统思想即可认识到，转基因作物的大面积推广，势必破坏大自然数百万年乃至更长久以来所形成的生态平衡，势必造成生物多样性的破坏进而影响自然生态系统的抗干扰能力及其稳定性。至于转基因作物的产品是否有害于人体健康，其实是无关宏旨的，产品有害无害，都不能作为推广转基因作物而承担巨大生态风险的理由。

（2）外来物种的引种问题。只要拥有生态系统完好性的理念，就会对外来物种的引种采取特别谨慎的态度，所需要关注的不是该物种引入后是否能够适应环境而生长，最需要关注的是如果该物种因外来而没有其抑制因素（对于动物而言，即是没有其天敌）的情形下，会造成什么样的生物链破坏，会对整体生态系统造成什么样的影响。

（3）濒危物种的保护问题。如果能够认识到生物多样性是维护生态系统稳定性的表征（类似于温度计对于周围环境的测度），那么，就会认识到人类要保护赖以生存的环境，要保护适合生物多样性存在的生态系统，而不是通过人为的方式去保护那些濒危动植物物种的存在。通俗地理解就是，要保护的是适合大熊猫生存的生态环境不被破坏（一旦破坏了，它们就失去了适合生存的空间，也就必然面临着物种灭绝的危机），而不是要去保护大熊猫这个具体的物种。如果一个动植物物种仅仅是保留在动物园或植物园中，那么，其在生态意义上已经是"灭绝"了，也就意味着它们之前生存的生态环境已经被彻底破坏了，同时也意味着人类赖以生存的生态系统的稳定性也下降了。

（4）对于农药化肥的使用问题。如果拥有生态环境影响不断累积的认识，那么，就会在农药化肥使用之初，就能够意识到其对土壤、地下水的累积影响；如果仅仅是通过初期的观察实验，很有可能就会得到对生态环境影响极其微小而可以大幅度推广使用的结果。

（5）新技术的生态环境风险问题。只要认识到创新性技术既是经济活动的"加速器"，同时也必然是经济活动带来生态环境影响的"加速器"，那么，对于一项创新性技术的全面推广就会保持一份警觉，即创新技术的"生态环境风险"。在创新技术的初始阶段，是难以观察和认识到其具体的生态环境风险之所在，如果在此时进行生态环境影响评估，其得出的结果必定是短视的。

关联知识或其他启示： 对于自然世界、社会现象，是无法从微观观察方式认识的。微观观察得越多，所得到的认识信息就越混杂，更加难以认识到真正的宏观世界规律。所以，要认识宏观世界的规律，只能以自然哲学（"道"）为基础，通过思想实验来探寻。揭示宇宙世界规律的牛顿理论、爱因斯坦理论、霍金理论，都无法通过观察世界而得到，而只能通过逻辑推理和思想实验来认识。提出伟大理论的科学家（"圣人"），是思想实验者，是逻辑推理者，而不是实证归纳者。

第四十八章

【原文通释】

通行本原文： 为学日益，为道日损。损之又损，以至于无为。无为而无不为。取天下常以无事，及其有事，不足以取天下矣。

通行释译： 求学，是追求学识一天比一天增长；求道，则是使欲望一天比一天减少。减少再减少，最后达到"无为"的境地。如果能够做到"无为"，即不妄为，任何事情都可以有所作为。治理国家的人，要经常以不骚扰民众的"无为"为治国之本，如果经常以繁苛有为之政扰害民众，那就不配治理国家了。

【新认识与新释译】

本章要点的新释译

承接上一章，本章的"为道"，就是上一章之"见天道"，即必须站在系统整体的角度来认识系统整体的规律。所以，"为学日益，为道日损。损之又损，以至于无为"的意涵是"为道"与"为学"的方向正好相反，"为学"是不断增加系统内部层级的认知（以现代知识来阐述的话，就是"分析"）；而"为道"则是不断去除外在的东西（指分析系统内部层级所观察认识到的知识），逐步将思想认识提升到系统整体（逻辑体系）的高度。"无为"的含义是，符合"道"的认知，亦即符合系统整体的认识，不可解读为"没有任何认知"的意思。同理，"无不为"的含义是，符合"道"

的"不认知"，亦即去除系统整体之外的"分析知识"。"无为而无不为"在这里的含义是：认识系统整体的规律，并以系统整体性来联结系统内部结构。

"损"是《易经》的卦象之一，其卦辞是"有孚，元吉，无咎可贞，利有攸往。曷之用，二簋可用享"。大意是：以祭祀为例，只要有诚心，两竹盘的简单祭品，就足以用来祭祀了，神祇也会接受。参照"损"卦的这一含义，可见"损之又损，以至于无为"的意思不是损至"没有"，而是简化到"最简洁"的状态。可见"无为"不是"无所认知"，而是"只作符合天道（系统整体）的认知"。

本章的衔续关系：上一章论述了"见天道"应站在系统角度，本章承接这一认识观，进一步提出"为道日损"的认识准则，进而论述了社会治理应秉持"取天下常以无事"的原则。

本章的关键词：为道日损；取天下常以无事

本章的哲学意涵："为道"的路径是，不断去除那些外在发展的形式性内容，逐步回溯到系统整体的本真要求，直至所留存的都是符合"道"之本质的认识。只有真正认识了符合"道"的"为"以及符合"道"的"不为"，并秉持这样的"为"与"不为"，才是真正"得道"。得道的社会统治者，也同样要遵循这一原则，秉持符合"道"（系统整体稳定性）的"为"和"不为"，一旦出现了不符合"道"的强"为"，那么，他就失去了统治社会的能力。治理天下，最一般的原则就是不人为地增加外在的"作为"。如果到了不得不增加外在作为的境地，那么，这个社会就难以治理了。

【生态文明启示】

"为学日益，为道日损。损之又损，以至于无为。无为而无不为"的生态文明启示体现在，致力于经济发展所追求的就是不断的经济增长，不断地增加各种投入要素，不断地寻求各种实现增长的路径。但是，致力于可持续发展，则是对既有经济活动方式和增长模式的清理，凡是发现不符合"可持续性"原则的经济方式都要逐步去除。通过不断地清理，直至所有的经济活动都符合"可持续性"原则。可持续发展既是确定可以选择的符合"可持续性"原则的经济行为，也是确定不可选择的违背"可持续性"原则的经济行为。真正要使社会实现生态文明，那么，其主体的任何行为都应当符合"可持续性"原则；如果总是违背"可持续性"原则去追求不当的经济增长，那么，这个社会也就无法实现生态文明。

关联知识或其他启示："为学日益，为道日损。损之又损，以至于无为"也有这样的含义。通过日益深化的思考，可以将所得到的各种碎片化知识归类，在同一逻辑下进行整理。所以，学得越深入，知识体系会越加简洁，逻辑越加清晰。求学与求道的不同在于，求学是不断地增加外在的知识，求道则是不断地去除外在于身的东西。对于外在的东西，要去除，再去除，以至于达到"无为"的境界。

第四十九章

【原文通释】

通行本原文：圣人常无心，以百姓心为心。善者，吾善之；不善者，吾亦善之；德善。信者，吾信之；不信者，吾亦信之；德信。圣人在天下，歙歙焉，为天下浑其心，百姓皆注其耳目，圣人皆孩之。

通行释译：圣人常常是没有私心的，以百姓的心为自己的心。对于善良的人，我善待于他；对于不善良的人，我也善待他，这样就可以得到善良，从而使人人向善。对于守信的人，我信任他；对于不守信的人，我也信任他，这样可以得到诚信，从而使人人守信。有道的圣人在其位，收敛自己的欲意，使天下的心思归于浑朴。百姓们都专注于自己的耳目聪明，有道的人使他们都回到婴孩般纯朴的状态。

【新认识与新释译】

本章要点的新释译

对于"圣人常无心，以百姓心为心"，不宜用儒家的"民本"思想来阐释，不能解释为"圣人想百姓之所想，以百姓之需求为自己的需求"。"圣人常无心"的意思是，如同第四十三章所阐述的，"道"对于万物并不主动作为而只是承载。圣人也应秉持"并不主动作为而只是承载"这一特性来统治社会。所以。对于"圣人常无心，以百姓心为心"，更合理的释义应当是，<u>得道的统治者并不是事先明确统治行为，而是了解百姓的行为</u>

意愿之后，相应地因应并承载之。

"善者，吾善之；不善者，吾亦善之；德善。信者，吾信之；不信者，吾亦信之；德信"的含义是，得道的统治者所设定的承载机制，不仅能够促使"持有顺应自然理念者"和"不持顺应自然理念者"，都朝着顺应方向行为；而且能够促使"持有显示真实信息理念者"和"不持有显示真实信息理念者"，都朝着"显示真实信息"方向行为。

"圣人在天下，歙歙焉，为天下浑其心，百姓皆注其耳目，圣人皆孩之"的含义是，百姓往往受到外在的影响而形成并非其本意的欲望，以"道"统治天下者，应当引导百姓尽可能回归到最本真的需求，而去除那些非本真的欲望。

本章的衔续关系：上一章论述了社会治理中"取天下常以无事"的原则，本章进而论述了社会治理中不"强为"的机理和机制。

本章的关键词：圣人常无心

本章的哲学意涵：以"道"治理社会的统治者，并不会主动为社会成员设定其发展方向和行为准则，而是其系统性机制中具有应对不同群体不同意向的因应机制。对于顺应"道"的意向，有其相应的因应机制，对于未顺应"道"的意向，也有其相应的因应机制，这些机制的目标都是符合"道"的原则，也具有促进相应群体回归到顺应"道"的方向的作用。

【生态文明启示】

本章的生态文明启示体现在，各主体秉持可持续理念的发展路径是"大道"，它是各主体实现自身发展目标的理性选择路径，而不是形成那样一种发展情形：拥有生态环境友好理念的主体选择可持续发展路径，而不拥有生态环境友好理念的主体则选择不可持续发展路径。如果形成这样一种发展态势，整体是无法实现可持续发展的，自然生态系统也不可能得到维护。当今最主要的问题是，如何在可持续发展的机制设计之中，寻求一条对于绝大多数行为者来说都是"大道"的可持续发展路径，使每一个行为主体都自然而然地选择这一路径。

关联知识或其他启示：本章所阐释的"道"，与现代管理科学之中的"大道定理"^①有着类似的思想。从某地出发，到达另一目的地，可能有许许多多的路径可选择。但是，如果其中有较长一段的高速公路的话，那么，绝大多数人都会选择这一高速公路作为其必经之路。自然而然，从出发地走上高速、自高速去往目的地，也是必选路径。这样一来，无论行为者的特质有着怎样的区别，都必然选择"大道"。这就是本章所阐述的"善者，吾善之；不善者，吾亦善之；德善。信者，吾信之；不信者，吾亦信之；德信"的基本逻辑，它强调的是统治者并不刻意地纠正行为者的行为动机、行为理念和行为选择，而是通过建立"大道"的机制，引导所有行为者都朝着符合"道"的方向行事。

本章所阐述的思想是对于社会系统而言，得道的统治者自身并无其目标追求，而是以因应民众所希冀的和谐、互信社会为追求。顺应和谐社会秩序者，社会必然也顺应他的心愿；不顺应和谐社会秩序者，社会对他也不会额外追加什么要求，但他也得不到超出一般的利益。这样，整个社会就会维持和谐有序的状态。对于不善者、不信者，如果额外追加要求的话，那么，其一，社会规则就成为了因应个别人，而不是因应社会公众的规则；其二，社会规则就会不断地增加，使得社会治理走向规则繁多而相悖的无解之境；其三，倘使社会公众因此畏惧各种规则，那么社会即使是稳定的也不会是自然和谐的。

---

① 大道定理：在系统中存在着多条达成目标的线路，其中一段路径可能是各条线路都必然选择的，称为"大道路径"。这种现象被概括为"大道定理"。形象而通俗的解释是：当我们要尽快从出发点甲地走到目的地乙地时，最好的办法往往是先从出发点甲地尽快走上高速公路，然后沿着高速公路向前，再从合适的地点离开高速公路，最终到达目的地乙地。其中的高速公路路段，是任何理性的行为人都会选择的路径，这样的选择原理就是"大道定理"的运用。

第五十章

【原文通释】

通行本原文：出生入死。生之徒，十有三；死之徒，十有三；人之生，动之于死地，亦十有三。夫何故？以其生生之厚。盖闻善摄生者，陆行不遇兕虎，入军不被甲兵；兕无所投其角，虎无所用其爪，兵无所容其刃。夫何故？以其无死地。

通行释译：人始出于世而生，最终失去生命入于死。属于长寿的人有十分之三；属于短命而亡的人有十分之三；人本来可以活得长久些，却自己走向死亡之路，也占十分之三。为什么会这样呢？因为奉养太过度了。据说，善于养护自己生命的人，在陆地上行走，不会遇到凶恶的犀牛和猛虎，在战争中也受不到武器的伤害。犀牛于其身无处投角，老虎对其身无处伸爪，武器对其身无处刺击锋刃。为什么会这样呢？因为他没有进入死亡的领域。

【新认识与新释译】

本章要点的新释译

"出生入死。生之徒，十有三；死之徒，十有三；人之生，动之于死地，亦十有三。夫何故？以其生生之厚"的含义是，人都是从出生走向死亡。其中，十分之三的人得以寿终；十分之三的人因先天条件而早夭；十分之三的人则是本有寿终的先天条件却因为自身好为、妄为而不得寿终。这是为什么呢？因为，他们人为地过于追求长寿之道而导致事与愿违的结果。本章的"死",与第六章的"不死"有相反的涵义,即失去其传承性,亦即失去其生命力。

多数释本似乎都有意无意地把"十有三"当作"三分之一",正确的解读应当是"十分之三"。尽管十分之三、三分之一都是概数,但《道德经》这样表述还是有其严密逻辑性的。本书作者认为,《道德经》的本意是,上述三种情形在现实中占据十分之九,是大多数常见的情形;但还有十分之一的难得情形,也就是接下来论述的"得道"情形。同时,它还表达这样的意思:养生之"道",道理非常简单,且简单易行,但偏偏就很难有人能够去认识去践行(最多也就只有十分之一能够去认知去践行),如同第七十章所阐述,"吾言甚易知,甚易行。天下莫能知,莫能行"。

"陆行不遇兕虎,入军不被甲兵;兕无所投其角,虎无所用其爪"一句,通过自然界的现象来阐述其意涵。自然界中,无论多么凶猛的动物,通常情况下,只要人们不先给它们带来伤害的风险,它们是不会主动伤害人的。也就是说,只要你不轻易进入到可能损害他人利益的领域,不主动去损害他人的基本利益,通常是不会受到危害的。反之,你如果总是给他人带来风险甚至主动地去损害他人,那么,也就意味着进入"死地"。

"盖闻善摄生者……"一句,或为引用时人的语录。兕虎、兵甲,在这里并不一定是实指,而是代指"养生"所针对的主要对象——疾病之源。用后世的学术语言来表达的话,全句的意思是,保证人体自身的免疫力等能力是最好的养生方法。亦即,最好的养生,就是调适维持生命系统内在的平衡关系,而不是外在地强化某一方面。比附于社会系统,这一道理也同样适用。

本章的衔续关系:上一章论述的"圣人常无心",是承接第四十三章所阐述的"无为之有益"("道"对于万物并不主动作为而只是承载)。本章则从生命系统角度阐述了同理的逻辑。亦即,《道德经》的一个重要认识是,自然系统、生命系统、社会系统的运行机理、运行规律是相通的、可类比的。

本章的关键词:无死地

本章的哲学意涵:从自然系统到社会系统再到生命系统,都有类似的机理，系统是因各部分相互制约的平衡关系而达成稳态的，如果遇到外在的影响，也会通过这种相互制约的平衡关系使之消弭。倘若一味地强化某一方面，其结果必然是适得其反，破坏了整个系统的平衡关系，加速了系统的崩溃。

【生态文明启示】

本章的生态文明启示是，对每个群体所处的局部生态环境而言，一种情形是，处于生态环境条件优越区域的人们，只要他们遵循生态承载力的约束，合理利用自然生态系统的自净化能力，就能够在良好的生态环境下生存发展；还有一种情形是，处于生态环境条件脆弱区域的人们，生态脆弱是由于历史原因造成的，已经无法追究责任者，这里已经是不适合人类生存的区域，如果他们勉强在此生存的话，只会形成贫困—生态劣化的恶性循环；再一种情形是，人们处于生态环境条件尚可的区域，而他们却不遵循生态承载力的约束，为追求过度的物质需求和财富积累而无所顾忌地进行经济活动，导致生态环境迅速劣化、生存条件也迅速恶化，这就是人类自身对于大自然的恶意破坏所必然招致的结果。

第五十一章

【原文通释】

通行本原文：道生之，德畜之，物形之，势成之。是以万物莫不尊道而贵德。道之尊，德之贵，夫莫之命而常自然。故道生之，德畜之；长之育之；亭之毒之；养之覆之。生而不有，为而不恃，长而不宰。是谓玄德。

通行释译：道生成万事万物，德养育万事万物。万事万物虽呈现出各种各样的形态，环境使万事万物成长起来。故此，万事万物莫不尊崇道而珍贵德。道之所以被尊崇，德所以被珍贵，就是由于道生长万物而不加以干涉，德畜养万物而不加以主宰，顺其自然。因而，道生长万物，德养育万物，使万物生长发展，成熟结果，使其受到抚养、保护。生长万物而不据为己有，抚育万物而不自恃有功，导引万物而不主宰，这就是奥妙玄远的德。

【新认识与新释译】

本章要点的新释译

"道生之，德畜之，物形之，势成之"的含义是，一个事物之基本特性的决定者是"道"；根据其特性使之与系统相适应并有所演化的引导者是"德"；同类（"物"）既是其学习者、相辅相成者，也是相互竞争者，这种关系决定了该事物在同一群体中的地位和状态；关联事物所构成的一个局部系统，则决定了该事物在局部系统中的地位和状态。

"道之尊，德之贵，夫莫之命而常自然"的含义是，无论是决定事物基本特性的"道"，还是引导事物适应变化的"德"，都不是有什么特殊的能力，而只是自然规律的体现。该句与第四十三章之"无为之有益"有相近的含义。

"故道生之，德畜之；长之育之；亭之毒之；养之覆之"句，笔者认为，该句合理断句应为"故道生之，德畜之：长之，育之，亭之，毒之，养之，覆之"，其含义是，"道"只是赋予了它基本特性，而"德"则使之孕育、生成、成活、旺盛生长、得以维育、得以保护。"亭之"表示植物直立而长之态，表征其成活之貌；"毒之"表示植物繁盛貌，《汉字源流字典》对"毒"的释义是"长得茂盛的草"。

"生而不有，为而不恃，长而不宰，是谓玄德"的释义，参见第十章的相关论述。可简单地表述为"生而不有，为而不恃，长而不宰"是"玄德"的充分必要条件。

本章的衔续关系：上一章论述了自然系统、生命系统、社会系统相通的运行机理，本章则论述了自然万物就是在这样一个运行系统中生成、成长的。系统是承载者，并不会主动地对所承载的万物施加额外的影响力。

本章的关键词：莫之命而常自然

本章的哲学意涵：大自然赋予了种子繁育、传承生命的能力，母体将种子孕育，外在的环境只是使之成长。所以，万物万众，都尊崇天地和母亲。天地的尊贵，母亲的尊贵，并不是因为她们有什么特殊的能力，她们只是自然规律的体现。万物万众孕育成长之后，天地也好，母亲也好，都不会占有它们，索取它们的报答，也不会主导它们。

【生态文明启示】

"道生之，德畜之，物形之，势成之"，可用于阐释生态文明和可持续发展之中的生物多样性保护、物种的生态空间保护问题。生物多样性是维护自然生态系统完好的重要内容，系统中物种越多样，种群越多样，基因越多样，意味着系统越复杂稳定，抗外在偶发性扰动的能力越强，人类的生存可持续性也就越稳定。反之，系统中物种、种群、基因越单一，则系统越不稳定，抗偶发性扰动能力越弱，人类的生存可持续性也就越不稳定。

人类作为稳定传承的物种种群，有其完好的生存传承条件，这是自然生态系统所赋予的；人类作为物种种群，之所以能够传承至今，在于自然生态系统的基本格局尚未发生根本性的变化；人类作为物种种群，之所以维持着其可持续性，还在于与之相关联的诸多物种种群所形成的物种种群关系尚属稳定；人类作为物种种群，之所以能够稳定传承至今，也在于其在不断演进变化的自然生态系统之中顺应了其演进变化。

人类推行"可持续发展"原则，最根本的目的是维护人类的生存传承条件。所以，人类要从既有的认识中，努力地维护自然生态系统的稳定性。人类还要从既有的历史经验中总结，哪些理念和行为是有利于维护自然生态系统而应当维持的，哪些理念和行为是有害于自然生态系统而必须纠正的。人类在满足自身发展需求过程中，必须兼顾万物生存传承与自身生存传承之间的关联关系，人类与各物种种群之间是一个命运共同体，绝不是零和博弈关系。在历史长河之中，自然生态系统是不断演进变化的，人类经济活动不可着意抑制或加快自然世界的演变，而应顺应生态系统的自然演变。

第五十二章

【原文通释】

通行本原文： 天下有始，以为天下母。既得其母，以知其子；既知其子，复守其母，没身不殆。塞其兑，闭其门，终身不勤；开其兑，济其事，终身不救。见小曰明，守柔曰强。用其光，复归其明，无遗身殃，是谓袭常。

通行释译： 天地万物或有起始，这个始作为天地万物的根源。如果知道根源，就能认识万物，如果认识了万事万物，又把握着万物的根本，那么终身都不会有危险。塞住欲念的孔穴，闭起欲念的门径，终身都不会有烦扰之事。如果打开欲念的孔穴，就会增添纷杂的事件，终身都不可救治。能够察见到细微的，是"明"；能够持守柔弱的，是"强"。运用其光芒，返照内在的明，不会给自己带来灾难，这就是万世承袭的"常道"。

【新认识与新释译】

本章要点的新释译

先简要地归纳一下"塞其兑，闭其门""见小曰明""守柔曰强。用其光"各句的含义。"塞其兑，闭其门"的含义是，回复到"玄同"状态。该句的完整解释，见第五十六章。这是老子"无为"思想在认识自然世界中的主张。即只有将外在强化于自然事物的内容，回复到自然事物的本真状态，才能够认识到自然事物的本质。"塞其兑，闭其门，终身不勤；开其兑，济其事，终身不救"的含义是，如果能够将外在强化于自然事物的内容，回复到自然事物的本真状态，就能够认识到自然事物任何发展过程的本质；反之，则对于自然事物任何发展过程都无法认识其本质。"见小曰明"的含义是，能够认识到"常无欲""朴"，就是明了规律。因为，参照第三十二章"道常无名，朴虽小，天下不敢臣。侯王若能守，万物将自宾"，第三十四章"衣养万物而不为主，常无欲，可名于小"，以及第六十三章"为无为，事无事，味无味，大小，多少"，可知"小"是使系统收敛的机制。"守柔曰强。用其光"的含义是，遵从"道"并利用"道"的承载力。该句可参照第四十章与第四十三章所阐述的"弱者道之用""无为之有益"。

再来分析本章的意涵。本章各句，从语文逻辑来看，"没身不殆""终身不勤""终身不救""无遗身殃"，是对比排列用语。因此，本章全文是排比句，第一句：天下有始，以为天下母。既得其母，以知其子；既知其子，复守其母，没身不殆；第二句：塞其兑，闭其门，终身不勤；开其兑，济其事，终身不救；第三句：见小曰明，守柔曰强。用其光，复归其明，无遗身殃。

以上各句，是对比并列关系。以上排比句的句式相同，均可变换为"既得其母，以知其子；既知其子，复守其母，没身不殆"的句式。即，

既得其"母"，以知其"子"；既知其"子"，复守其"母"，没身不殆；
既得"玄同"，以知其"化"；既知其"化"，复守"玄同"，终身不勤；
既得其"明"，以知其"用"；既知其"用"，复守其"明"，无遗身殃；

"是谓袭常"的含义是，上述三种情形都是双向地认识规律。"袭"的本义是"衣上加衣"，所以，"袭常"的意思就是，不仅是单一途径地认识规律，而且能够双向途径地认识规律。它与第二十七章所阐述的"袭明"有相近的含义。

本章的衔续关系：上一章论述了自然系统承载了万物却不会对其施加额外的影响。本章论述的是，如何去除加之于万物的人为影响，使之回归到初始状态，以认识和保持万物的本性。

本章的关键词：守其母

本章的哲学意涵：加诸万物的外在影响都是人为的，要认识和保持

万物的本性就要去除一切强加的人为影响而回归到其初始状态、本真状态。用现代语言表述的话，那就是"不忘初心"。

【生态文明启示】

"既得其母，以知其子；既知其子，复守其母，没身不殆"的生态文明启示是，对于世代传承的人类而言，自然生态系统也是世代传承的。保持自然生态系统的完好性，是每一代人的责任，从上一代承继完好的自然生态系统是其权利，而将完好的自然生态系统传承给下一代是其义务。所以，如果每一代人都能够遵循可持续发展原则去规范其行为，则自然生态系统就能够永续地保持其完好性，而人类也就能够永续地生存和传承。

关联知识或其他启示：从认识论角度来看，天下万物都有其起始，它可看作是天下万物的起源母体。如果知道了起源母体，那么就可以以此推演其后续的发展变化；反之，如果了解了某一发展结果，也可以以此反向推演其起源，期间的各个发展历程都可以通过反向推演来认识。如果能够对其外在影响环境加以控制的话，那么，整个事物的各个方面及其全过程都是清晰可认知的；反之，如果放开外在影响条件的话，那么，整个事物的各个方面及过程，就会有无穷无尽的变化。

在认识事物本质的过程中，倘若能够把各种外在环境影响排除出来（"强"），只保留其最本质的内容（"见其小""守柔"），那就认识到了事物的本质机理（"明"），也就是把"黑箱"转化为"白箱"了。找寻到了本质机理，可回溯过去的发展阶段，也可展望未来的发展状态，整个事物的全过程都能够被清晰地认识，而不会有所遗漏。这就是认识事物的基本原理。

第五十三章

【原文通释】

通行本原文： 使我介然有知，行于大道，唯施是畏。大道甚夷，而人好径。朝甚除，田甚芜，仓甚虚；服文彩，带利剑，厌饮食，财货有余；是为盗夸。非道也哉！

通行释译： 假如我稍有正确的认识，就懂得在大道上行走，唯一担心的是走上邪路。大道总是平坦的，但人们却喜欢走捷径。朝堂很是高洁，而农田荒芜，仓廪空虚，而人们仍穿着锦绣衣服，佩带着锋利宝剑，饱餐精美饮食，占有过多财货，这是贪得之极。这不是"道"！

【新认识与新释译】

本章要点的新释译

"使我介然有知，行于大道，唯施是畏。大道甚夷，而人好径"的含义是，假使"我"（代指"道"）是有思维的话，走路一定选择大路，一定对那些彩旗飘舞的路径抱持警觉。"施"是指彩旗飘舞的方向，"唯施是畏"的意思是，最是吸引人的方向，最应当保持警觉。"大道甚夷，而人好径"一句，其含义或为：大路过于平坦好走，人们却喜欢去走所谓的"捷径"；帛书本作"大道甚夷，民甚好解"，其含义或为：由于大路过于平坦好走，以至于人们反而对此懈怠并无视了这样的路径。

"朝甚除，田甚芜，仓甚虚；服文彩，带利剑，厌饮食，财货有余；是为盗夸。非道也哉"，实质上就是第二十九章"是以圣人去甚，去奢，去泰"之甚、奢、泰，即过当、过分、过度的行为，这些行为都是"贪欲"的表征，而不是追求"道"的表征。"朝甚除"的意思是房舍过于追求奢华整齐，《说文解字》对"除"的释义是"除，殿陛也"。"田甚芜，仓甚虚"的含义是，田地太多耕种不及都荒芜了，却还要想方设法地占有；建造了太多的仓库，显得空荡荡的。"服文彩，带利剑，厌饮食，财货有余；是为盗夸"如同第七十二章所述"无厌其所生"之理，意思是为道者不可不知餍足而挤占民众生存所需。"盗"应理解为"贪婪"。《说文解字》的释义是"盗，私利物也。从次。次欲皿者"。

本章的衔续关系：上一章论述的是认识"道"、遵从"道"应不忘初心，本章论述的是有哪些偏离"初心"的行为。过当地追求超越他人，过分地追求占有财富，过度地追求基本需求之外的东西，都是"非道"。

本章的关键词：行于大道；非道

本章的哲学意涵：去往一个目的地，走大道是最好的选择，而那些有彩旗飘舞指引的小路，是最容易让人作出错误选择的方向。大路之所以成为大路，是众多经验的加总。但是人们却往往喜欢去走捷径。这就犹如日常所见的那些贪婪行径，看似都是"捷径"，却不是正道。过于贪婪，过于放纵欲望，是不符合自然而然之"道"的。

【生态文明启示】

本章对生态文明的启示在于，以尽可能少的自然资源消耗和生态环境损耗为代价满足基本的物质需求，就是每一个社会成员消费的正常路径，也是最为理性的行为方式。而过度追求物质财富，超出基本需求之外的消费追求，则是非理性的行为方式。如，奢侈性消费、炫耀性消费、享受型消费，是以物质财富的大量占有、大量使用为表现形式的"物质需求"，这种形式的需求满足是边际效用急剧递减的。在较小的群体范围内、在短暂的时期内，表面上可得到某种精神满足；但在较大的社会空间内、在较长的时间视野内，事实上难以得到真正的效用满足。这种自身又没有得到多少效用满足，而又大量消耗资源、损耗生态环境的消费行为，其实是"损公益而不利己"的。

第五十四章

【原文通释】

通行本原文：善建者不拔，善抱者不脱，子孙以祭祀不辍。修之于身，其德乃真；修之于家，其德乃余；修之于乡，其德乃长；修之于邦，其德乃丰；修之于天下，其德乃普。故以身观身，以家观家，以乡观乡，以邦观邦，以天下观天下。吾何以知天下然哉？以此。

通行释译：善于建树的，不易被拔除；善于抱持的，不易被脱离。如果子孙能够遵循、守持这个道理，那么子子孙孙就不会断绝。把这个道理付诸自身，他的德性就会是真实纯正的；把这个道理付诸于自家，他的德性就会是丰盈有余的；把这个道理付诸于自乡，他的德性就会受到尊崇；把这个道理付诸自邦，他的德性就会丰盛硕大；把这个道理付诸天下，他的德性就会无限普及。所以，用自身的修身之道来观察别身；以自家察看观照别家；以自乡察看观照别乡；以平天下之道察看观照天下。"我"怎么会知道天下之理如此？就是因为用了以上的方法和原则。

【新认识与新释译】

本章要点的新释译

"善建者不拔，善抱者不脱，子孙以祭祀不辍"，与第二十七章"善行无辙迹……是以圣人常善救人，故无弃人；常善救物，故无弃物。是谓袭明"有相通、相近的含义。第二十七章表述的含义是，"圣人"往往以无形的机制纠正人们的不理性行为，因而就不会出现太多的"非理性之人"和"非理性之事"。换言之，若是刻意去纠正，反倒容易出现更多的"非理性之人"和"非理性之事"。与之相对照，本章所要表达的含义是，一个建筑物能够千年不倒，是因为建筑者以遵从"道"的机制防范了各种不当的构造；一个系统之所以能够稳定而持久不发散，是因为该系统有其内在的稳定机制；一个家族能够百代延绵不断，是因为家族的传承者以遵从"道"的机制防范了各种不当的行为。"善抱者不脱"之"抱"，与第二十二章"是以圣人抱一为天下式"之"抱一"同义，其含义是坚持全局性、系统性。

"修之于身，其德乃真；修之于家，其德乃余；修之于乡，其德乃长；修之于邦，其德乃丰；修之于天下，其德乃普"句，其中，"修"的含义是遵从"道"的修为；"德"的含义是遵从"道"的修为的效果。该句的含义是，遵从"道"的修为，其在自身的效果会是真实存在；其在家族中的效果会积累；其在乡里的效果会持久延续；其在邦国的效果将遍布于众（帛书本作"修之国，其德乃夆"，"夆"为"相遇"之义）；其在天下的效果将无所不在（帛书本作"修之于天下，其德乃博"）。以现代学术语言来表达的话，该句的含义是，遵从"道"的修为、遵从"道"的修为的效果，都是可以加总、可以传播扩散、可以产生一定的溢出效应。

"故以身观身，以家观家，以乡观乡，以邦观邦，以天下观天下。吾何以知天下然哉？以此"的含义是，各个层级遵从"道"的修为有其共通的本质。但这个本质，我们是很难通过分析其本身结构特征来认识的。我们可用的一种方法是，通过其外在的表现来认识和归纳其本质的特征。即观察一个人待人接物的外在修养，可以认识其内在的修为；观察一个家庭的家风，可以认识这个家庭内在特征……天下万物的本质特征，都可以通过观察其外在表现来认识和归纳。此章文字与儒家的"修身、齐家、治国、平天下"有类似的表达，但所讨论的问题完全不同。

本章的衔续关系：第五十二章论述了认识"道"、遵从"道"应不忘初心，本章则承接该章，论述遵从"道"在时间上传承、在空间上传播，会有什么样的表现。从这些可观察的表现中，能够认识到遵从

"道"的真谛。

本章的关键词：修——德

本章的哲学意涵：一个建筑物能够千年不倒，一个系统能够持久稳定，一个家族能够百代延绵不断，有其内在的本质。这种遵从"道"的本质行为的加总，通过空间上的扩散传播和时间上的传承累积，才能够形成并维持一个持久的稳态系统。

【生态文明启示】

"善建者不拔，善抱者不脱，子孙以祭祀不辍"的生态文明含义在于，在历史的长河之中，有些曾经是生态环境良好的区域，曾经出现过繁盛的文明和人口聚集。为什么会在并不太长的时间内就因生态环境脆弱而导致文明的衰败甚至消亡呢？难道真的是由于大自然的气候变化、地质变化造成的？客观地分析当时人类的行为，恐怕不难发现，这很大程度上是由于人类在追求物质财富的过程中没有顾及生态环境的承载力所导致的。借鉴这些历史经验反思我们当代人的行为，更加能够意识到，如果我们不关注生态环境而任意妄为地发展经济的话，那些已经毁灭了的文明就是我们的未来景象。

关联知识或其他启示：对于儒家的"修身、齐家、治国、平天下"，后人的解读有一定的误读。后人望文生义地认为，"平天下"就是平定天下，和武力统一国家联系在一起。但"平天下"的本意是"使天下安定"。"修身及家，平均天下"，是《礼记》中的文字。"平"即无上下之偏，"均"即无远近之异。"平天下"的基本诉求就是无上下远近之异，各安其分，各就其位，进而天下太平而大治。

第五十五章

【原文通释】

通行本原文：含德之厚，比于赤子。毒虫不螫，猛兽不据，攫鸟不搏。骨弱筋柔而握固。未知牝牡之合而脧作，精之至也。终日号而不嗄，和之至也。知和曰常，知常曰明。益生曰祥。心使气曰强。物壮则老，谓之不道，不道早已。

通行释译：道德涵养浑厚的人，就好比初生的婴孩。毒虫不螫他，猛兽不伤害他，凶恶的鸟不搏击他。他的筋骨柔弱，但拳头却握得很牢固。他虽然不知道男女交合之事，但他的小生殖器却勃然举起，这是因为精气充沛的缘故。他整天啼哭，但嗓子却不会沙哑，这是因为和气淳厚的缘故。认识淳和的道理叫作"常"，知道"常"的叫作"明"。贪生纵欲就会遭殃，欲念主使精气就叫作逞强。事物过于壮盛了就会变衰老，这就叫不合于"道"，不遵守常道就会很快地灭亡。

【新认识与新释译】

本章要点的新释译

"含德之厚，比于赤子"的含义是，什么状态与"道"的本真状态最为接近？类似于初生婴儿的阶段，是最为接近"道"的本真状态的。换言之，万物随着不断生长，其必然越来越远离"道"的本真状态。"赤子"是指万物具有旺盛生命力的成长阶段，而不是"天真单纯"之义。"德"

即万物遵从"道"的效果。孕育成长到一定程度（"含德之厚"），会进入到一个生命力极其旺盛的成长阶段，"赤子"就是旺盛生命力成长的典型例子。

"毒虫不螫，猛兽不据，攫鸟不搏"的含义是，由于万物初生时期具有旺盛的生命力，具有超出一般的抵御外在影响的能力（以现代学术语言来表达的话，初生婴儿，有着比成人更强的免疫力）。

"骨弱筋柔而握固。未知牝牡之合而朘作，精之至也。终日号而不嗄，和之至也"的意思是，在这个旺盛生命力成长时期，其器官发育与其器官功能形成是具有自适应能力的（例如，婴儿终日啼哭而不会影响其嗓子，发声器官与发声功能是同步自适应成长的）。

"知和曰常，知常曰明。益生曰祥。心使气曰强"的意思是，认识到了生长阶段的自适应性，就认识了成长的规律性，认识了成长的规律性，就懂得了如何适应规律而行为。适应规律使之成长，就是正常的成长过程，与那种强行而为的行为是完全不同的。

"益生曰祥。心使气曰强。物壮则老，谓之不道，不道早已"，笔者认为，该句较合理的断句应为"益生曰祥心，使气曰强物，壮则老，谓之不道，不道早已"。"祥"的含义是"顺应"。类似于《淮南子》之"当于世事，得于人理，顺于天地，祥于鬼神，则可以正治矣"的用法。"益生曰祥心"的含义是，什么样的行为才是有益于生命的？要顺应于"心"，即顺应整个生命体，因为"心"是整个生命体的君主之官。"使气曰强物"的含义是，单纯地增加人体生长所需的养分，只是强行促进生命体物质层面的生长，并没有使得其整个生命体协调地生长。《黄帝内经》用"气"说明人体生命的生成生长，生命的直接来源是父母精血（被称为先天之精气），发育、成长所需的能量，则靠水谷精微及大气（称之为后天之精气）。第三十章有类似的文字"果而勿强物，壮则老，是谓不道，不道早已"。

本章的衔续关系：上几章都论述有关遵从"道"的问题，本章承接前几章，继续论述在不同的生长阶段如何遵从"道"。

本章的关键词："含德之厚，比于赤子"；知和；强物

本章的哲学意涵：初生婴儿，最为接近"道"的本真状态，其最根本

的特征是器官与功能同步自适应成长。随着生长阶段的变化，"生长壮老矣"也是自然规律，决不要强力促进生长，那是违背"道"的。

【生态文明启示】

本章的生态文明启示在于，一切事物的生长发展，都有其自身的生命力及其自然规律，只有遵循自然规律，才能使事物正常生长发展。人为地强化，只能加速其衰退。以经济发展为例，经济系统的成长发展，也有其生长的旺盛生命力，并不需要以损害自然生态系统为手段来加快经济系统的发展。现实中，所谓的"超越式发展"，不仅无谓地损害自然生态系统功能，而且也无助于经济系统的正常成长，无助于经济系统功能的完善，反而会加剧经济系统功能的快速衰退。

第五十六章

【原文通释】

通行本原文：知者不言，言者不知。塞其兑，闭其门，挫其锐，解其纷，和其光，同其尘，是谓玄同。故不可得而亲，不可得而疏；不可得而利，不可得而害；不可得而贵，不可得而贱。故为天下贵。

通行释译：智者不多说话，而到处说长论短的人就不是智者。塞堵住嗜欲的孔窍，关闭住嗜欲的门径。不露锋芒，消解纷争，挫去人们的锋芒，解脱他们的纷争，收敛他们的光耀，混同他们的尘世，这就是深奥的"玄同"。达到"玄同"境界的人，已经超脱亲疏、利害、贵贱的世俗范围，所以就为天下人所尊重。

【新认识与新释译】

本章要点的新释译

"知者不言，言者不知"一句，是讨论"道"的特质，而不是讨论"知者""言者"的。为什么这样判断？笔者认为有两点理由：其一，本章随后几句论述，所讨论的都是与"道"直接相关的内容；其二，本章"塞其兑，闭其门，挫其锐，解其纷，和其光，同其尘"，与第四章"挫其锐，解其纷，和其光，同其尘"文字相近，而第四章的内容也是直接讨论"道"的。

"知者不言，言者不知"的含义，与《道德经》开篇"道可道，非常道，名可名，非常名"所阐述的内容基本一致。即"道"是可认知、可践行的，但不是那种可以完全清晰刻画的认知方式。自然万物是可以通过定义概念的方式来认识的，但不是可清晰界定定义、可以完全概念化地认识世界。心灵深处对于"道"的深切感悟，是难以用语言完整表述的。即使表述出来了，也一定不是"道"最原本的内涵。

"兑"是指类似"笑穴"之类的特殊欢愉部位；"门"是指"天门开阖"之类的特殊智慧能力；"锐"是指尖锐的声调，"挫"即"抑扬顿挫"之降低声调之义；"纷"字在《说文解字》中被释为"纷，马尾韬也"，"解其纷"的意思就是"放开对随风飘散的马尾的束缚"。"塞其兑，闭其门，挫其锐，解其纷，和其光，同其尘"全句的意思，就是要使被外在力量强化的事物回归到平常状态，以便于更准确地认识事物的本质。

"塞其兑，闭其门，挫其锐，解其纷，和其光，同其尘"一句中的"其"，往往被解释为观察者，更为合理的解释是指称作为被观察对象的自然事物。这里所使用的是拟人化的表述。该句的意涵是，让它被强化的欢愉回归到平常状态，让它被强化的智能回归到平常状态，让它被强化的声调回归到平常状态，让它被约束的纷乱回归到平常状态，让它被强化的光芒回归到平常状态，让它被强化的独特性回归到平常状态。所见之世界是这样一种初始状态——没有万物间纷繁复杂的联系，没有万物不同的特性，也没有万物不同的色彩。

"玄"字的含义是"事物最为深刻的本质"。笔者认为，采用现代学术语言来表达的话，"玄"类似于数学中的"恒等于"，或者类似逻辑学中的"充分必要条件"。"玄同"可理解为事物最接近本质的初始状态。"是谓玄同"的含义是，"塞其兑，闭其门，挫其锐，解其纷，和其光，同其尘"是"玄同"的充分必要条件。

具有"玄同"之态之物，不可得其亲疏、利害、贵贱，亦即不可分清其"无"和"用"（"当其无，有器之用"，第十一章）。

本章的衔续关系：本章继续论述有关认知"道"、遵从"道"的方法——玄同，进而论述在现实社会中符合"玄同"特性的表征——不可得其亲疏、利害、贵贱。

本章的关键词：玄同

本章的哲学意涵："道"的本质是无法用一定的概念予以界定的。如果能够使事物回归到更为平常的状态，那么就能够更接近本质地认识"道"。"道"的本质是一种客观存在，不能简单地以人类自身的价值判断去认识。

【生态文明启示】

"玄同"的生态文明启示是，土地等资源无论是进行经济活动的还是用于生态环境保护，社会成员无论是从事高收益的经济活动还是从事生态环境保护的活动，他们的价值都应当是同样的。应当从一个系统整体的可持续性来认识各自的必要性和各自的等价性，没有高低贵贱之分，否则就无法实现真正的可持续发展。

从方法论的角度来看，"塞其兑，闭其门，挫其锐，解其纷，和其光，同其尘"的表述，在《道德经》多章中出现，本章的表述是最完整的。这是老子"无为"思想在认识自然世界中的主张。也就是说，即使是认识自然世界过程中，也要遵循"无为"理念。亦即，要将外在强化于自然事物的内容，回归到自然事物的本真状态，才能够认识到自然事物的本质。因此，我们在认识自然生态环境系统中的各构成因素时，不能因其当下的经济价值来认识其在自然系统中的功能作用。最为客观的方法是，完全抛开外在经济价值的判断，才能够更为客观地认识其系统价值和生态价值，才能够真正认识到其保护的价值和保护的方向。

第五十七章

【原文通释】

通行本原文：以正治国，以奇用兵，以无事取天下。吾何以知其然哉？以此：天下多忌讳，而民弥贫；人多利器，国家滋昏；人多伎巧，奇物滋起；法令滋彰，盗贼多有。故圣人云：我无为，而民自化；我好静，而民自正；我无事，而民自富；我无欲，而民自朴。

通行释译：以无为、清静之道去治理国事，以奇巧、诡秘的办法用兵，以不扰民来治天下民众。"我"怎么知道是这种情形呢？根据就在于此：天下的禁忌越多，百姓就越陷于贫穷；民众的锐利武器越多，国家就越陷于混乱；人们的技巧越多，邪风怪事就越闹得厉害；法令越是森严，盗贼就越是增加。所以得道者说："我"无为，民众就自我化育；"我"好静，民心就自然匡正；"我"无事，民众就自然富足；"我"无欲，民众就自然淳朴。

【新认识与新释译】

本章要点的新释译

"正"的含义是常态、稳态；"奇"的含义是突变、非常态。"以正治国，以奇用兵，以无事取天下"，其含义是，治国是常态性作为，追求稳定；"用兵"是不得已的非常态性作为，以非常态方式达成特定目标后，应恢复常态稳态。

"天下多忌讳，而民弥贫"的含义是，一个统治系统内，如果各种各样的要求繁多，那么民众就无所适从。

比照第十九章"绝巧弃利，盗贼无有"的论述，本章"人多伎巧，奇物滋起；法令滋彰，盗贼多有"的合理断句应为"人多伎巧、奇物滋起，（以致）法令滋彰、盗贼多有"，亦即，追求奇巧是导致法令和盗贼滋生的根由。

本章"我无为，而民自化；我好静，而民自正；我无事，而民自富；我无欲，而民自朴"，与第三十二章之"道常无名，朴虽小，天下不敢臣。侯王若能守，万物将自宾"；第三十七章之"道常无为而无不为。侯王若能守之，万物将自化。化而欲作，吾将镇之以无名之朴。无名之朴，夫亦将不欲。不欲以静，天下将自定"，所表达的含义基本相同。

"我无为，而民自化"的含义是，<u>统治者没有"教化民众"的作为，那么民众自然而然地形成其秩序</u>；"我好静，而民自正"的含义是，<u>统治者偏好稳定收敛的社会系统，那么民众的行为自然而然会选择倾向于稳态的行为</u>；"我无事，而民自富"的含义是，<u>统治者没有所谓的"国强民富"的追求，那么民众自然而然会作出自己的合理选择</u>；"我无欲，而民自朴"的含义是，<u>统治者没有过多的欲求，那么民众自然而然会倾向于简单的需求满足</u>。"静"在这里的含义相当于"收敛"；"富"在这里的含义是"完备"；"朴"在这里是指倾向于满足"基本需求"的内在约束机制。

本章的衔续关系：之前各章讨论的是一般情形下如何认识"道"、遵循"道"，本章开始专门论述在治国过程中如何认识"道"、遵从"道"，本章所论述的"治国"基本原则是以正治国，以无事取天下。

本章的关键词：以正治国；以无事取天下

本章的哲学意涵：治国，当以常态、稳态为要，不可出"奇谋"以治国；用兵，则不得不用非常之策；统治，当以"无事"为常态，烽烟之事，只可用于不得已之时。如果统治者总有各种各样的要求，那么被统治的民众则无所适从；如果民众不得不预备好出征的武器，那么意味着国家已经陷入昏乱境况；如果社会风气追求各种机巧之术，那么就会出现各种闻所未闻的怪诞之事；如果法令过于苛刻严厉，那么将民不聊生而盗贼蜂起。统治者不生"教化民众"之念，则民众自然有序；如果统治者不滋无端之事，则民众可以常态生活；如果统治者不起"国强民富"之念，则民风自然淳朴。

【生态文明启示】

本章的生态文明启示在于，"更简单地生活"是以生态文明理念修正经济主义、消费主义等全社会主流的价值观。国家作为追求"生态文明"的一个主体，在其发展中也应推行与"更简单地生活"相类似的行为理念。比如，在解决全国民众的温饱问题和基本发展之后，不过分追求体现为物质产品数量增长的"经济增长"；不过分追求体现为物质财富占有和使用的"国家富强"；不过分追求体现为物质产品更新换代的"技术进步"；不追求以经济高速增长追赶富裕国家的"国际地位"，也不追求以拉大与他国贫富差距或损害他国利益为手段获取的"国际地位"；不追求以牺牲民族文化、环境破坏、以邻为壑等为代价的"经济繁荣"。上述关于国家发展的理念可称之为"更简单的发展"。在国家间发展竞争层面，不可以"奇"致胜。

从人类利用和改造自然的主要经济行为——技术发展的角度来看，其对自然生态系统的作用与影响体现在：其一，利用自然、改造自然的行为，导致累积性的、不可逆的、滞后的、风险巨大的生态价值损失；其二，单一领域技术，促进单一资源的利用效率提高，但对地球生态造成全面性影响；其三，资源—产品—废弃物的线性生产技术，导致生产越多，资源耗损、废弃物累积也越多；其四，新技术开发、利用、推广，导致资源稀缺性减缓，但资源环境耗损范围扩大，为地球生态遗留潜在风险和不确定性；其五，技术进步促进经济增长，加速经济活动，也加剧资源耗损、环境劣化、废弃物累积。基于此，"技术"的发展也应是有节制、有节奏的，即便是没有明显"技术风险"的"技术"发展也不是越快越好。"技术"发展不应导致人类物质需求频繁更替，也不应导致人类对自然资源轻而易举地掠夺性使用。对某一技术进行评估时，必须明确在多大程度上对人类需求和社会发展有正面的"加速"作用，而在多大程度上对生态环境及资源消耗方面有负面的"加速"作用。

第五十八章

【原文通释】

通行本原文：其政闷闷，其民淳淳；其政察察，其民缺缺。祸兮，福之所倚；福兮，祸之所伏。孰知其极？其无正也。正复为奇，善复为妖。人之迷，其日固久。是以圣人方而不割，廉而不刿，直而不肆，光而不耀。

通行释译：政治宽厚清明，民众就淳朴忠诚；政治苛酷黑暗，民众就狡黠、抱怨。灾祸啊，幸福依傍在它的里面；幸福啊，灾祸藏伏在它的里面。谁能知道究竟是灾祸呢还是幸福呢？它们并没有确定的标准。正转变为邪的，善转变为恶的，人们对此的迷惑，由来已久。因此，有道的圣人方正而不生硬，有棱角而不伤害人，直率而不放肆，光亮而不刺眼。

【新认识与新释译】

本章要点的新释译

本章"其政闷闷，其民淳淳；其政察察，其民缺缺"之中的"闷闷""察察"的语义①，与第二十章"俗人察察，我独闷闷"，应有相通之义。该句的含义是，如果统治并不是明晰的，那么，人们就会在本真之性情下作出其本真行为；如果统治是明晰的（例如律条明确的统治），那么，人们就

---

① 王弼注为"言善治者无形无名，无事无政可举，闷闷然卒至于可治，故曰其政闷闷也。其民无所争竞，宽大淳淳，故曰其民淳淳。立刑名，明赏罚，以检诈伪，故曰察察。殊类分析，民怀争竞，故曰其民缺缺"。

会在律条约束下起争竞之心。

"祸兮，福之所倚；福兮，祸之所伏。孰知其极？"一句的意涵是，不要过多地去评判最终是福是祸，一要认识到其不确定性，二要对于可能的走向都有所预防而不要走向极端。该句主要要表达的是"不确定性"，而不是主要表达"要辩证地看待问题"[①]。

与第五十七章相同，"正"的含义是常态、稳态；"奇"的含义是突变、非常态。"其无正也。正复为奇，善复为妖。人之迷[②]，其日固久"的含义是，"福""祸"，无法认定哪一形态是正常的，哪一形态是不正常的。正常的也会转化为不正常；顺应的也会转化为反常的。人们如果过于追究正常反常，那恐怕就没有尽头了，这是个久远无解的难题。

"是以圣人方而不割，廉而不刿，直而不肆，光而不耀"的含义是，得道的圣人，在看待事物和处理事物时，有其形态的判断，但也为形态的转化而留有余地。所以，对于得道之人来说，他们追求"中规中矩"（墨子：中吾矩者，谓之方），但并不断然隔绝"不中矩"的情形；他们追求有棱有角，但并不以棱角伤人；他们追求直率，但并不放肆；他们追求光芒，但并不追求炫人之目。

本章的衔续关系：承接上一章所论述的以正治国、以无事取天下的"治国"原则，本章则论述这个基本原则也不应走向极端。

本章的关键词：方而不割

本章的哲学意涵：统治之道，应当是宽松无为而使民众淳朴自在，还是严格有为而使民众严肃紧张？（执政者宽厚，民风淳厚，但未尝没有个别民众因之钻营空子；执政者明察，民怀畏惧，但可使那些善于钻营者有所制约。两种形态，都不应当走向极端）。任何事物的形态都可能发生转化，统治形态和统治成效也是如此，也会发生转化。常态过程中，也可能出现突变的情形；顺应的场合，也可能突然出现

---

① 对于"塞翁失马焉知非福"的解读，一定程度上存在误读。其意图说明的道理是：要认识事物是存在"不确定性"的，并不是表达"要辩证地看问题"。

② 《韩非子·解老》对于"迷"的释义为：凡失其所欲之路而妄行者之谓迷，迷则不能至于其所欲至矣。今众人之不能至于其所欲至，故曰"迷"。"人之迷"，帛书本作"人之悉也"。

诡异的状况。不要过于追究哪一形态是正确的。在作出基本判断和对策之后，不要走向极端，要对事物的转化有所预期，留有转圜余地。总体而言，《道德经》所主张的治国理念是"天网恢恢，疏而不失"（见第七十三章）。

【生态文明启示】

本章的生态文明启示是，自然生态系统中也存在许多不确定性的问题，未必坚持了"可持续发展"原则，就一定能够保障自然生态系统的"可持续性"。尤其是极端地维护"可持续"原则，反倒有可能出现意外的结果。所以，要坚持"可持续"原则，但不要走向极端化的"极端环保主义"倾向。

第五十九章

【原文通释】

通行本原文：治人事天，莫若啬。夫唯啬，是谓早服；早服谓之重积德；重积德则无不克；无不克则莫知其极；莫知其极，可以有国；有国之母，可以长久；是谓深根固柢，长生久视之道。

通行释译：治人事天，没有比"惜爱"更重要的了。"惜爱"某事某物，就会早作准备；早作准备，就是不断地积"德"；不断地积"德"，就没有什么不能攻克的；没有什么不能攻克，那就无法估量他的力量。具备了这种无法估量的力量，就可以担负治理国家的重任。有了治理国家的原则，国家就可以长久维持。国运长久，就叫作深根固柢，符合长治久安之道。

【新认识与新释译】

本章要点的新释译

"啬"的含义是爱惜粮食般爱惜万物，"早服"的含义是早作预备的危机意识。"积德"的含义是，在持续行为中坚持遵循"道"，只有持久遵循"道"，其功用效应才能够逐步累积，才能在必要的时间点显现其重要性。换言之，遵循"道"并不能产生立竿见影的效果，而是持久累积持续溢出的。

"有国之母，可以长久；是谓深根固柢，长生久视之道"的含义是，对于一个国家而言，能够持久遵循"道"而积有德，才是这个国家长治久安的根本。换言之，所谓"国强民富"之类的外在追求，并不是国家长久之道。

本章的衔续关系：本章继续论述"治国"问题，在讨论了以正治国、以无事取天下、方而不割的基础上，进一步提出"积德"原则。

本章的关键词：积德

本章的哲学意涵：一族一国，其社会的稳态成型，当有长久的根植。只有一代人一代人地"积德"（国家及民众的行为持续不断地遵循"道"），民众对于"族国"及其文化才会形成"深根固柢"的根基，该国才能够"长生久视"。如果没有长久的根植，即使通过某种机缘迅速繁盛，那么其结果必然是"其兴也勃焉，其亡也忽焉"。

【生态文明启示】

本章的生态文明启示是，对于自然资源和生态环境，无论是谁，无论什么时候，都应保持"爱惜"意识和"资源不足"的危机意识。一个社会要真正成为生态文明社会，亦当有长久的根植，只要"可持续"成为全体社会成员的共同理念，并持之以恒地树立下去，各世代、各成员、各活动主体对于"自然生态系统"就会形成深根固柢的感情，之后，生态文明才能够在这个社会"长生久视"。通过一代一代地对自然生态系统"积德"，其后代人必然因之而获益。反之，如果一个社会只看到短期的经济利益，不断地迅速耗竭自然资源，那么，即使这个社会获得了快速的经济发展，也很快会陷入"不可持续"的发展状态。某一代人对于自然生态系统的"失德"，可能要数代人去承受其后果；如果数代人都不懂得对于自然生态系统"积德"，那么这个族群恐怕就很难传承下去了。

第六十章

【原文通释】

通行本原文：治大国，若烹小鲜。以道莅天下，其鬼不神；非其鬼不神，其神不伤人；非其神不伤人，圣人亦不伤人。夫两不相伤，故德交归焉。

通行释译：治理大国，好像煎烹小鱼。用"道"治理天下，鬼神起不了作用，不仅鬼不起作用，而是鬼怪的作用伤不了人。不但鬼的作用伤害不了人，圣人有道也不会伤害人。这样，鬼神和有道的圣人都不伤害人，所以，就可以让民众享受到德的恩泽。

【新认识与新释译】

本章要点的新释译

"烹"字的含义，根据《汉字源流字典》，亨、享、烹同源，皆有以食物祭献神祖之义。笔者认为，本章各句皆论及鬼神，所以，"治大国，若烹小鲜"之"烹"应为"享受祭献"之义，而非"烹饪"之义。《礼记》之《王制》有"平民于春秋两季，用豚与鱼祭祀"的论述，《易经》之"中孚"卦有"中孚，豚鱼吉"之卦辞，均表示这样的意涵：豚、鱼等祭祀物虽然简单，只要内心真诚，仍然会被神祇接纳而赐福。

其后各句的合理断句似应为"以道莅天下，'其鬼'不神，'非其鬼'不神；'其神'不伤人，'非其神'不伤人"，其含义是，享受祭献者以道莅天下，与之相关的鬼怪不会出现，与之不相关的鬼怪也不会出现；相关的神灵不会伤人，不相关的神灵也不会伤人。

"圣人亦不伤人。夫两不相伤，故德交归焉"的含义是，得道的治国者和接纳简单祭祀的神祇一样，也不会因百姓进献简单而去伤害百姓，双方和谐一体，两不相伤，从而德性交互相融。"故德交归焉"与第六十一章"天下之交，天下之牝"，有相近的逻辑，犹如《易经》之"泰"卦辞：小往大来，吉亨。乾下坤上。乾之势上升，坤之势下降，天地相交。亦即圣人恤下之德与民众仰上之德能够相互交融。反之，如果圣人不恤下，民众不仰上，则两相伤而德不交。

本章的衔续关系：本章继续论述"治国"问题，在讨论了以正治国、以无事取天下、方而不割、积德的基础上，又提出"治大国，若烹小鲜"的原则。

本章的关键词：治大国若烹小鲜；德交归

本章的哲学意涵：君主治理大国，就如同祭献神祇享受一般，并不需要特别隆重的祭献，发自内心的祭献才是最重要的。以道莅天下，如同祭献的道理，祭献是有特定对象的，与之相关的鬼怪因享受到了祭献，而不会相扰，与之不相关涉的鬼怪因与之无关联，也不会相扰；与之相关的神灵不会相伤，不相关涉的神灵也不会相伤。所以，圣人治国，相关的群体得到了应得到的，不相关的群体认同与其不相关联的，都不会对圣人所治之国有所伤，从而与民众、与周边群体之间，归于德性相融和谐之境。

【生态文明启示】

本章的生态文明启示在于，人类对于赖以生存的自然生态系统必须存有敬畏和感念之心。但是，这份敬畏和感念之心并不需要特别的仪式、宏愿来表达，而是要使每一个人类成员都对此有着深刻认识，并在各自的行为中恪守这样的认识。

"以道莅天下，其鬼不神"一句可引申的生态文明启示是，自然灾害犹如《道德经》所述之"鬼""神"，自然灾害的加剧，以及它对人类生存环境影响的加深，很大程度上是由于人类经济活动对自然生态系统的破坏而造成的。归根结底，自然灾害对于人类及其生存环境的危害，是人类自身行为使之强化的。如果人类行为能够真正遵从"尊重自然、顺应自然、敬畏自然"之道，那么，自然灾害的影响是可以降低到较低程度的，从而实现"两不相伤""德交归焉"。反之，一味地"改造自然"，不仅不能减少自然灾害，反而会加剧其风险和影响，其结果必然是"两相伤""德不交"。

关联知识或其他启示：以现代学术思想来认识的话，管理者对于系统的管理，其根本目标就是使系统稳定而良性地运行，而不是从内部获得什么样的回报。以宏观经济管理为例，它并不以财政收入为目标，更不因各经济活动主体所纳赋税的多少而实施奖惩。宏观经济管理的基本目标就是维护整个经济体系稳定而有序地正常运行。无论是内部系统新增的经济主体，还是外在进入的经济主体，其经济活动行为都不应影响整个经济系统的良性运行。宏观经济管理层，并不是要对新增或新进入的主体施加什么样的规制，而是宏观经济运行体系及制度本身就存在这样的规制，新主体一进入就自然而然地纳入这一系统的良性运行之中，不会对经济体系的正常运行秩序造成改变性的影响。

第六十一章

【原文通释】

通行本原文：大邦者下流，天下之牝，天下之交也。牝常以静胜牡，以静为下。故大邦以下小邦，则取小邦；小邦以下大邦，则取大邦。故或下以取，或下而取。大邦不过欲兼畜人，小邦不过欲入事人。夫两者各得所欲，大者宜为下。

通行释译：大国要像居于江河下游那样，使天下百川河流交汇在这里，处在天下雌柔的位置。雌柔常以安静守定而胜过雄强，这是因为它居于柔下。所以，大国对小国谦下忍让，就可以取得小国的信任和依赖；小国对大国谦下忍让，就可以见容于大国。所以，或者大国对小国谦让而取得大国的信任，或者小国对大国谦让而见容于大国。大国不要过分想统治小国，小国不要过分想顺从大国，两方面各得所欲求的，大国特别应该谦下忍让。

【新认识与新释译】

本章要点的新释译

"大邦者下流"，犹如第八章所论述的"水善利万物而不争，处众人之所恶，故几于道"，其含义是，大国的行为方向是"向下"的，即向下利于小国而不争。因为大国的利益与小国的利益不处于一个层级，所以大国不应在低层级上与小国利益相争。

"天下之牝"的含义是，"道"的基本特性是对于万物并不主动作为，而只是承载。而大国也应当秉持"道"的承载特性。

"天下之交"，犹如《易》之"泰"卦，小往大来，吉亨。乾下坤上。乾之势上升，坤之势下降，天地相交。

"以静为下"的含义是，大国向下利于小国而不争的主要方式是"静"，即对于自身的扩张之势适当收敛，而不是无限地扩张自己的利益，否则这一局势也难以持续下去。"静"就是"收敛"的意思。

"大邦不过欲兼畜人，小邦不过欲入事人"的含义是，大国的目标与小国的目标是不同的。大国的目标是使小国纳入自身系统中并使系统良好运行，而不是要从小国身上获得什么具体的利益；小国的目标则是融入大国系统之中，而不是要与大国争夺系统的主导权。

本章的衔续关系： 本章继续论述"治国"问题，本章讨论在大国与小国的关系之中如何遵循"道"的问题。

本章的关键词： 各得所欲；大者为下

本章的哲学意涵： 强者与弱者，有各自追求的目标，两者可以通过协作而纳入同一系统之中，在这一过程之中，强者应站在系统层级来行为，而不是在较低层级上与弱者直接争夺低层级的利益。

【生态文明启示】

本章的生态文明启示体现在生态环境公平方面。生态环境公平问题，通常来说是发达区域与欠发达区域之间、富裕群体与贫困群体之间的公平关系问题。生态环境不公平问题大多是由不同发达程度经济体之间利益不公平转化而来。例如，生态功能区通常处在经济不发达地区（如江河的上游地区），而生态受益者则往往是经济较发达地区（如江河的中下游地区），事实上二者共同享受同一生态功能区的生态功能，那么应当由谁来承担生态功能区的环境治理责任呢？是由生态功能区所在地承担，还是由较发达的受益地区承担，或者由受益的双方共同承担？从直观来看，应当由受益的两地共同承担。但这一看法在现实博弈中并不可行。这是由于不发达地区与较发达地区对待生态功能区的生态价值的认识是不同的，这一认识的不同会使双方对待生态功能区采取不同的策略进行博弈，博弈的结果必然是由较发达地区全部承担生态功能区的补偿。表面上看这是一个不大合理的结果，但却是惟一能得以实现的结果。这一结果表明，当发达国家与不发达国家面对同一环境问题时，发达国家不得不独力承担环境治理的责任，让发展中国家"免费"享受环境治理的成效同样对自己是合理的选择；当发达地区与不发达地区面对同一环境问题时，发达地区也不得不独力承担这一环境治理责任；当富裕群体与贫困群体面对同一环境问题时，富裕群体也不得不独力承担这一环境治理责任。

　　关联知识或其他启示："夫两者各得所欲，大者宜为下"，犹如现代博弈论之"智猪博弈"，强者与弱者之博弈，惟有可能实现的均衡是强者先行动并承担较大甚至是全部成本，弱者后行动并承担较小责任甚至是完全不承担成本，而所得利益双方分享。只有这样，才是强者理性的行为。千万不要认为强者可以强逼弱者就范而获得最大的利益，实际上这是无法实现的。

第六十二章

【原文通释】

通行本原文： 道者万物之奥。善人之宝，不善人之所保。美言可以市尊，美行可以加人。人之不善，何弃之有？故立天子，置三公，虽有拱璧以先驷马，不如坐进此道。古之所以贵此道者何？不曰：求以得，有罪以免邪？故为天下贵。

通行释译： "道"是荫庇万物之所，善良之人珍惜它；不善的人，需要时还要求它庇护。美好的言辞可以换来别人对你的尊重；良好的行为可以见重于人。不善的人怎能舍弃它呢？所以在天子即位、设置三公的时候，即使有拱璧在先、驷马在后的献礼仪式，还不如把这个"道"进献给他们。自古以来，人们之所以把"道"看得这样宝贵，不正是由于求它庇护一定可以得到满足；犯了罪过，也可得到它的宽恕吗？就因为这个，天下人才如此珍视"道"。

【新认识与新释译】

本章要点的新释译

"道者万物之奥"的含义是，道是万物之中的"灵魂"，但极不易被人们所认识和使用。《汉字源流字典》对"奥"的本义释为"祭拜室内西南角的神灵"。

"善人之宝，不善人之所保"的含义是，有的人顺应"道"，对他们来说，"道"就是真正能够带给他们益处的"宝用之物"；有的人不顺应

"道"，对他们来说，"道"是他们所占有的但并不懂得如何合理使用的"保有之物"。

"美言可以市尊，美行可以加人。人之不善，何弃之有？"的含义是，人们为什么不放弃"不善"（即不顺应"道"）呢？这就如同人们不愿意放弃"美言"和"美行"是一样的道理。"美言"可换来他人的尊重，"美行"可见重于他人，但这些都和"不善"一样只是"保有之物"，而不是"宝用之物"。

"故立天子，置三公，虽有拱璧以先驷马，不如坐进此道"的含义是，对于尊贵的人物而言，即使"拱璧在先驷马在后"的庄重仪礼也只是"保有之物"，只有顺应"道"才是真正的"宝用之物"。

"古之所以贵此道者何？不曰：求以得，有罪以免邪？故为天下贵"的含义是，为什么自古以来，人们把顺应"道"作为"宝用之物"？与其说顺应"道"就能够求什么得什么；还不如说顺应"道"就可以避免诸多可能出现的过错。这才是人们把顺应"道"作为"宝用之物"的根本原因。

本章的衔续关系：本章论述现实世界中人们对待"道"的两种态度，"善"（顺应）和"不善"（不顺应）。

本章的关键词：善（顺应）；不善（不顺应）

本章的哲学意涵："道"是万物之中的"灵魂"。认识"道"就是要学会顺应"道"、遵循"道"。只有这样，"道"才能在生活中给人们带来其益处。如果仅仅把"道"当作一个"占有物"的话，那么，"道"对他们来说是没有任何意义和作用的。治理国家的统治者，即使有隆重的仪仗，也比不上以道治国更能获得民众尊崇追随。自古以来，尊崇"道"的人，与其说是为了求得什么，不如说是为了避免走入歧途而导致罪责。所以，顺应"道"是最为值得推崇的行为。

【生态文明启示】

"道者万物之奥。善人之宝，不善人之所保"的生态文明启示在于，"可持续性"这个"道"的本质就是人类赖以生存的生态系统功能的完好，很多号称"生态友好型"的人群并未认识到这一本质。所以，"尊重自然，顺应自然，敬畏自然"的可持续原则，如果能够得到各个行为主体发自内心的认识和遵从的话，那么，其行为结果必定有利于整个生态系统功能的完好，也就必然能够带来有利于人类生存的益处。反之，如果仅仅把"尊重自然，顺应自然，敬畏自然"当作一种口号和表态行为，其结果必然是整个生态系统得不到有效的维护，也就必然导致人类生存环境劣化甚至恶化。

第六十三章

【原文通释】

通行本原文：为无为，事无事，味无味。大小多少。报怨以德。图难于其易，为大于其细；天下难事，必作于易，天下大事，必作于细。是以圣人终不为大，故能成其大。夫轻诺必寡信，多易必多难。是以圣人犹难之，故终无难矣。

通行释译：以无为的态度去有所作为，以不滋事的方法去处理事物，以恬淡无味当作有味。大生于小，多起于少。处理问题要从容易的地方入手，实现远大要从细微的地方入手。天下的难事，一定从简易的地方做起；天下的大事，一定从微细的部分开端。因此，有"道"的圣人始终不贪图大贡献，所以才能做成大事。那些轻易发出诺言的，必定很少能够兑现，把事情看得太容易，势必遭受很多困难。因此，有道的圣人总是看重困难，所以就终于没有困难了。

【新认识与新释译】

本章要点的新释译

"为无为，事无事，味无味"的含义是，顺应"道"（"善"）的主要表现是"无为"，更主要的表现是"无不为"。即顺应"道"是作符合道的"为"，换言之，就是坚持符合道的"不为"。具体表现为坚持符合道的"不事""不味"。

"大小多少"的含义是，不顺应"道"（"不善"）的主要表现是在小事、少事、局部方面不顺应"道"，而导致大的、多的、总体的困境。因此不可忽视"小"的累积，由"小"而累积为"大"，由"少"而累积为"多"，"小为""小事"，都可能累积而成"有为""有事"。"报怨以德"的含义是，在遵循"道"而积德的过程之中，因小的方面未能遵循"道"而导致所积之德有所欠缺。"报怨以德"与儒家讨论的"以德报怨，以直报怨"没有关联性。

"图难于其易，为大于其细；天下难事，必作于易，天下大事，必作于细"的含义是，天下的各种难解之事，都起于轻易变动作为；天下的各种大事，都起于轻易作为于若干"些小之事"。轻易作为，必然导致纷繁复杂的难解之事。

"是以圣人终不为大，故能成其大"的含义是，正因为得道的圣人从不轻易作为"些小之事"而累积为大的障碍，所以能够成就其"大"。

"夫轻诺必寡信，多易必多难"的含义是，轻易作各种起意，必然导致难成之结果。轻易承诺而最终失信于人，就是典型的例子。

"是以圣人犹难之，故终无难矣"的含义是，正因为得道的圣人从不轻于起意"容易之事"，所以能够成就其"无难"。

本章的衔续关系：本章承接上一章关于"善"（顺应"道"）和"不善"（不顺应"道"）的论述，讨论了"善"与"不善"的具体表现。

本章的关键词：无为；不为大（不轻易作为）

本章的哲学意涵：顺应"道"最根本的原则就是坚持符合道的"不为"。具体表现为在小事、简事、局部方面都坚持符合道的"不为"，以避免累积导致大的、复杂的、总体的困境。坚持符合道的"不为"，就是要坚持不轻易作为的原则。因为，天下各种难事、大事，都起于轻易作为。因此，理性的社会统治者不应轻易作为"些小之事"而累积为大的障碍，不应轻易作各种起意而导致难成之结果。

【生态文明启示】

本章的生态文明启示在于，在自然生态系统中进行经济活动，不应轻易地推广普及新技术、新技术产品和新技术条件下的生产生活方式。必须预防新技术的推行给自然生态系统带来生态环境风险以及风险的累积。应当认识到"技术创新"往往都无法避免这样一个"悖论"：技术创新对于经济的带动或加速作用，在另一方面则体现为技术创新对生态环境影响的推动和加速作用，或者将技术的生态环境影响风险遗留到未来阶段。也就是说，技术创新是一把"双刃剑"，在促进经济发展的同时，必然加剧生态环境影响或加大生态风险。

关联知识或其他启示："轻诺"，如果要实现"承诺"，就必然牵涉诸多方面，如果"承诺"多了，就必然因牵涉过多而无法实现，必造成失信的结果。"多易"就是轻易作为、变动。其逻辑之理就是，如果目标过多，极有可能导致无解的结果；变动越多，造成的困局则越是无解。

第六十四章

【原文通释】

通行本原文：其安易持，其未兆易谋。其脆易泮，其微易散。为之于未有，治之于未乱。合抱之木，生于毫末；九层之台，起于累土；千里之行，始于足下。为者败之，执者失之。是以圣人无为故无败，无执故无失。民之从事，常于几成而败之。慎终如始，则无败事。是以圣人欲不欲，不贵难得之货；学不学，复众人之所过，以辅万物之自然而不敢为。

通行释译：局面安定时容易保持和维护，事变没有出现迹象时容易图谋；事物脆弱时容易消解；事物细微时容易散失；做事情要在它尚未发生以前就处理妥当；治国理政，要在祸乱没有产生以前就早做准备。合抱的大树，生长于细小的萌芽；九层的高台，筑起于每一堆泥土；千里的远行，是从脚下第一步开始走出来的。有所作为的将会招致失败，有所执着的将会遭受损害。因此圣人无所作为所以也不会招致失败，无所执着所以也不遭受损害。人们做事情，总是在快要成功时失败，所以当事情快要完成的时候，也要像开始时那样慎重，就没有办不成的事情。因此，有道的圣人追求人所不追求的，不稀罕难以得到的货物，学习别人所不学习的，补救众人所经常犯的过错。这样遵循万物的自然本性而不会妄加干预。

【新认识与新释译】

本章要点的新释译

"其安易持，其未兆易谋。其脆易泮，其微易散"句主要是阐述各种后果都是在成长初期轻易"有为"而造成的。并不是主张在事物成长初期更有利于纠正各种可能的偏差。这样的主张是不符合《道德经》"顺其自然"的思想的。参照第二十章"我独泊兮，其未兆，如婴儿之未孩"之句，显然，"未兆"等是指成长的初期，而不是指"变化迹象"。

"为之于未有，治之于未乱"的意涵是，所有后果都是在"未有"之时轻易"为之"造成的；所有乱的结果都是在"未乱"之时轻易"治之"导致的。并不是主张要为就要在"未有"之时，要治乱就要在"未乱"之时。这样的主张不符合本章"以辅万物之自然而不敢为"的思想。

"合抱之木，生于毫末；九层之台，起于累土；千里之行，始于足下。为者败之，执者失之"的含义是，"木"之成材，"台"之"成层"，"行"之"千里"，都是因为在整个过程之中始终坚持不轻易分外"作为"。"是以圣人无为故无败，无执故无失"的含义是，如果轻易作为、刻意作为，那么，"木"难以成材，"台"难以成层，"行"难以至千里。得道的圣人在统治社会的过程中也遵循了这一原则，所以才能使整个社会不会进入紊乱的状态。

"民之从事，常于几成而败之。慎终如始，则无败事"的含义是，为什么有些事眼看就要成功了，却功败垂成？那是因为成功需要每一过程都是遵从"道"的，而失败则可能因某一过程未遵从"道"。"慎终如始，则无败事"，强调的不是"一步一个脚印"的踏实累积，而是强调自始至终不要轻易外加作为。

"是以圣人欲不欲，不贵难得之货；学不学，复众人之所过，以辅万物之自然而不敢为"的含义是，得道的圣人的行为原则是不怀"有为"的欲望，也就是不怀"通过有为去实现难以实现的目标"之心；不学"有为"的技术，也就是不断认识有为者的行为之失。以"欲不欲，学不学"的原则辅助万物万众顺其自然地发展，而不对万物万众作"有为"的作用。

本章的衔续关系：承接上一章关于"善"（顺应"道"）和"不善"（不顺应"道"）的具体表现，本章论述某一过程中的轻易"作为"会导致整个事物的失败。

本章的关键词：为之于未有；无为无败

本章的哲学意涵：事物在其弱小之时，似乎是人们对其可为之时。但是，很多大的问题都是由微小问题的累积而成的。只要为之累积，哪怕是很微小的行为，也会导致失败的结果。所谓"为之于未有，治之于未乱"，自以为高明，却往往是导致各种问题的成因。所以，得道的圣人，哪怕是轻微的"作为"，只要是不符合"道"的，也是不为的，更不会累积这样的行为影响，所以才不会造成有失的后果。日常生活中不难见到这样的例子，某一事物眼看就要成功了，结果却功败垂成。为什么会这样？因为一个事物的成功，需要每一过程都没有偏离正常的"为"；一旦在某一过程中出现了这样的"为"，那么就可能导致无成，之前所有的无为都将归于失败。所以，只有始终如一地"无为"，才能使事物得以完好地实现。总而言之，顺应"道"的原则是，在万物万众发展的整个过程之中，辅助万物万众顺其自然地发展，而不对其起"有为"的作用。

【生态文明启示】

本章的生态文明启示在于，自然生态系统中的事物，不宜对其施加人为影响，尤其不要以人类有限的认识轻易作用于自然事物发展过程初期，不要自以为高明地去"纠正"问题。那种自以为是的行为，往往是导致生态环境风险的肇因。对待自然生态系统，就是要以"欲不欲，学不学"的原则辅助万物顺其自然地发展，而不对万物万众"有所作为"。这个原则要贯彻始终，一旦在某一过程实施了"作为"，那么就可能对自然生态系统造成不可逆转的破坏性影响。以一些大型工程为例，其本意中也包含着"改善生态功能"的意愿，但人类对于自然生态系统的认识极为有限，一旦作为，其后果极有可能是始料未及的破坏性影响。现实中有太多这样的例子。从某种意义上来说，治理或改造生态系统，往往就是"破坏自然生态系统"之根源。

关联知识或其他启示：本章论述了"必要条件"与"充分条件"的区别。对于某一事物而言，其"成"需要每一步骤都成功才能最终实现，所以"慎终如始，则无败事"。反之，只要其中一个步骤出现了"败"，则整

217

个事物为"败"。"圣人无为故无败"的含义是，每一个"为"都符合"道"，只有这样才"不败"。反之，"民之从事，常于几成而败之"的含义是，普通人的大部分"为"都符合"道"，却可能因某一不当之"为"而导致最终之"败"。

　　本章还对高风险问题以及回避高风险问题有启示。"不欲"的含义是，不选择高收益高风险的行为；"学不学，复众人之所过"的含义是，吸取普通人高风险行为的经验教训，以不断降低出现风险的概率；"为者败之，执者失之"的含义是，常"为"必带来高风险之败因，执着于风险之事必导致最终皆失。

第六十五章

【原文通释】

通行本原文： 古之善为道者，非以明民，将以愚之。民之难治，以其智多。故以智治国，国之贼；不以智治国，国之福。知此两者亦楷式。常知楷式，是谓玄德。玄德深矣，远矣，与物反矣，然后乃至大顺。

通行释译： 古代善于为道的人，不是教导民众知晓智巧伪诈，而是教导民众淳厚朴实。人们之所以难于统治，乃是因为他们使用太多的智巧心机。所以用智巧心机治理国家，就必然会危害国家；不用智巧心机治理国家，才是国家的幸福。了解这两种治国方式的差别，就是一个法则，经常了解这个法则，就叫作"玄德"。玄德又深又远，和具体的事物复归到真朴，然后才能极大地顺乎于自然。

【新认识与新释译】

本章要点的新释译

"古之善为道者"，其后各句都是讨论如何治民、治国之事项，可见，《道德经》中所论述的"善为道者"是与"圣人"同一含义的，即"得道的统治者"，并不是后世"修道的道士"之类。第六十八章"善为士者"也同样是指代"圣人"，而不是"武士"之类。

"非以明民，将以愚之"，并不是"不使民众开智"之义，而是"统治者不要试图完全掌控民众的预期行为，以使自己处于高明的引导者地位"

之义，该句较合理的断句应为"非以'明民（将）以愚之'"。"智多""以智治国"的行为主语皆不是"民众"，而是"统治者"。"以智治国，国之贼"的含义是，试图以智治国的统治者，不会给国家民众带来福祉，而只会败坏国家。《说文解字》对"贼"的释义为"贼，败也"。"不以智治国，国之福"（帛书本为"以不知知邦，邦之德也"）的含义是，不以智治国，国家才会自然而然地走上符合"道"的路径。

第十章"生之，畜之。生而不有，为而不恃，长而不宰，是谓玄德"，本章"故以智治国，国之贼；不以智治国，国之福。知此两者亦楷式。常知楷式，是谓玄德"（帛书本为"故以知知邦，邦之贼也；以不知知邦，邦之德也。恒知此两者亦稽式也，恒知稽式，此谓玄德"），两章中的"玄德"是有关联性的。前者是指自然世界的"玄德"，后者是指社会系统的"玄德"，其内涵都是一致的。社会系统的"玄德"是"不以智治国"，"不以智治国"的本质是什么？其本质就是，在社会系统中，统治者对于民众也应秉持"生而不有，为而不恃，长而不宰"的基本准则，亦即，统治者对于民众、民众家庭、民众组织或民众族群，尽管在必要的情形下给予了相应的扶持，但决不可以此而对民众怀有为我所有、为我所用、为我所制之心。凡是将民众视作可为我所有、为我所用、为我所制的统治，就是"以智治国"的统治，必然是导致国家"其兴也勃，其亡也忽"的统治。

第二十五章"吾不知其名，强字之曰道，强为之名曰大。大曰逝，逝曰远，远曰反""人法地，地法天，天法道，道法自然"与本章"玄德深矣，远矣，与物反矣，然后乃至大顺。"相对照，可知"玄德"与"道"的本质特征基本一致，"德"是认识"道"、遵循"道"的表现和成效，"玄德"就是完完全全认识"道"、遵循"道"的表现和成效。"顺"亦即顺于"人法地，地法天，天法道，道法自然"之规律。从"大、逝、远、反"的特征来认识社会系统，其发展变化是不以统治者的意志为转移的，其自身有其发展壮大循环往复的规律性，统治者只能依从其自然而然的发展路径，人为的干预是不符合规律的。

本章的衔续关系：承接上一章关于"有为"会导致整个事物失败的论述，本章进一步论述，在治国过程中，"明民""以智治国"就是"有为"，必然导致国家秩序的破坏。

本章的关键词： 不以智治国

本章的哲学意涵： 得道的治国者，并不试图充分了解并掌控民众的预期行为，而使民众处于完全可预知可引导的地位。国家、民众，之所以不能有效地治理，就是因为统治者自以为比民众高明得多。因此，凡是以高明的姿态治国，必然导致国家越治越难治的混乱局面；反倒是不以高明的姿态治国，国家则会逐步走向稳定。以上两点是治国的基本原则，如果掌握了这个原则，就接近于"以道治国"的玄德之境了。"以道治国"的原理非常简单但又极为深邃，与人们的常理认识正好相反，治国者对民众并不过多引导而是顺其自然，反倒能够使社会稳定和谐。

【生态文明启示】

"古之善为道者，非以明民，将以愚之。民之难治，以其智多。故以智治国，国之贼"句的生态文明启示是，在生态环境领域，"民"可理解为人类经济活动作用的自然界万物，真正秉持"尊重自然、顺应自然、敬畏自然"的理念者，对于自然万物的机理，并不试图充分了解并掌控，换言之，对于"认识自然，利用自然，改造自然"应当秉持审慎的态度。因为，即使对自然之理有所认识，也仅仅是极浅层次的认识，并不能对整个世界有深入而完备的认识，所以，以极为有限的认识去开发利用自然，必然带来巨大的技术风险和生态风险。这样的科学技术进步，对于自然生态系统而言，必然是"破坏"，进而对人类社会而言也不可能是"福音"，反而只能遗留给后代以不确定性、技术风险和生态风险。

第六十六章

【原文通释】

通行本原文：江海之所以能为百谷王者，以其善下之，故能为百谷王。是以圣人欲上民，必以言下之；欲先民，必以身后之。是以圣人处上而民不重，处前而民不害。是以天下乐推而不厌。以其不争，故天下莫能与之争。

通行释译：江海所以能够成为百川河流所汇往的地方，乃是由于它善于处在低下的地方，所以能够成为百川之王。因此，圣人要领导人民，必须用言辞对人民表示谦下；要想领导人民，必须把自己的利益放在他们的后面。所以，有道的圣人虽然地位居于人民之上，而人民并不感到负担沉重，居于人民之前，而人民并不感到受害。天下的人民都乐意推戴而不感到厌倦。因为他不与人民相争，所以天下没有人能和他相争。

【新认识与新释译】

本章要点的新释译

"江海之所以能为百谷王者，以其善下之，故能为百谷王"的意涵是江海以其处于低下位置使川谷能够汇入其中。

"是以圣人欲上民，必以言下之"的含义是，得道的圣人作为民众的统治者，首先必使民众获得其"无为之益，不言之教"。《道德经》各章多处涉及"不言"，同时一般都与"无为之益""不争"等表述相连接。所以，"欲上民，必以言下之"文字上可转换为"欲上民，必以'不为之益，不言之教'利导之"。

"欲先民,必以身后之",与"欲上民,必以言下之"的含义相近。

"是以圣人处上而民不重,处前而民不害。是以天下乐推而不厌"的含义是,符合"道"的统治者,民众不会感受到其处于上位的压力,也不会感受到其处于优位的阻碍。这就是民众乐于推举并聚集在其统治之下,而不是远离其统治的根本原因。"以其不争,故天下莫能与之争"的主要意涵是,圣人追求的是整个社会系统的利益,而不会与民众在较低层级上争夺利益。这是民众接受其统治的利益机制。

本章的衔续关系:本章继续论述"治国"问题,在讨论了以正治国、以无事取天下、方而不割、积德、德交归、不以智治国等原则的基础上,对上述问题作了一个综合,总体上将其归结为"不争之争"。

本章的关键词:善下之(以"不为之益,不言之教"利导之);不争之争

本章的哲学意涵:要成为民众乐于接受的统治者,必须以"不为之益,不言之教"利导之。作为统治者,追求的是整个社会系统的稳定,而不是与民众直接争夺利益。

【生态文明启示】

如何使生态文明理念成为全社会各群体共同的价值选择、利益选择?不可能通过强制手段要求各群体及其成员放弃物质追求,只能通过自然生态系统的"不为之益,不言之教"利导之。亦即,自然生态系统的"不为之益,不言之教",使各群体和社会成员认识到生态需求是优位于非必需的物质需求的。

关联知识或其他启示:"江海之所以能为百谷王者,以其善下之,故能为百谷王",对于社会系统而言也是如此。在王朝更替之际,各路豪杰蜂拥而起,最终归于谁,必然归于能够包容多数民众意愿的集团。不是他有什么能力主导民众,而是民众因其利益取向而选择了他。

第六十七章

【原文通释】

通行本原文：天下皆谓我道大，似不肖。夫唯大，故似不肖。若肖，久矣其细也夫！我有三宝，持而保之。一曰慈，二曰俭，三曰不敢为天下先。慈故能勇；俭故能广；不敢为天下先，故能成器长。今舍慈且勇，舍俭且广，舍后且先，死矣！夫慈，以战则胜，以守则固。天将救之，以慈卫之。

通行释译：天下人能说"我道"伟大，不像任何具体事物的样子。正因为它伟大，所以才不像任何具体的事物。如果它像任何一个具体的事物，那么"道"也就显得很渺小了。"我"有三件宝物，"我"掌握并珍惜它们。一件称为慈爱，二是俭朴，三是不敢先于天下而有所作为。慈爱能使人勇敢，俭朴能使人交际广泛，不敢先于天下而有所作为，能使人成器并成长。今天的人们舍弃慈爱却尚勇，舍弃俭朴且交际广泛，舍弃退让而争先恐后，这是死路啊！这个慈爱，用到战争上面必然会胜利，用到防守上面必然能坚固。天将救护人类，就以慈爱来卫护人类。

【新认识与新释译】

本章要点的新释译

"夫唯大，故似不肖。若肖，久矣，其细也夫"的含义为，"道"正因为"极大"，所以它并不是想象中的"庞然大物"。如果真的像某一个可以比拟的"庞然大物"，那么，随着时间的推移，岂不是也要不断萎缩吗？

"道"因为有三个基本准则，才能够保证其不像一般之物那样不断萎缩，保证其系统稳定性，保持其"大"的特性。

"我有三宝，持而保之"的含义是，"道"有三个基本准则，来使"道"在天下万物之中生根发芽。《说文解字》对"保"的释义为"保，养也"，即"养育、抚育"之意。

"慈故能勇"的含义是，大自然的母性，能够保证各种合理范围内的竞争优位，即在合乎自然的竞争范围内的行为，总是有益的。《说文解字》对"慈"的释义为"慈，爱也"，亦即相较于其他个体的偏爱。此处是指"大自然的偏爱"，大自然对万物是无偏的，唯一的偏爱是对"母性"（亦即"物种的传承"）的偏向。

"俭故能广"的含义是，对有限资源的精打细算，亦即关注其效率，就能够顾及系统整体各构成部分的需要。如果不关注效率的话，系统某一部分过多地占用了资源，那么，必然使得系统其他部分所需资源得不到满足，进而影响整个系统的运转。

"不敢为天下先，故能成器长"的含义是，只有顾及自然发展的时序（不追求"超越式"发展），才能够使各阶段的发展过程得到充分的实现，才能够使事物得以完全地发育成熟。否则，总是追求"超越式"发展，那么，事物就得不到完全的发育成熟，也就不具备其应有的完全功能。"不敢为天下先"还有一层含义，作为社会治理者，只能顺应社会成员自适应而形成的趋势去建立维护秩序，而不应在社会成员之前去预设规范，那样的预设规范，是违背自然的。现实中，社会治理层预设的规范，往往是超越发展阶段而效果是适得其反的。

"今舍慈且勇，舍俭且广，舍后且先，死矣！"的含义是，没有一定自然伦理规则的竞争，不注重自然效率的粗放拓展，不顾及自然发展时序的"创新"，只会使事物畸形发展，最终导致矛盾无限累积而崩溃。

"夫慈，以战则胜，以守则固。天将救之，以慈卫之"的含义是，"慈"（物种的代代传承）是大自然的要义，因物种传承而进行的竞争必然能够取胜，因物种传承而进行的利益维护必然坚固。因为，物种的代代传承，是大自然必须给予最大保障的。

本章的衔续关系：承接前面几章关于"善"（顺应"道"）和"不善"（不顺应"道"）的讨论，本章提出顺应"道"的三个基本准则——慈、俭、不敢为天下先，亦即"天道"护佑行为者的三个基本前提。

本章的关键词：慈（自然伦理）；俭（自然效率）；不敢为天下先（自然发展时序）

本章的哲学意涵：自然世界中，存在慈（自然伦理）的正当性和优位性、俭（自然效率）的合理性、不敢为天下先（自然发展时序）的时序性。这些准则同样适用于社会系统。在社会系统中，知"慈"实质上就是明确哪一类的行为是正当利益的追求，就懂得了每一世代当为则为、不当为则不为的担当（"勇"）；知"俭"就懂得了每一个体在广阔世界的有限行动范围（"广"），只有注重效率，才能尽可能地扩大行动范围；知"不敢为天下先"就懂得了每一主体都只能在"当下时空"完成当下的"使命"，不可超越时代去超前行为。

【生态文明启示】

"夫慈，以战则胜，以守则固。天将救之，以慈卫之"的生态文明启示是，对可持续发展而言，最重要的"道"就是"代际公平"，看上去是一个很抽象的概念，但正因为它不是具体的规范，而是价值观的体现，所以，它才对"可持续发展"有着其最为重要的意义。生态文明的逻辑起点之一，就是人类作为自然生态系统中的物种能够永续地生存传承，所以，要维护人类赖以生存传承的地球生态系统，不可使之不断劣化，不可使后代人的生存条件日益恶化。当代人不可超越当代的生态容量，去追求过当的发展；当代人的每一成员都不可超越个体的生态容量，否则累积起来就会是庞大的生态环境影响；当代人不可超越历代人的一般发展速度。

"慈故能勇；俭故能广；不敢为天下先，故能成器长"的生态文明启示是，在涉及"代际公平"的问题上，不必作过多论辩，也不必顾及过多，只要是符合"代际公平"原则的行为，大自然必然是"支持"的；只有对自然资源和生态环境的利用精打细算，充分注重其效率，才能够使自然资源和生态环境的可使用额度发挥到最大，才能够保证整个生态系统、社会系统得到良性运转；对于经济社会的发展，如果追求"超越式"发展，或许能够获得短期可见的收益，但其最终的结果必然是损害经济社会系统本身，同时也因自然资源和生态环境的非效率使用而损害到自然生态系统。

"今舍慈且勇，舍俭且广，舍后且先，死矣！"的生态文明启示是，人类的社会经济发展，必须顾及自然伦理规则，即人类与自然关系的正当性；必须注重自然资源、生态环境资源的效率性，不可粗放使用；对于创新，应持谨慎态度，不能为解决一个矛盾而引致更多更大的生态环境风险。任何强大的科学技术进展，任何强权的强力推进，如果其行为将危及自然生态系统的生物多样性，危及人类的多样性，那么，"天之道"不会坐视不管的。

关联知识或其他启示：对于自然系统，人们都称之为"大"，却无法用现实中某种具象来比拟和认知。既然其"大"无法比拟，那么，以什么方式来认知其"大"呢？或可从三个维度来认知其"大"的特性，保证其不会不断萎缩。第一个维度是"慈"，人们若以代际传承之心来认知自然世界，那么，就可认知自然世界是由连绵不断的世代传承构成的；第二个维度是"俭"，人们若以精打细算的"微量"的角度来认识自然世界，那么，就可认知自然世界是由无穷多的"微量"累积构成的，既考虑系统的效率性，也考虑局部微观系统的效率性，自然世界中的"效率原则"，是自然世界进化的改进方向，也是认识自然世界进化的重要思维；第三个维度是"不敢为天下先"，人们都能够认识到无论如何都无法超越到宇宙之前来观测宇宙的运行，不擅自为主，才可认知宇宙时空的广大与深远。

《道德经》全篇多处使用"不敢"，如，第三章"常使民无知无欲，使夫知者不敢为也"，第三十章"故善者果而已，不敢以取强"，第三十二章"道常无名，朴虽小，天下不敢臣"，第六十四章"以辅万物之自然，而不敢为"，本章"不敢为天下先"，第六十九章"不敢为主而为客"，第七十三章"勇于敢则杀，勇于不敢则活"。为什么不使用"不能""不应""不如"？因为，"不敢"有其特定的含义。"不能"，是指因有约束条件，而根本无法达成目标的路径；"不应"，是指有条件实现，但违背自身价值判断的路径;"不如",是指有条件实现,但与其他路径相比,成本收益效果较低的路径;"不敢",则是指有可能能够实现,但风险巨大,不确定性影响诸多的路径。所以,《道德经》全篇多次使用"不敢",表明其基本思想是尽可能避免不确定性风险,用现代学术语言来说就是"风险规避型",而不是"风险偏好型"或"风险中立型"。

第六十八章

【原文通释】

通行本原文： 善为士者，不武；善战者，不怒；善胜敌者，不与；善用人者，为之下。是谓不争之德，是谓用人之力，是谓配天，古之极也。

通行释译： 善于带兵打仗的将帅，不逞其勇武；善于打仗的人，不轻易激怒；善于胜敌的人，不与敌人正面冲突；善于用人的人，对人表示谦下。这叫作不与人争的品德，这叫作运用别人的能力，这叫作符合自然的道理。

【新认识与新释译】

本章要点的新释译

"善为士者，不武；善战者，不怒；善胜敌者，不与"的含义是，<u>真正认识"道"的话，面对任何竞争，都不是直接考虑如何战胜对手，而是考虑如何通过这一竞争使整个系统获益</u>。或者说，面对任何竞争，不是首先考虑竞争要素的数量多寡或程度高低的直接相较，而是考虑自身在整个系统中的地位，寻求并处于自己的最适优位，这是竞争取胜的关键，也是符合自然的结果。以现代博弈论思想来理解，其含义就是，高明的博弈者通常不进行"零和"甚至是"负和"的博弈，而更为追求给双方都能够带来一定利益增加的"正和"博弈，亦即合作博弈（"不武"）。理性的博弈者不作非理性的博弈决策（"不怒"）。高明的博弈者并不是把博弈对手固化，而是使对手的部分追随者转化为非对立者甚至是合作者（"不与"）①。

该句还有另外一层释义可作为上述含义的补充，即：

"善用人者，为之下。是谓不争之德，是谓用人之力"句。"善用人者，为之下"，文字上可转换为与前面几句完全相同的句式——"善用人者，不上"，其主要意涵是，善于配置人才资源，就不会与这些人才计较个人层面的利益，而是关注他们在整个系统起到的作用，将他们置于系统中最合适的地位。"是谓不争之德，是谓用人之力"的含义是，社会治理中，不与治理对象在同一层级上计较利益，而是只考虑他们最适合的位置，这符合"道"的实践准则，也是配置人力资源最有效的方式。

"是谓配天，古之极也"句，此处的"配天"与周代的政治学说"以德配天"之中的"配天"所指相同。"以德配天"是指君主的权力是"天"授予的，是"天命"但不是固定不变的，只有有德者才可承受天命，失德就会失去天命。"以德配天"在社会治理方面体现为"明德慎罚"，即通过道德教化的办法使天下人民臣服，在适用法律、实施刑罚时应该宽缓、谨慎，而不应一味用严刑峻法来迫使臣民服从。与当时主流的"以德配天"相对，《道德经》所主张的则是"以不争之德配天"。"古之极也"亦可理解为"以不争之德配天"是自古以来"以德配天"的最高形式。

本章的衔续关系：承接之前一直在论述的"不争"问题，本章提出在竞争、用人等"争"的行为中如何践行"不争之德"。

本章的关键词：不争之德配天

本章的哲学意涵：《道德经》对于竞争问题所强调的思想是"果而勿强物"（第三十章）、"报怨以德"（第七十九章），不主张以过于激烈的方式完成竞争。因为，过于激烈的竞争方式，必然会有关联性的"报复性影响"（"其事好还"，第三十章）和关联性的后续影响（"和大怨，必有余怨"，第七十九章）。所以，在竞争过程中，不能简单地解决直接矛盾，要从事情的整体性和关联性来考虑，尤其要考虑到竞争之后的后续关联影响和报复性影响，而以"不武""不怒""不与"

---

① 《说文解字》对"与"的释义是"与，党与也"，即党与徒众的意思。"不与"的含义是，不固化竞争者和合作者。

（不作"零和"博弈、不作非理性的博弈、不作固化对手的博弈）的方式竞争，更加顾及整体利益和关联影响。"用人"问题，其本质上也是一种博弈，如何能够更好地发挥"用人"的作用而增加整个系统的利益，"不武""不怒""不与"的基本思想，也是适用的。

【生态文明启示】

在自然生态系统之中，人类与其他物种种群间也是存在一定的竞争关系的。因此，人类行为需要形成一定的"生态伦理"，即指出了人类行为所应顾及的若干"自然规律"和若干"行为边界"，并不限定人类主体在其利益目标下的具体行为追求，只要是不损害他人利益、群体利益和人类整体利益的任何行为都是应当得到包容的。美国环境学者 Tyler Muller 提出了为保证"可持续发展"所应遵循的众多伦理原则[1]，这些便是现阶段已经认识到的人类行为中所应遵循的"规则"。（1）生态学定律：自然界的每一件事物都与其他事物相联系，人类的全部活动亦居于这种联系之中。在自然界中人们所做的每一件事都可能产生难以预测的后果。人类的任何行为都不应干扰地球上的自然循环，否则地球上的生命维持系统将不可避免地退化（地球生命维持系统能够承受一定的压力，但其承受力是有限度的；每一个物种和每一个生物个体只能在一定的环境条件范围内存活；在自然界中，没有某一物种的数量能够无限地增多）。（2）一体化原则：人类是自然界的一部分。人类是有价值的物种，但不是凌驾于其他物种之上的超级物种。所有生命——人类和非人类，具有天生相同的价值。任何活的有机体都有生存的权利，至少有求取生存的权利，道理很简单，因为它们是生命。这种权利不决定于它们是否对人类有实际的或潜在的价值。人类的作用是认识自然，与自然合作共处，而不是去战胜它们。人类不应做任何有损地球物理、化学和生物过程的事，因为所有这些过程都维持着人类的生命和社会经济活动。（3）生态中心原则：做任何有利于维护人类和其他物种赖以生存的地球生命维持系统的事都是正确的，反之就是错误

---

[1] TYLER MILLER：Living in the Environment，6th edition，Belmont，California：Wad-sworth Publishing Company，1990.

的。维护好地球是基础之基础，是大事中的大事。凡是有可能引起野生生物物种永久灭绝和野生生物栖息地消失或退化的事都是错误的。在保护和维持大自然的过程中，倾心热爱自然比守法更重要。（4）自卫原则：在有害和危险性生物面前，人类有权保护自己。但是这种保护仅仅是在当人类已暴露在这些生物面前，且其安全受到威胁的时候。人类在保护自己时，应尽可能减小对对方生物的伤害。（5）最低需求原则：为了提供足够的食物以维持人类的生存和健康，人类可以宰杀其他生物，但这仅仅是对人类的基本生活条件和基本健康需求而言。在这方面，人类无权有非基本的和奢侈的需求。（6）最小错误原则：当人们为满足自己的基本和非基本的需要而改造自然时，人类应选用对其他生物伤害程度最小的方法。当不得已时，至多伤害某些生物个体，而不要伤害物种，更不要伤害生物群落。（7）义务原则：当我们离开地球时，应使地球处于我们所见到的最好状态。所有人都应该对他们所造成的污染和环境退化问题负责。人类必须保护地球上残存的野生生态系统，使其免遭人类活动的进一步破坏。应该整治和恢复已遭人类破坏的生态系统，持续地利用自然生态系统，应该使已被我们占据和毁坏的各类生态系统尽可能地恢复到野生状态。

第六十九章

【原文通释】

通行本原文： 用兵有言：吾不敢为主，而为客；不敢进寸，而退尺。是谓行无行，攘无臂，扔无敌，执无兵。祸莫大于轻敌，轻敌几丧吾宝。故抗兵相若，哀者胜矣。

通行释译： 用兵的人曾经这样说，"我不敢主动进犯，而采取守势；不敢前进一步，而宁可后退一尺。"这就叫作虽然有阵势，却像没有阵势可摆一样；虽然要奋臂，却像没有臂膀可举一样；虽然面临敌人，却像没有敌人可打一样；虽然有兵器，却像没有兵器可以执握一样。祸患再没有比轻敌更大的了，轻敌几乎丧失了我的"三宝"。所以，两军实力相当的时候，悲愤的一方可以获得胜利。

【新认识与新释译】

本章要点的新释译

"吾不敢为主，而为客"的含义是，<u>在博弈双方已经处于均衡状态之时，主动打破均衡，是非正义性的或者非正当性的。主动打破均衡，也意味着己方增加了不确定性风险和成本，所以，这是非理性的，结果也会是得不偿失的</u>。这一认识与第三十一章之"吉事尚左，凶事尚右。偏将军居左，上将军居右"的含义是相通的。其涵义是，吉事可积极有为，不吉之事应听之神祇、不可强为。军队副职，可选择积极有为者担任，而正职将领，则要选择不强为者担任。

"不敢进寸，而退尺"的含义是，<u>在自身最大能力之外，如果再增加负担，哪怕是很小的负担，也是无法完成和无法承受的。如果勉强承担的话，必然给整个系统带来破坏性的影响。</u>以现代认识来理解，其含义就是：一个小的冒险行为，就很可能成为"压垮骆驼的最后一根稻草"。

"是谓行无行，攘无臂，扔无敌，执无兵"句中的"无"的含义宜释为"无形的"，该句的合理释义是：不为主而为客，对方增加了不确定性风险和成本，而己方则相对地降低了不确定性风险与成本。这就好比，相对地前进了无形的距离、奋起了无形的己方力量、牵制了无形的敌方力量、增加了无形的武器之力。

"祸莫大于轻敌，轻敌几丧吾宝"，如何理解？第二十六章有"重为轻根，静为躁君"句，对"轻"字解释为："不确定性大""高风险"之义，"重"字则有"确定性大""低风险"之义。参照这一"轻"的含义，"轻敌"的主要意涵是：使己方处于"不确定性大""高风险"之境地。亦即，在正常力量对比中，无形中增加了己方的风险成本。隐含着几层含义，一是"轻敌"意味着无视对方的正当性或正义性；二是对于双方实际力量对比的认识偏差；三是改变了"不为主而为客"的基本原则。"祸莫大于轻敌，轻敌几丧吾宝"的意思是，<u>最大的危险来自"轻敌"，一旦轻敌，就完全丧失了"不为主而为客"所带来的各种无形力量。</u>"丧吾宝"即是第六十七章有关"我有三宝"所论述的"今舍慈且勇，舍俭且广，舍后且先，死矣"。"舍慈"在这里即是"失去正义性和正当性"，"舍俭"在这里即是"不能精打细算地准确认清双方的实际力量"，"舍后"在这里即是"放弃了不为主"的原则。第四十六章有"祸莫大于不知足；咎莫大于欲得"之句，与该句有相近和相通的含义。"轻敌"也是一种"不知足"，即，欲得到不确定性增大可能带来的风险收益，却忽视了不确定性增大增加的风险成本。

"故抗兵相若，哀者胜矣"的意思是，在对垒双方势均力敌的情形下，怀有"悯哀"之情（即，"哀者"是将自己置于弱者地位的一方。《说文解字》对"哀"的释义是"哀，闵也"）的一方，无形中增加了一份力量，所以，这一方的力量就会超越对方而取胜。"哀者"的额外力量来源于三个方面：一是具有正当性，得到同情；二是在己方处于弱势并可能被消灭的状况下，难以顾及系统本身的完好性，在此条件下，将集合系统所有的力量；三是在没有退路的情形下，众人将同仇敌忾。依然强调的是第六十七章所论述的"慈故能勇"。

本章的衔续关系：承接第六十七章提出的三个基本准则——慈、俭、不敢为天下先，本章引申提出"不敢为主而为客"的行为原则。

本章的关键词：不敢为主而为客

本章的哲学意涵：以兵事为例来阐释社会系统中的博弈问题。秉持"不为主而为客"原则的意涵就是，在博弈双方已经处于均衡状态之时，主动打破均衡，是非正义性的或者非正当性的。主动打破均衡，也意味着己方增加了不确定性风险和成本，所以也是非理性的，结果也是得不偿失的。

【 生态文明启示 】

参见第六十八章"生态文明启示"有关生态伦理的原则，其中也包含了"不为主而为客"的若干原则。

关联知识或其他启示："吾不敢为主，而为客"还包含着这样的含义：在一个稳定的系统中，自身的各种力量在整个系统中都起着不可替代的作用，其中也包括防御力量。所以，一旦主动去进攻敌方，那么，就不得不改变整个系统的配置，其影响是巨大的，也是得不偿失的，是非理性行为。

第七十章

【原文通释】

通行本原文：吾言甚易知，甚易行。天下莫能知，莫能行。言有宗，事有君。夫唯无知，是以不我知。知我者希，则我者贵。是以圣人披褐怀玉。

通行释译："我"的话很容易理解，很容易施行。但是天下竟没有谁能理解，没有谁能实行。言论有主旨，行事有根据。正由于人们不理解这个道理，因此才不理解"道"。能理解"道"的人很少，那么能取法于"道"的人就更难得了。因此，有道的圣人总是像穿着粗布衣服而怀里揣着美玉的人那样不被世人所识。

【新认识与新释译】

本章要点的新释译

"吾言甚易知，甚易行。天下莫能知，莫能行"，帛书本为"吾言甚易知也，甚易行也；而人莫之能知也，而莫之能行也"，这句话的含义是，《道德经》所阐述的道理，是易懂易行的，但是人们却很少有真正去认识和践行的。

"言有宗，事有君"的含义是，凡是作出认识判断的，都有其逻辑起点和合乎逻辑的推理过程；凡是作出行为决策的，都有其哲理基础和逻辑过程。"宗"字，其本义是"尊祖庙"，引申义为"根本""主旨"，如"万变不离其宗"，在《道德经》中，"宗"可理解为"认识事物、阐释事物的逻辑起点"。

"夫唯无知，是以不我知"的含义是，因为人们不懂得"言有宗，事有君"的道理，所以，其认知也就是不符合道的（"不我"知），亦即缺乏对"我"（"道"）的认知。"'我'知"的含义是，《道德经》全篇不断论述提出的"知常""知足""知止""知和"……。所以，"'不我'知"的含义就是："不知常""不知足""不知止""不知和"……

"知我者希，则我者贵。是以圣人披褐怀玉"的含义是，正因为现实中真正认识"道"、以"道"为行为准则的人太少，所以，得道的圣人在传播"道"时，内容是极其浅显而内涵是极为深刻的。

《道德经》中，一般用"吾"代指老子本人，而用"我"代指"道"。本章前后文的"吾""我"，代指对象是有区别的，一般释义不作区别，都解释为"道"，导致前后文之间的逻辑关系模糊。

本章的衔续关系：本章综合论述的是不符合"道"的认识和行为表现。

本章的关键词：言有宗；事有君；不我知（认识到不符合道的认知及行为）

本章的哲学意涵：认识"道"、践行"道"，只需要遵循一个基本路径：符合"道"的哲理基础，并以此为逻辑基础来推展其他各种事物，充分认识那些不符合"道"的认知及行为。简单地说，符合"道"的认识和行为表现就是"知常""知足""知止""知和"……。不符合"道"的认识和行为表现为"不知常""不知足""不知止""不知和"……

【生态文明启示】

本章对生态文明的启示主要体现在"言有宗，事有君"。即，认识生态文明、践行生态文明理念，只需要遵循一个基本路径：人类行为必须以"维护人类赖以生存的生态系统的完好性"作为哲学基础，只要是以此为逻辑基础来展开的其他各种事物，都必定是满足"可持续性"要求的。"知常""知足""知止""知和"是在人类与自然生态系统的关系中也应秉持的原则，即，认识并遵从自然生态系统的基本规律，从自然生态系统中获取人类生存的基本需求应知足，人类对自然生态系统的影响应在生态承载力范围内，人类与自然生态系统及其他物种种群之间应形成和谐而不是对立的关系。

关联知识或其他启示：认识世界，并非那么神秘莫测。只要遵循"言有宗，事有君"的原则，即，凡作出认识判断，必有其逻辑起点、逻辑推理过程；凡作出行为决策，必有其哲学基础和逻辑过程。所谓得道之人的认识，内涵是深刻的，但其逻辑推理是浅显的。但是，现实中人却大多不讲逻辑、不讲哲理，使得讲逻辑、讲哲理的人反倒成了众人眼中的"异类"，甚至还不得不用众人不讲逻辑的"逻辑"来与之对话交流。

第七十一章

【原文通释】

通行本原文：知不知，上也；不知知，病也。圣人不病，以其病病。夫唯病病，是以不病。

通行释译：知道自己无知之所在，是优点。无知却自以为知道，是缺点。圣人之所以能够克服缺点，就是因为总是对缺点抱持警觉。只有抱持对缺点的警觉，才能尽可能地减少缺点。

【新认识与新释译】

本章要点的新释译

"知不知，上也"的含义是，认识到自身的"不知"（即"不知常""不知足""不知止""不知和"……），这对于为道而言是有进益的。亦即，能够真正认识到自身尚存在"不知常""不知足""不知止""不知和"等弊病，也就意味着力图改进，而日益走近符合"道"的方向。

"不知知，病也"的含义是，对于应有的"知"（即，"知常""知足""知止""知和"……）缺乏自我认识的话，这对于为道而言是有缺陷的。亦即，没有认识到应当"知常""知足""知止""知和"……，也就意味着没有真正认识到什么样的行为是符合"道"的。

"圣人不病，以其病病。夫唯病病，是以不病"的含义是，圣人之所以在为道方面欠缺较少，是因为圣人总是警觉自身是否存在"不知常""不知足""不知止""不知和"等弊病，并不断改进。本章与第四十八章提出的"为道日损，损之又损，以至于无为"有相通的含义，即，不断改进"不知常""不知足""不知止""不知和"等弊病，逐步走向"知常""知足""知止""知和"的"无为"境界。

本章的衔续关系：承接上一章关于不符合"道"的认识和表现的论述，本章进一步提出改进认识偏差的主张。

本章的关键词：知不知（认识并改进"不知常""不知足""不知止""不知和"等弊病）

本章的哲学意涵：能够不断认识和改进自身存在的"不知常""不知足""不知止""不知和"等弊病，就能够逐步走向符合道的"无为"境界。

【生态文明启示】

生态文明的认识过程，其实就是"不知知""知不知""病病"的过程。首先，它逐步意识到了人类在经济发展过程中不懂得应当"知常""知足""知止""知和"，而是采取了无所约束地利用自然、改造自然的发展理念；其次，逐步认识到了人类的经济发展行为所导致的"不知常""不知足""不知止""不知和"等后果；进而，提出了"生态环境保护""可持续发展"等理念，以时刻警示人类发展行为是否遵从了"知常""知足""知止""知和"等理念。

自然生态系统之所以在工业化阶段遭受极其严重的损耗，其根源就在于牛顿、笛卡尔等的哲学思想在工业化过程中的滥用，它使得自然资源遭受到耗竭性的开采，在经济至上、消费至上的思维下，导致无所顾忌的生态破坏、污染排放、废弃物累积。这就是推进工业化的主体，没有认识到自身的"不知常""不知足""不知止""不知和"等弊病。

关联知识或其他启示：本章所论述的"知不知""不知知"问题，进一步延伸到认识规律问题的话，也具有一定的借鉴意义。即，要真正认识规律，就必须认识规律的适用范围和不适用范围，切不可把任何认识规律的适用范围无限推展，否则就将得出错误的结论。认识到的某一规律，必定有其适用范围和不适用的范围。只有能够清晰地认识一个规律的不适用范围，才是真正认识这个规律；反之，把一个规律当作"放诸四海而皆准"，那么，就不是真正认识规律。严谨的学者，之所以在认识规律方面不犯错误，就是因为他们能够时刻警觉规律是否已经脱离了适用的范围。

第七十二章

【原文通释】

通行本原文：民不畏威，则大威至。无狎其所居，无厌其所生。夫唯不厌，是以不厌。是以圣人自知不自现，自爱而自贵。故去彼取此。

通行释译：当民众不再敬畏任何人的权威时，由民众所形成的威迫就要来到了。不要妨害民众的安居，不要搅扰民众的生活。只要不令人们生厌，人们就不会厌恶权威。所以，圣人深知自己，却不自我炫耀；他珍爱自己，却不自我尊贵。

【新认识与新释译】

本章要点的新释译

"民不畏威，则大威至"的含义是，统治规则能否实施，并不是统治者的强制力所决定的，而是民众根据自身的利害而选择的。当统治规则有利于民众时，民众选择接受；当统治规则过于严酷而不利于民众时，民众则选择不接受，并反作用于统治者。

"无狎其所居，无厌其所生"句。《说文解字》对"狎"的释义为"狎，犬可习也"，即"将野生之动物驯服为用"的意思；对"厌"的释义为"厌，笮也"，即"用重物压迫"的意思。所以，"无狎其所居，无厌其所生"的含义应当是，不要将民众居所纳入自己的管束范围，不要因自己的势力扩张而挤压民众的生存范围。"无厌其所生"（"帛书本"作"毋猒其所生"）亦可理解为不要为了自身餍足的需求而去挤占民众生存所需。如同第五十三章所述"厌饮食，财货有余；是为盗夸。非道也哉"。

"夫唯不厌，是以不厌"的含义是，只有统治者的"知足"，才能获取民众对其统治的认同和接受。

"圣人自知不自现，自爱而自贵"的含义是，得道的圣人，能够认识自己在系统中的地位作用，但并不以此向他人宣示其势力范围，而是让他人在系统运行中自然而然地认识到并适应这一范围；得道的圣人，遵守并珍视自己在系统中的地位作用，但并不认为自己在系统中的地位作用就高于他人，自身和其他要素在系统中各有各的不可替代的作用地位，彼此之间没有重要性的差别，而只有各司其职、各行其是的作用范围。

本章的衔续关系：承接上几章关于"知常""知足""知止""知和"……的论述，本章将之应用到社会系统的治理方面，提出统治者之于民众，也应遵循"知常""知足""知止""知和"等原则，否则就会出现严重的后果。

本章的关键词：不厌

本章的哲学意涵：在自然系统中也好，在社会系统中也好，每一个构成者都有其自身的价值地位和作用，没有任何一个构成者优于或劣于他者。任何一方，都不可试图将他者作用范围纳入自己的管束范围之内，更不可因扩张自身势力而挤压他者的生存范围。否则，他者为维护自身生存必然会作出强烈的回应，最终导致的结果必然是，受害者的反作用力大爆发（"大威至"），加害者难以承受。

【生态文明启示】

在生态文明话语体系下，如果把《道德经》中的"民"理解为自然生态系统中的"万物"的话，本章的生态文明启示是，人类的经济活动，不要将自然动植物的生存空间纳入人类活动范围之内去管控，更不要因人类自身活动范围的扩大而不断挤压自然动植物的生存空间。一旦因人类活动空间过度扩张而使自然动植物难以生存和传承的话，自然生态系统也就会发生大的改变，这对人类而言必然遗患无穷。所以，真正秉持可持续发展理念者，必然懂得约束自身的经济活动范围而不去挤占自然生物的生存条件，必然珍惜自身的经济活动空间。但不认为，在自然生态系统中自身的生存价值要高于其他自然生物的生存价值。用现代学术语言来论述的话，保护生物多样性就是维护人类赖以生存和传承的自然生态系统，也就是维护人类整体及其后代人的长远利益。

第七十三章

【原文通释】

通行本原文：勇于敢则杀，勇于不敢则活。此两者，或利或害。天之所恶，孰知其故？是以圣人犹难之。天之道，不争而善胜，不言而善应，不召而自来，繟然而善谋。天网恢恢，疏而不失。

通行释译：勇于"敢作"就会毁灭，勇于"不敢作"就可存活，这两种勇的结果，有的得利，有的受害。天道所厌恶的，谁知道个中原委？有道的圣人也难以解说清楚。"天道"是，不争而可取胜；不言语而能够因应；不被召唤而自动到来，坦然而善于安排筹划的。"天道"虽然宽疏但并不漏失任何事物。

【新认识与新释译】

本章要点的新释译

"勇于敢则杀，勇于不敢则活。此两者，或利或害。天之所恶"的含义是，敢为是一种勇气，但往往因此而招致祸患；不敢为也是一种勇气，往往因此而得以生存。(《道德经》全篇多次使用"不敢"，其针对对象是指那些有可能实现，但风险巨大、潜在不确定性影响诸多的路径）。两种面对"风险"的勇气，有的时候有利，有的时候则受害。上天到底喜欢哪一种勇气，其实也无法判断清楚。不过，"天之道"并不喜欢这种需要根据利害进行选择的东西。所以，"天之道"并不根据利害变化而变化，而是有自身的运行规律，不需要万物之争，不需要万物的请求，也不需要万物的召唤，在既定的情境下，就会出现相应的变化。这里所指的"天之道"，最典型的例子就是"季节气候的变化"，它所掌控的季节气候因素并不繁复，但是对于万物都有其相应的照应作用而不会有任何的疏漏。

"是以圣人犹难之"的含义是，得道的圣人，对于此类孰利孰害的问题，是采取任之自然的态度的。《汉字源流字典》对"难"字的释义中，有"奈何"的释义，在这里引申为"听之任之"的意思。

"天之道，不争而善胜，不言而善应，不召而自来"的含义是，"天之道"是这样的：并不需要你刻意竞争，也会给你取胜的机会；并不需要刻意的请求，也会给你相应的回应；不需要你的祈祷，也会及时救助于你。

"繟然而善谋"的含义是，对于问题并不汲汲关切深究，但却能够有效地把控解决。《说文解字》对"繟"的释义是"繟，带缓也"。

"天网恢恢，疏而不失"句，该句与第二十三章的"希言自然"，所表达的内涵是相近的。即，自然系统、社会系统的统治都必然是稀疏不密的，但对于整个系统而言又是严密而有效的。以"网开一面"为例，《史记》记载：汤出，见野张网四面，祝曰：自天下四方，皆入吾网。汤曰：嘻，尽之矣！乃去其三面。祝曰：欲左，左；欲右，右。不用命，乃入吾网。由此可见，如果以"网开一面"来示喻"道"或"德"的话，"网开两面、三面"则可示喻"仁"或"义"，而"张网四面"则是"礼"的示喻。

本章的衔续关系： 承接上几章关于遵从"道"的原则和不遵从"道"的后果的论述，本章则论述从"天之道"的角度来看，遵从"道"并不会损害其正当利益，亦即，遵从"道"是理性的行为选择。

本章的关键词： "天网恢恢，疏而不失"

本章的哲学意涵： 自然的道理是极为简单的，听任自然和本心即可，何必汲汲计较。对自然而言，只要你所处所行，是在你自己适当的位置上，并不需要你刻意竞争，也会给你取胜的机会；并不需要刻意的请求，也会给你相应的回应；不需要你的祈祷，也会救助于你。天道，似对万物万生的困难无所顾及，但其顾及未尝不周。统摄如同天网，稀疏不密，但对万物的关怀却不会有所遗漏。

【生态文明启示】

"天之所恶，孰知其故""天网恢恢，疏而不失"的生态文明启示是，自然世界对于具体的万物不可能对号入座式地决定其"命运"，但对于整体、个体的运动范围必定有其无形的约束。例如，我们去保护特定的濒危动植物是没有意义的，需要保护的是这些动植物适合生存的环境。我们真正要保护的不是"生物多样性"本身，而是要保护"生物多样性"所表征的生态系统的稳定性和完好性。"天之道"的启示在于，技术的发展和推广，到底是有利还是有害，各自站的视角不同，各自所关注的利益时空不同，必然会得出完全不同的评判。到底应当如何抉择？并没有一定之规。大自然的基本规律，是疏而不漏的。人类有必要时刻展现出与万物竞争的姿态吗？有必要时刻表现出利用自然、防范自然、改造自然的能力吗？有必要汲汲于探求面对自然的各种问题的解决方法吗？例如，在现代科学技术发展条件下，出现了大量"反季节"的作物，表面上看不完全遵从自然的"季节气候变化"规律，但实质上这样的"反季节"人为作物完全不具备自然万物的功用。所以，"天网恢恢，疏而不失"依然在起着关键性的作用，违背了"天之道"必然会在尚未认识到的情境下承受其后果。

关联知识或其他启示："天网恢恢，疏而不失"表明，自然世界对于具体的万物不可能对号入座式地决定其"命运"，但对于整体、个体的运动范围必定有其无形的约束。这与现代量子力学所揭示的"不确定原理"有相通的意涵，即微观粒子的运动是"不确定"的，但以其"概率性"决定了其一般运动特征和宏观特征。

第七十四章

【原文通释】

通行本原文： 民不畏死，奈何以死惧之？若使民常畏死，而为奇者，吾将得而杀之，孰敢？常有司杀者杀。夫代司杀者杀，是谓代大匠斫。夫代大匠斫者，希有不伤其手矣。

通行释译： 民众若不畏惧死，以死来恫吓他们又有什么用？如果先使民众惧怕死亡，有为非作歹的人，再处死之，这样谁还敢为非作歹呢？有专管杀人的人去执行杀人的任务，代替专管杀人的人去杀人，就如同代替好木匠去砍木头，那代替好木匠砍木头的人，很少有不误伤自己手的。

【新认识与新释译】

本章要点的新释译

第七十二章"民不畏威，则大威至"，与本章"民不畏死，奈何以死惧之"，所阐释的哲学思想是连贯一致的。其意涵是，<u>当统治者的最后威慑规制对于民众已经起不到震慑作用之时，民众所累积、集聚的巨大力量就会反作用于统治者</u>。

"民不畏死，奈何以死惧之？若使民常畏死，而为奇者，吾将得而杀之，孰敢？常有司杀者杀"句，帛书本作"若民恒且不畏死，奈何以杀惧之也？若民恒且畏死，而为奇者吾得而杀之，夫孰敢矣！若民恒且必畏死，则恒有司杀者"。帛书本所表达的含义更为准确，其含义是，如果民众都具有"不畏死"的特性，那么，"死"这样的威慑方式，在统治过程中是难以起作用的；如果民众都具有"畏死"的特性，那么，那些"不畏死"而乱为者，早已被处死了。民众之中将不再有"不畏死"分子，同样，以"死"这样的威慑方式，在统治过程中也没有用武之地；即使"畏死"的群体之中还有一些侥幸乱为者，以"死"这样的威慑方式可在统治过程中起到一定作用的话，也只有专门的"司杀者"有权力去作相应的处罚。

"夫代司杀者杀，是谓代大匠斫。夫代大匠斫者，希有不伤其手矣"句，以现实社会中的日常现象来比喻说明，大自然有自己主宰生杀予夺的机制，无须世人的代替，世人自作主张去代行大自然的功能，不会起到应有的作用，反而极有可能危及自身。

本章的衔续关系：承接上一章关于"天网恢恢，疏而不失"的论述，提出统治者在"天网"之外，人为地增加处罚机制是无效的。

本章的关键词："民不畏死，奈何以死惧之"；代大匠斫伤其手

本章的哲学意涵：自然系统也好，社会系统也好，系统有其主宰生杀予夺的机制，无须行使外在力量。不当地行使外在力量，不仅不会起到应有的作用，反而有极大风险危及自身。《道德经》既不主张在"天网"之外增加"仁义"，也不主张在"天网"之外增加"法条"。

【生态文明启示】

本章最重要的生态文明启示体现在"夫代司杀者杀，是谓代大匠斫。夫代大匠斫者，希有不伤其手矣"，其启示是大自然有其自身的"处罚"机制。人类自作主张地代行自然职能，不仅是无效的，反而可能适得其反，在未来阶段或未知领域给人类带来难以弥补的影响。"民不畏死，奈何以死惧之？若使民常畏死，而为奇者，吾将得而杀之，孰敢？"之中的"民"，如果作为"自然系统中的万物"来理解的话，人类自作主张地消除一些似乎对人类不利的自然因素，自以为高明地处置大自然，对人类整体的生存系统是不利的。如果有真正危害自然生态系统的因素，大自然自身会有机制消除的，大自然保留的因素，都在系统中有其不可或缺的作用。"敬畏自然"一个很重要的方面就是，不能自作主张地替代大自然去作取

舍决定。

　　关联知识或其他启示：本章讨论的一个重要问题就是规制管理的有效性问题。例如，暴虐统治达到一定程度之后，"以死惧之"是不可能有效的。因为，民众根据暴虐程度会得出其理性的风险收益和风险损失，由此会作出其最优的行为选择。之所以出现"民不畏死"的情形，是因为选择其他路径的收益已经极低，与其选择这一低收益，不如选择"死"的路径以换取更大的风险收益。"使死"相当于最高极限的处罚手段，一旦这一手段都不再具有吓阻作用了，那么，这一手段也就失去了使用的价值。所以，在使用规制管理手段时，不到极端情形，应尽可能避免使用，以保证该手段的长期有效性。再如，对个别人"执而杀之"，只有在普遍"畏死"的统治环境下，才有震慑作用。若使民众珍惜自己的生命，只对那些为非作歹者执而诛之，有震慑作用，谁还敢为非作歹？采用非常的震慑手段，必须慎之又慎，要以最少的作为起到最有效的作用。不可动辄采取这样的手段，否则，往往不仅起不到震慑作用，反而加剧破坏了统治秩序。其引申之意就是，动辄"执而杀之"，对统治者而言，并不是好的选择，反而可能产生事与愿违的效果。

第七十五章

【原文通释】

通行本原文： 民之饥，以其上食税之多，是以饥。民之难治，以其上之有为，是以难治。民之轻死，以其上求生之厚，是以轻死。夫唯无以生为者，是贤于贵生。

通行释译： 民众之所以饥饿，是由于统治者攫取赋税太多，所以民众才陷于饥饿。民众之所以难于统治，是由于统治者政令繁苛、好大喜功，所以民众就难于统治。民众之所以轻生冒死，是由于统治者为了奉养自己过度攫取，所以民众觉得生不如死。只有不去追求生活享受的人，才比过分看重自己生命的人高明。

【新认识与新释译】

本章要点的新释译

"民之饥，以其上食税之多，是以饥"的含义是，民众的基本需求之所以得不到满足，就是因为他们的统治者抽取的税赋过多。

"民之难治，以其上之有为，是以难治"的含义是，民众之所以难以形成自己的有序生活，就是因为他们的统治者过度"有为"而造成的。"民之饥，……，民之难治，……，民之轻死，……"，三者的表述方式是一致的，"民"都是主语。所以，"民之难治"的含义是，"民众难以形成自己的有序生活"，而不应理解为"民众难以统治"。

"民之轻死，以其上求生之厚，是以轻死"的含义是，民众之所以无法看重自己的生命，是由于他们的统治者过于看重生命和生活造成的。

"夫唯无以生为者，是贤于贵生"的含义是，<u>只有统治者对于自身的生命和生活遵从"道"的原则，而不过当、过度地看重才是优化的统治方式，才更有利于自身的生命和生活</u>。"夫唯无以生为者"句中的"无"，应理解为《道德经》中"无"的特殊含义，即"符合道"的意思，而不应理解为"不重视""不关注"。

本章的衔续关系：上一章论述了统治者以"死"作为威慑的处罚机制是无效，本章进一步提出维护统治秩序要解决的不是威慑处罚机制，而是要解决民众"轻死"的成因，即尽可能地减少对民众基本需求、基本生活秩序、基本生命权力的不利影响。

本章的关键词：民之难治（民众难以形成生活秩序）；民之轻死

本章的哲学意涵：统治群体与被统治群体之间，应形成相辅相成的和谐关系，而不应形成你死我活的"零和"关系，统治群体不应当为追求自身利益而过度掠夺本应属于被统治群体的利益。否则，最终的结果必然是双方利益的恶性循环式劣化和双方关系的不断恶化。统治群体自身利益得以实现的惟一有效途径，是维护双方关系的和谐稳定，而不是如何设法从被统治对象那里掠夺更多。

这一道理，如果运用于社会领域，则有：民众基本需求得不到满足，是统治者的需求索取过重导致的；民众难以安分生存，是统治者的作为过多过当导致的；民众无法看重生命，是统治者作威作福过当导致的。只有那些并不过多考虑自身之威之福的统治者，才是贤明的统治者。同样的道理，也适用于自然系统。

【生态文明启示】

如果将《道德经》所阐释的"民"与"其上"的关系，用于阐释"自然资源及生态环境"与"人类"的关系，那么，存在这样几种关系：自然资源耗竭、生态环境耗损，是人类经济活动攫取自然过度的结果；自然灾害加剧加频，是人类经济活动过程中"利用自然""改造自然"的行为过当所导致的；自然生态系统日益脆弱、劣化，是人类过度追求自身的发展而罔顾自然生态系统的约束而导致的。所以，人类，完全遵循"顺应自然、尊重自然、敬畏自然"的原则来生存传承，要比过度追求自身的需求和发展更具"可持续性"。

"民之饥，以其上食税之多，是以饥。民之难治，以其上之有为，是以难治。民之轻死，以其上求生之厚，是以轻死。夫唯无以生为者，是贤于贵生"，比附于可持续发展，其涵义是，生态功能区之所以其生态功能得不到维系，是由于人类向生态功能区索取的物质价值过多；生态功能区之所以难以有效地发挥其生态功能作用，是由于人类过度地进行经济活动，过度地利用自然、改造自然；生态功能区日益丧失其生态功能，是由于人类只顾满足自身不断强化的物质欲望。所以，真正持有生态文明理念的人，是以符合自然生态规律来维持其基本需求，而不是把自身的欲望满足凌驾于自然万物之上。

本章内容对于生态文明的根本启示是，树立"人与自然和谐共生"理念的根本目标就是，在尊重自然、顺应自然、敬畏自然的基本原则下，维护人类赖以生存和传承的地球生态系统的完好性和永续性，以使得唯一适合人类生存传承的地球生态系统，能够高质量地提供人类生产生活所需要的各种自然资源和生态功能，并通过自维护、自修复、自净化能力承载人类经济活动及其所产生的影响。

关联知识或其他启示：由本章的哲学思想可引申出：统治者的目标函数是全社会福利最大化；不可把统治者个体或小群体的目标函数，也不可把财政收入之类的目标函数，置于社会系统的决策之中。

第七十六章

【原文通释】

通行本原文： 人之生也柔弱，其死也坚强；草木之生也柔脆，其死枯槁。故坚强者死之徒；柔弱者生之徒。是以兵强则不胜，木强则梗。坚强处下，柔弱处上。

通行释译： 人体活着的时候身体是柔软的，死了以后身体就变得僵硬。草木生长时是柔软脆弱的，死了以后就变得干硬枯槁了。所以坚强的东西属于死亡的一类，柔弱的东西属于生长的一类。因此，用兵逞强就会遭到灭亡，树木强大了就会遭到砍伐摧折。凡是坚强的，总是处于下位，凡是柔弱的，反而居于上位。

【新认识与新释译】

本章要点的新释译

"人之生也柔弱，其死也坚强"的基本含义是，<u>有生命力的东西，必定是具有一定程度的柔弱性的，过于坚强的东西是没有生命力的</u>。不可反过来理解为柔弱的东西一定是有生命力的。本章的"死"，与第六章的"不死"有相反的涵义，即失去其传承性，亦即失去其生命力。

"故坚强者死之徒；柔弱者生之徒"的含义是，<u>过于坚强是走向终结的行进方向，只有柔弱才是走向生存发展的方向</u>。《说文解字》对"徒"的释义是"徒，步行也"。

"是以兵强则不胜"，与第三十章之"以道佐人主者，不以兵强天下"，两处的"兵强"，应当是相近的含义。综合来理解，"兵强则不胜"的含义是，仅仅依靠"兵强"这种缺乏柔弱性的手段是难以胜任治理天下的职能的，不宜理解为"难以取胜"。

"木强则梗"，其含义是，树木过于坚硬，就只剩下树干了。采用现代认识思维理解，树干过于强势，为树木储存水分养分的枝叶，则会很稀疏，给整个树木的成长带来了困难。所以，坚硬的树木成长都非常缓慢。

"坚强处下，柔弱处上"的含义是，凡是坚强之事物，往往是处于向下衰退阶段；凡是柔弱之事物，往往是处于上升发展阶段。该句与第三十章"壮则老，是谓不道，不道早已"句，具有相通的意涵。

本章的衔续关系：前几章论述社会系统的统治，在"天道"之外，人为地增加严惩机制是无效的。本章借鉴生命不同发展阶段的柔弱、坚强的特性，隐喻社会系统以"柔弱"方式统治是最具有生命力的，反之，以"坚强"方式统治则损害其生命力。

本章的关键词：坚强者死；柔弱者生

本章的哲学意涵："柔弱性"是一个事物具有生命力以及生命力向上的重要表征，而"坚强性"则是一个事物生命力向下的重要表征。一个事物在尚具"柔弱"调整能力的条件下，放弃柔弱调整能力而一味地表现"坚强"，则人为地限制了自身生命力的向上。当然，在事物发展到一定阶段时，即使有意愿表现"柔弱性"也难以实现，最终还是会以失去生命力的"坚强"而告终。

【生态文明启示】

本章对于生态文明的启示在于，"可持续性"很大程度上就是"柔弱性"的体现，只有保障了生态系统的可持续性，才能使其经济社会发展保持持久的生命力。如果不顾生态系统的可持续性，而一味地强势发展经济，那么，这一经济社会也必然会迅速地从强盛走向衰落。即使随着经济发展水平的提高和技术水平的发展而拥有强势的增长动力，也应有意识地适当控制速度和力度，以保障生态系统的可持续性。在具体方面的启示有，如，对于生态功能区的保护，只有那些具有一定容错性、自我修复性的生态区域，才具有其生态功能，才具有其生态保护价值。而完全缺乏容错性、自我修复性的生态区域，实质上已经失去了其生态功能，也就不再具有其生态修复价值。再如，对濒危野生动植物的保护，最根本的是要保护该物种在其栖息地能够自主地生存传承，如果仅仅是依靠人为条件的保护，即使该物种生存传承了下来，也失去了其在自然生态系统的作用，也就失去了其生态保护的价值。又如，休耕制度也在一定程度上体现了以"柔弱性"获取持久生产力的思维。

关联知识或其他启示：有生命力的东西，必定是具有一定的容错性，具有一定的自我修复能力；而完全缺乏容错性和自我修复性的东西，必定是缺乏生命力的。万物如果只具有刚性约束而没有柔弱性的话，那么，比之具有柔弱性之物，必然更易导致碎裂的结果。例如，一个国家，如果没有柔弱性的外交策略，只是一味地以军事战争示强的话，必然迅速走向衰亡。

第七十七章

【原文通释】

通行本原文：天之道，其犹张弓欤？高者抑之，下者举之；有余者损之，不足者补之。天之道，损有余而补不足。人之道则不然，损不足以奉有余。孰能有余以奉天下？唯有道者。是以圣人为而不恃，功成而不处，其不欲见贤。

通行释译：天之道，不是很像张弓射箭吗？弦拉高了就把它压低一些，低了就把它举高一些；拉得过满了就把它放松一些，拉得不足了就把它补充一些。天之道是，减少富余者以补给不足者。可是社会现象却不是这样，往往是要减少不足者，来奉献给富余者。那么，谁能够减少富余者，以补给天下人的不足呢？只有有道之人才能够做到。因此，圣人才会有所作为而不占有，有所成就而不居功，从不显示自己的贤能。

【新认识与新释译】

本章要点的新释译

本章论述了三种主体对待"有余"和"不足"的原则。一是"天之道"，二是"人之道"，三是"有道者（圣人）之道"。三者的原则各不相同。相关论述，亦可参照《易经》"谦"卦。《象》曰：谦亨，天道下济而光明，地道卑而上行。天道亏盈而益谦，地道变盈而流谦，鬼神害盈而福谦，人道恶盈而好谦。谦尊而光，卑而不可逾，君子之终也。大意是：天之道，使盈满者亏损，补益谦虚者；地之道，改变盈满者，使之充实谦虚者；鬼神之道，加害盈满者，施福谦虚者；人之道，厌恶盈满者，偏爱谦虚者。

"天之道，损有余而补不足"的含义是，自身有余则减损，不足则增补，这是天之道，并没有"通过减损自身有余用于增补他者不足"的意涵①。

"人之道则不然，损不足以奉有余"的含义是，社会系统往往是减损原本就不足的群体，奉献给本身已经有余的群体。

关于"圣人之道"，《帛书本》为"孰能有余而又以奉于天者？唯有道者。是以圣人为而弗有，成功而弗居也。若此，其不欲见贤也"。所以，此段落较为合理的解释应为：谁能够自我知足且能听任天下万物补足？那就是"有道者"。所以，有道的圣人本着"为而不恃，功成而不处"的原则，不与民众在同一层级上进行利益竞争以维持系统的稳定，并不是着意体现其贤德。对于"损有余以奉天下"，要从《道德经》的一以贯之的哲学思想来认识，不能简单地以"先天下之忧而忧，后天下之乐而乐"的儒家思想来解读。

本章的衔续关系：继续前几章关于社会系统统治的有效机制，本章强调社会系统的统治者应当遵从"道"的一个原则，即"为而不恃，功成而不处"。

本章的关键词：有余又以奉天

本章的哲学意涵："天之道"（大自然之道）的一个重要特征是，不追求有余，也不无视不足，在自身层面的追求就是满足系统均衡稳定的要求，并不追求先有富余而后去补足天下万物。而以"道"为遵循的社会系统统治者，则秉持不与民众在同一层级上进行利益竞争的基本准则，维持着社会系统的稳定运行。

【生态文明启示】

本章的生态文明启示在于，自然生态系统的基本规律就是均衡稳定，

---

① 后世的释译者往往有意无意地当作"天之道，损有余'以'补不足"来释译。其实，《道德经》的原文表述中，"而"与"以"的使用区得非常清晰。如，本章中"有余而补不足"与"损不足以奉有余"；再如，第六十一章中"或下以取"与"或下而取"。

对于稳定系统而言，有不足的部分需要补足，有不需要的部分则应去除。对于人类遵从的"可持续"准则而言也应如此，既不可因人类发展需要而导致自然生态系统某些功能的不足，也不必额外为自然生态系统奉献什么。

关联知识或其他启示：对于一个系统而言，各个部分都有其适当的需求，超出或不足，都会影响整个系统的正常运转。各个部分的功能不同，并不是均等就是合理，恰适才是最合理的。天之道，是指如果某部分有超出就要去除，有不足就要补足，并不是以有余部分去补足不足部分。天之道，是追求系统的均衡稳定，而不是追求某一目标的极大化。对于社会系统而言，《道德经》主张的是自然而然的补足机制和去除机制，而不主张通过国家财政强势地去实现"削富济贫"的目标。

第七十八章

【原文通释】

通行本原文：天下莫柔弱于水，而攻坚强者莫之能胜，以其无以易之也。弱之胜强也，柔之胜刚，天下莫不知，莫能行。是以圣人云：受国之垢，是谓社稷主；受国不祥，是为天下王。正言若反。

通行释译：普天之下再没有什么东西比水更柔弱了，而攻坚克强却没有什么东西可以胜过水。弱胜过强，柔胜过刚，普天之下没有人不知道，但是没有人能实行。所以，圣人说：能够承受国家之屈辱，才能成为国家的君主，能够承受国家之祸灾，才能成为天下的君王。正确的道理反倒好像是反过来说似的。

【新认识与新释译】

本章要点的新释译

"天下莫柔弱于水，而攻坚强者莫之能胜，以其无以易之也"的含义是，水遇到坚固之物，如果有可前行之径，即使蜿蜒崎岖，也会绕坚物而行；如果并无可前行之径，那么就必然攻之坚强且必破之胜之，因为它无路可行而不得不行。

"天下莫不知，莫能行"的含义是，"弱之胜强，柔之胜刚"这个现象谁都知道，但很少有人通晓其机理。"行"字亦有"通晓"之释义，如，《吕氏春秋》之中有"故先王之制礼乐也，非特以欢耳目、极口腹之欲也，将以教民平好恶、行理义也"之句。

"受国不祥"的含义是什么？对于什么是"不祥"，第三十一章有"夫兵者，不祥之器，物或恶之，故有道者不处。……兵者不祥之器，非君子之器，不得已而用之，恬淡为上"之论述，《汉语源流字典》对"祥"的释义是"神所示的征兆"，所以，"受国不祥"是指在遭受兵事之类的困厄之时，或者似流水一般绕坚物而行，或者似流水般攻坚而胜。

"受国之垢，是谓社稷主；受国不祥，是为天下王"的含义，可参照《易经》之"明夷"卦。象曰：明入地中，"明夷"。内文明而外柔顺，以蒙大难，文王以之。"利艰贞"，晦其明也，内难而能正其志，箕子以之。大意是，当外在大难降临之时，理性的做法是内心保持明哲智慧，而外在则表现为柔和顺从，周文王被殷纣王囚羑里之时就采取了这种因应方式；当内在灾祸不可避免之时，既要隐忍、隐避，也要坚持自己的志向和原则而不同流合污，箕子就是这样做的。其意涵是，<u>面对内外之乱，一国之主理性的作为，必须有像水那样的"柔弱"及"胜强"特质</u>。以现代学术思想来理解的话，该句的意涵是，即使在短期预期后果不好（短期风险损失大于风险收益）的情形下，也要坚守一定的原则，以期获得长期的预期收益。

"正言若反"的含义是，虽然论述的是"弱之胜强"的机理，但作为社会系统的统治者来说，更应反向认识到，强势者要为弱势者留有必要空间，如果完全堵塞弱势者的空间，就必然导致弱势者"以弱胜强"的反作用。

本章的衔续关系：承接第七十六章关于柔弱对应于事物生命力的论述，本章则提出坚强与柔弱两个事物对峙之时，柔弱可能表现出来的"弱之胜强"特性。而社会系统统治之中，应充分认识到"弱之胜强"的机理，而为弱势者留有余地。

本章的关键词：弱之胜强（弱势者之因应）

本章的哲学意涵：在一个系统内部，有处于主动、强势地位的构成部分，也有处于被动、弱势地位的构成部分。处于强势地位的主导者，应当把握这样的原则：要为弱势者的存在和运行留有必要的空间，一旦完全堵塞了弱势者的生存运行空间，那么，就必然引起弱势者的反抗，导致弱势者"以弱胜强"的结果。这对于强势者及整个系统都是不利的。

【生态文明启示】

本章的生态文明启示主要体现在，在自然生态系统之中，人类处于主动作为的强势地位，而生态系统的其他构成要素则处于被动和弱势的地位。那么，人类的行为应当秉持什么样的原则？那就是，针对自然生态系统中的各种要素，尤其是处于绝对弱势地位的生态要素，要维护其生存传承以及永续发展的基本条件。一旦由于人类追求自身利益而导致其他生态要素生存传承的基本条件灭失，那么，生态系统必然会以某种方式反作用于人类自身的生存传承条件，反而导致人类自身永续发展环境的恶化。"受国之垢"的生态文明启示在于，人类作为一个处于生物链相对优势地位的种群，外在强加于其他生物种群以压迫之时，其他种群虽然会采取顺应方式以保全种群利益，但其后也必然如"文王以之"的方式"回报"曾经的压迫者。

关联知识或其他启示：“受国之垢……”句的含义，可从另一个视角来作这样的理解：这句话看似是针对小国弱者而说的，其实更应引起大国强者深刻的认知。对于小国弱国，一定要给予他们一定的可前行路径，如果逼迫他们到无路可行之境况时，那么他们一定会迸发出如水一般以弱克强的意志和潜力。

第七十九章

【原文通释】

通行本原文：和大怨，必有余怨；报怨以德，安可以为善？是以圣人执左契，而不责于人。有德司契，无德司彻。天道无亲，常与善人。

通行释译：和解深重的怨恨，必然还会留下残余的怨恨；用德来报答怨恨，这怎么可以算是妥善的办法呢？因此，有道的圣人保存借据的存根，但并不以此强迫别人偿还债务。有"德"之人就像持有借据的圣人那样宽容，无"德"之人就像掌管税收的人那样苛刻刁诈。自然规律对任何人都没有偏爱，永远帮助有德的善人。

【新认识与新释译】

本章要点的新释译

"德"的意思是"遵循'道'之准则的行为及效果"，在本章的含义是"从'道'的整体性和关联性来看待如何更合理地执行契约"。

"有德司契，无德司彻"的含义就是，如果从遵循"道"的整体性和关联性来考虑问题（"有德"），那么，不宜以决绝的方式来执行契约，而应采取更和缓的方式，以保持稳定的关系（"司契"）；如果不从"道"的整体性和关联性来考虑问题（"无德"），那么，就会简单地考虑契约的执行，而不顾一切关联影响，终结原有的关系（"司彻"）。"有德司契"之"契"为"维持契约关系"之义；"无德司彻"之"彻"为"撤除契约关系"

之义。《汉字源流字典》对"彻"的释义为"本义当为饭后撤去食具"。

"和大怨，必有余怨；报怨以德，安可以为善"的含义是，任何事物都会产生其关联影响，直接的问题解决了，却可能因解决这个直接问题而在关联领域产生其他影响。处理问题、解决矛盾，还应当从遵循"道"的整体性和关联性来考虑方式方法，设身处地为相关者着想，寻求对相关者有利的解决途径。

"天道无亲，常与善人"的含义是，天道并没有亲疏人情，但是，它总是给出对人类而言最为通情达理的路径。由此可见，"报怨以德"更为合理的释义应当是，在和解恩怨的过程中，不宜简单地解决直接矛盾，要从事情的整体性和关联性来考虑，尤其要考虑到解决矛盾的方式的后续关联影响。

本章的衔续关系：上一章论述了"弱之胜强"的机理，提出要为弱势者留有余地的主张。本章又从契约关系的角度论述了为弱势方留有余地的主张，其逻辑是维护事物的整体性和关联性利益更为适当。

本章的关键词：有德司契；天道常与善人

本章的哲学意涵："天之道"（大自然之道）的一个重要特征是，虽然没有亲疏人情，但总是给出最为通情达理的路径。社会系统的治理过程也应如此。在解决各种矛盾时，要从事情的整体性和关联性来考虑，尤其要考虑到解决矛盾的方式的后续关联影响。

【生态文明启示】

本章的生态文明启示是，大自然之道的一个重要特征是，虽然没有亲疏人情，但总是给出最为通情达理的路径。例如，生态系统的自我净化能力，就为人类生存传承所需的经济活动提供了基本的保障。只要人类的经济活动处于生态系统的自我净化能力范围之内，那么，人类就可以永续地传承。所以，人类遵循"生态承载力"约束，是最为理性的行为原则。但如果总是试图突破这一约束，那么，也就违背了大自然提供的"合理路径"，其路径必然是劣化的路径。

第八十章

【原文通释】

通行本原文：小国寡民。使有什伯之器而不用；使民重死而不远徙。虽有舟舆，无所乘之；虽有甲兵，无所陈之。使民复结绳而用之。甘其食，美其服，安其居，乐其俗。邻国相望，鸡犬之声相闻，民至老死，不相往来。

通行释译：使国家变小，使民众稀少。即使有各种各样的器具，却并不使用；使民众重视死亡，而不向远方迁徙；虽然有船只车辆，却不必每次坐它；虽然有武器装备，却没有地方去布阵打仗；使民众再回复到远古结绳记事的自然状态之中。使民众饮食甘适，服饰美适，居住安适，民风淳乐。国与国之间互相望得见，鸡犬叫声都可以听得见，但国民之间并不往来。

【新认识与新释译】

本章要点的新释译

考虑到《道德经》哲学思想的阐释方式，本章在很大程度上是描述现实社会的初始状态。因为，按照《道德经》的认识方法，认识了社会的初始状态，就可以更好地认识其后的社会发展状态的由来以及社会状态中最本质的东西。参考第五十二章"天下有始，以为天下母。既得其母，以知其子；既知其子，复守其母"的相关内容，将这一认识用于本章，即是以认识自然世界初始状态的思维方式来认识社会系统初始状态。

全章是站在当下的状态下，反过头去推想初始社会状态会是什么样子。全章各句的含义是：那时，一个邦国的范围很小，民众也不多。现在所拥有的十人百人共用的大用具，即使出现在那个时代，人们也不会去使用的；即使像现在这样，民众有着各种沉重负担，也不会远徙而客死他乡；即使像现在这样，有各种舟车交通工具，民众也不会乘用而去远方；即使像现在这样，能够组成强大的甲兵队伍，也不会用来征伐他邦；即使像现在这样，有各种契约方式，那时的人们也不会去使用，而会依然采用结绳记事的方式。可以想象出来，那时是一个自得其乐、与世无争、与世隔绝的"小国寡民"社会状态。本章未必说明老子有意愿回复到那样一种初始社会状态，但至少说明老子认为人类社会的发展是在不断"退化"的，老子对此是持批判态度的。

本章的衔续关系：本章和下一章，是对《道德经》全篇的归纳总结。下一章是全篇的最后一章，是对"道"的归纳总结。本章是全篇的倒数第二章，是以初始社会状态作为参照系，对之前所分析的现实社会系统的种种现象的归纳总结。

"小国寡民"，对照的是第六十章、第六十一章所讨论的"大国"问题；

"使有什伯之器而不用"，对照的是第十九章、第五十七章所讨论的"巧""利"问题；

"使民重死而不远徙"，对照的是第七十二章、第七十四章所讨论的"民之轻死"问题；

"虽有舟舆，无所乘之""邻国相望，鸡犬之声相闻，民至老死，不相往来"，对照的是第四十六章"戎马生于郊"问题；

"虽有甲兵，无所陈之"，对照的是第三十章、第三十一章所讨论的"兵强天下"问题；

"使民复结绳而用之"，对照的是第七十九章所讨论的"无德司彻"问题；

"甘其食，美其服，安其居，乐其俗"，对照的是第五十三章所讨论的"服文彩，带利剑，厌饮食，财货有余"问题。

本章的关键词：使有器而不用

本章的哲学意涵：如果能够将外在强加于自然事物的内容，回复到自然事物的本真状态，就能够认识到自然事物任何发展过程的本质。

反之，则对于自然事物任何发展过程都无法认识其本质。认识社会系统的发展变化，亦是如此。站在当下社会状态的视角来看，相对于"小国寡民"的初始状态而言，人类社会很难说是一种"进化"，一定程度上是在不断"退化"的。人类社会未来的发展，应当从"小国寡民"的初始状态之中吸收一些本质性的内容。

【生态文明启示】

"小国寡民"，其生态文明启示是去规模化。规模化的组织形式（包括企业组织、无限扩展范围的贸易活动、无限缩短交通时间的经济活动）、规模化地消耗自然资源环境，都必然强化对生态环境的破坏。从人类经济活动的交易行为——贸易自由化和交通便利化的角度来看，其对自然系统的作用与影响体现在：（1）生产方式自由扩散、资源及产品自由转移，导致环境污染的全球性扩散，生态系统受到全面影响；（2）单一生产范式、消费范式全球性推广，强化单一资源的消耗、单一形式的环境影响，造成生态不平衡；（3）投资地可自由选择，因"劣币驱逐良币"效应，导致生产集中转移至最低环境标准区域；（4）贸易自由化促进各种经济活动增加和扩张（包括运输量剧增），导致资源消耗、环境污染、废弃物累积的剧增；（5）贸易自由化、经济全球化只以现时利益评估决策，导致资源环境成本外部化，损害资源环境的长远价值和非使用价值，遗留环境风险；（6）高污染高消耗产业转移、污染物转移，由于有污染转移途径，使得污染者更加无所顾忌。所以，人类经济活动，在通过贸易自由化、交通便利化提高效率的过程中应适当制约贸易自由化、交通便利化带来的规模扩张。

"小国寡民"思维实质上与"规模效应"是同一机理。现代经济学中的"规模效应"是考虑规模带来规模性扩张的正面效应，而"小国寡民"思维则忧虑规模性扩张带来的规模性负面影响。

第八十一章

【原文通释】

通行本原文：信言不美，美言不信；善者不辩，辩者不善；知者不博，博者不知。圣人不积。既以为人己愈有，既以与人己愈多。天之道，利而不害；人之道，为而不争。

通行释译：真实可信的话不华丽，华丽的话反而不真实。善于阐述者不花言巧语，花言巧语的人反而缺乏逻辑。真正懂得事物机理的人不牵强附会，卖弄自己懂得多的人多半是牵强附会。圣人是不存占有之心的，为他人越多，给予他人越多，自己就越富有。"天之道"是有利于万物，而不损害它们。圣人的行为准则是，为而不争。

【新认识与新释译】

本章要点的新释译

本章是《道德经》全篇的终结，所以，从论述逻辑上来看，必定是对"道"的相关内容做归纳总结。而不可能像一般注家所解释的那样，是对"言辞"可信不可信、当辩不当辩、知识广博不广博之类问题的讨论。因此，全章各句应从"道"的高度来分析认识。

"信言不美，美言不信"的含义是，意图作出符合自然而可信的言论，很难兼顾接受者是否乐意听取；意图作出听闻者乐意接受的言论，则很难兼顾言论是否符合自然而可信。"信言不美，美言不信"作为《道德经》

全书总结性的文字，其所表达的意涵是，《道德经》的论说是符合自然而可信的，并不以当下受众接受与否为依凭。以下"善者不辩，……，为而不争"各句就是在这一原则下归纳总结出来的，这些就是《道德经》全篇的核心认识。

"善者不辩，辩者不善"，帛书本作"善者不多，多者不善"，其含义应为：顺应自然者不会超出其所需，超出所需的现象不是顺应者所为。

"知者不博，博者不知"的含义是，对于一个事物认识深刻的话，就不会使事物朝着不确定的方向发展变化；反之，如果把一个事物的发展变化看作是概率性的、不确定的，那么，即意味着对事物的发展变化规律并没有真正认识。此处的"博"，应理解为"博弈"之"博"，亦即对概率性、不确定性结果的"博弈"，不宜理解为"知识广博"之"博"。

"圣人不积。既以为人已愈有，既以与人已愈多"的含义是，得道的圣人不会去刻意追求"积德"，因为本意上刻意为他人，实质上就是自身刻意有为；本意上给予他人，实质上就是自身刻意拥有物品而支配之。对于"既以为人已愈有，既以与人已愈多"的释义，众多释本都是以后世"舍己为人"思想去阐释，这并不符合《道德经》一以贯之的哲学思想，也不符合该句的语义。"既以……"句式，有转折的语义，如《离骚》中的"余既以兰为可侍兮，羌无实而容长"（其含义是：本以为幽兰可靠，谁知它却并无实质而徒有其表）。众多释本对"既以"的文字视而不见。

"天之道，利而不害；人之道，为而不争"的含义是，自然系统之道是让万物顺利而为，而不妨害它们，也不会有意设置障碍以妨害它们作其他的选择；社会系统之道是引导民众自然而为，而不与民众利益相争，也不会强求为民作为。"为而不争"句，帛书本作"为而弗争"，有"不强为之"之意。

本章的衔续关系：本章为《道德经》的终结篇，是对"道"的主要内容进行归纳总结。

本章的关键词：信言不美；善者不多；知者不博；利而不害；为而不争

本章的哲学意涵：通过全篇的分析讨论，归纳起来说，"道"是一种理想的完美状态，很难在现实中那么完美无缺地实现。如果能够以尽可能不超越（"不多"）、尽可能遵循规律的一般性（"不博"）、尽可能不刻意为追求功德（"不积"）、尽可能不妨害万物（"不害"）、尽可能不过分追求自身利益而损害系统（"不争"）的原则去行为的话，那么也就是践行"道"的基本准则了。

【生态文明启示】

按照本章对"道"的归纳总结，对生态文明的启示也可以概括为：完全不对自然生态环境系统产生任何影响的"可持续发展"，只是一种理想状态，在现实的经济社会活动中，很难完全地实现。但是，人类各群体、各社会成员，如果在经济社会活动中能够尽可能遵循"不超越生态承载力"（"不多"）、"不对自然系统带来巨大的生态环境风险和不确定性"（"不博"）、"不追求过度的物质财富累积"（"不积"）、"不损害其他生物物种生存发展利益"（"不害"）、"不以人类利益为中心、不以局部群体利益为中心"（"不争"）等原则的话，也就践行了"可持续发展"的基本准则了。要充分认识到"既以为人己愈有，既以与人己愈多"，过度的经济活动、过度的技术发展，本意上是为人类造福，而实质上是对自然的过度作为、过度占用，所以，在践行"生态文明"和"可持续发展"理念的过程中，应避免"既以为人，既以与人"的意识（亦即所谓"造福人类"的意识）。

附录一 《道德经》哲理的白话梗概

1.《道德经》全篇主要论述了以下问题：其一，什么是"道"。"道"是宇宙世界、天下万物运行的规律，也是自然而然的客观存在。这些规律和存在，也以一定的形式体现在社会系统之中；其二，如何来认识"道"的本质特征；其三，如何在现实行为中遵从和践行"道"及其基本准则；其四，如何认识并纠正现实行为中的"不道"。《道德经》开篇即引出了"道"、如何认识"道"等关乎全篇的核心问题。

自然世界、社会系统都有其客观规律（客观规律的总和可称之为"道"），人类或可通过理论思想、理论模型来拟合自然规律、社会规律，并践行这一认识规律（理论认识、践行路径，称之为"可道"）。但是，任何理论只是人类的一种认识，自然世界、社会系统的客观规律并不能被全面而清晰地认知。"无"，用以定义抽象事物的初始状态，事物的本质；"有"，用以定义具象万物的形成源头和本质。讨论"无"，意图理解抽象的精妙深邃；讨论"有"，则意图了解万物之间的差异（物与物之间的质变条件、边界）。"无"与"有"，同出一源，前者表现一般抽象特征，有其抽象深刻之妙；后者则表现差异具象特征，有其细化具体之妙。抽象之包罗万象于一理，具体之万物万象，一切事物，都可从抽象和具象的玄妙中去认知，并以其所认知的规律去践行。

2. 认识事物需要界定概念，对于一个整体事物而言，如果对一个方面作出了具体界定，其实与之相对的另一方面也同时被界定了。例如，"无为"的概念界定，那么，"无'不为'"的概念也就界定。这也是有效的社会统治的逻辑，亦即，"统治"本意是"有作为的治理"，却可转而采取"无为而治""不言而教"方式的治理。"无为"，其实就是坚守符合"道"的"不为"。天地统摄万物，也是同样的逻辑。天地"无为"，万物就会顺应自然而发展。我们应充分认识到：在事物有所孕育、有所创造、有所成功之时，统摄者的有效作用就是顺应自然规律而坚守其"不为"。社会统治者也应由此认识到自己合理的作为就是顺应规律而坚守其"不为"，有了"无为""无不为"这样的意识，社会统治才能够得以稳定和持久。

3. 既然"无为"是社会统治的基本准则，那么，有哪些具体的"无为"呢？"不尚贤""不贵难得之货""不见可欲"就是具体的"无为"。提倡什么，就会使社会成员无端地增加欲望，就会使社会成员为满足无端的欲望而争夺，使得民心不安定。社会系统的混乱，多半是由于统治者自身"建功立业"的有为、建立标杆以"激励"民众有为而造成的。所以，"无为而治"，社会系统反倒有序而不混乱。

4. 认识事物的本质，也要采用"无为"思想。即，将外在作用于自然事物而导致事物的变化状态，回复到事物的本真状态，才能够认识到事物的本质。万物似是一个无缝隙的整体，但"道"之于万物，就好像水涌动在其中而冲出空虚部分。这些空虚部分，才是"道"使万物形成其功用的根本。这些空虚部分，是永远不会充盈的，也就是说，"道"所形成的功用，永远存在。"道"的运化，如同泉眼一般，看不到泉水的来源，但泉水却源源不断。道，是万物运化之源泉，也是万物运化所必须遵循的原则，或可将之抽象为统摄万物的"天地"。

5. "无为"原则，也体现在自然世界统摄与被统摄之间的关系方面。"天地不仁，以万物为刍狗"是其基本逻辑。"天地不仁"，即，统摄者不可能特别地关注某一特定成员，只能任由各成员自身去寻求合适的位置而生存；"以万物为刍狗"的含义是，尽管总体而言"天地不仁"，但在此前提下，对于微观个体，天地有其优先顺位（即，世代传承的初期生命处于优先顺位）。自然世界如此，那么，社会系统中的成员应当如何顺应自然行事？应以"多言数穷，不如守中"为原则。如果总是想方设法地预测事物的非正常变化，反而导致无所适从，不如稳定地遵循一般变化规律，而顺应其变化，对于偶尔反常的变化不必刻意关注，即使刻意关注也不可能带来什么样的改进。社会系统中，统治者的作为越多，系统秩序的混乱程度就必然加剧，所以，"多言数穷，不如守中"应成为社会系统统治的基本原则。

6. 天地之于自然万物的原则是"天地不仁，以万物为刍狗"，那么，万物是如何永续传承的呢？万物绵延不绝的永续传承，有三个基本要素：谷（代际繁衍的适宜环境）、神（代际传承的种子）、不死（代际延续的遗传性）。如果具备了这样三个条件，那么，万物就能够世世代代繁衍不息；反之，如果丧失了其中某个条件，那么，人类也好，万物也好，就难以永续地传承。

7. 自然万物的永续传承有其基本条件，那么，作为万物统摄者的天地是如何保持其永续性的呢？天地，之所以能够稳定而永续地运行，在于其不从统摄万物的过程中"抽取养分"以壮大自身。将这一机理适用于社会系统，任何理性的统治者，都不应在同一利益层级上与民争利；同时，也只可在"当下时空"完成当下的"使命"，不可超越时代而超前作为。

8. 自然系统统摄者能够永续的条件是"不自生"，那么，社会系统统治者长期稳定的条件又是什么呢？是"不争"。最典型的"不争"就是"上善若水"，也就是像水那样去顺应一切。水，在顺应过程中既有利于万物，又不违碍万物，还处于万物所不往之处，"水"的这些特性，形似"道"的本质。因此，统治者当处处以"顺应"为准则，居所，当顺应地形地势；心地，当宽广而容纳他众；交往，当以平等、同理心待人；论说，当以真实可信为原则；为政，当以守规则守秩序为要；行为，当适应自身才能特长；改变，当顺应时势。人们只要不违逆所处的背景条件，其行为就不会造成困扰。

9. 社会系统的统治者，以"上善若水"为借鉴践行"不争"原则，除此之外，还有什么样的"不争"原则应当遵循呢？"功遂身退"也应是"不争"的重要原则。因为，盈满之后必然走向亏衰，这是自然规律。与其被迫亏衰，不如在盈满之时主动退后。这也是遵循自然规律的"天之道"。

10. 人类作为自然万物之一，如何才能够体验到符合"道"的本真状态呢？只有即使拥有超凡能力，也能够保持平常心而坚守其本色，才是真正地践行"道"的精髓，或可达到回归本真的"玄德"之境。"玄德"，可从几个层面来体验。在个人修身养性方面，能够将精神与形体融为一体而不分离吗？能够专心致志地放松到至柔至弱状态，就像婴儿一样纯真吗？能够彻彻底底地涤除一切杂思杂念吗？在人与人之间、人与社会之间，能够不以教化或利诱方式来处理相互关系吗？在面对宇宙世界的阴阳变化循环演进过程中，能够顺应柔弱而不逆抗强势吗？在通晓自然规律可能带来的利益之时，能够无动于衷吗？在对他物有所助益、有所助成之时，能认识到之所以有所作用是因为顺应了自然规律吗？

11. 遵循"道"和践行"道"，最根本的是认识"无为"。而要发挥"道"的功用，则必须从认识"无—用"和"有—利"的关系出发。"用"是一个器物的"功用"，但其"功用"必须是符合自然需求的功用，而不是超出自然需求的其他功用，这就是"无—用"；"有"则是其"功用"的承载体，既要符合自然原理，也要受限于自然约束，这就是"有—利"。"功用"必须以"承载体"为依存。普通器物尚且如此，自然系统、社会系统，更是如此。普通人可能只看到事物的直接"功用"，但作为系统统摄者则应更为深刻地认识和维护事物的"承载力"。

12. "无—用""有—利"的认识及其协调关系，在日常生活中是否存在可通俗比拟的例子？对社会统治有什么借鉴意义？以"无—用""有—利"的思想来认识的话，"五色""五音""五味"等是"利"，其对应的"用"分别是"目明""耳聪""味和"。如果偏离了"功用"自然需求的目的性，过度、过当地追求"利"，就必然背离自然系统配置其功用的本意，使得其功用走向"异化"，所接收的信息及其指引也必然是歪曲的。真正懂得"道"的行为者取用于自然，只满足基本需求，并不追求超出基本需求的奢侈性需求。只有去甚、去奢、去泰（不过当、不过分、不过度），才是统摄天下之道。

13. "无—用""有—利"的哲理认识，对社会统治有什么指导意义？以"无—用""有—利"的思想来认识的话，"可寄天下""可托天下"，是其"有—利"的方面，而"以身为天下"是其"无—用"的方面。要实现"以身为天下"的功用，就不能缺少了"可寄天下""可托天下"这个承载基础。所以，统治者"以身为天下"，要取得成效，是有其前提条件的，一是有能力"可寄天下""可托天下"，二是社会成员认可其"可寄天下""可托天下"，三是"以身为天下"是满足系统的客观需要而不是自我的主观意志。如果没有这些前提的话，即使主观上"以身为天下"，也不会获得什么正面的功用效果。也就是说，"以身为天下"也应遵循"去彼取此"原则，以免走向目标手段的"异化"。

14. "无为"是"道"在统摄自然系统和社会系统过程中的基本特征，"无—用""有—利"是"道"作用于万物的功用特征。那么，"道"的本质特征到底是什么？应当如何来认知？或可采用"混而为一"等方式来认识，即通过"道"在各个历史时期、以各种方式表现出来的特性，或可归纳认识"道"的基本规律。"混而为一"和"道纪"都是认识"道"的规律性的方式方法。"混而为一"是表征"道"若干特性的"黑箱"，"道纪"是表征"道"的历史发展过程的"传记"。

15. 认识"道"的基本特征，可采用"混而为一"和"道纪"的方法，那么，在这个方法之下还有更具体的认识方法吗？善于认识事物者，其认识方式极为玄妙。大致可以这样来描述其方式方法——应选择便于达到观察目的的时机；应了解相互关联的周边关系（边界条件）；应遵循严格的前提条件和规范严密的逻辑推理；应观察事物由一种状态质变转化为另一状态时的转变过程（变与不变的内容）；应抛开先入为主的认识，探索初始的状态；应探索其在理想化状态下的特性；可通过某些活动使之发生某些变化，以通过观察这些变化来探索其本身的特性；可使其发生某种运动以观察其运动中的特性，以探索其静止状态的特性。在繁复的事物中，将无关事物澄清出去，则可认识所探讨事物；在貌似不变的事物中，感知到其变化发展。养成并采用这样的认识方式，而不以强求方式，那么总能够在司空见惯的事物之中，有所发现。

16. 通过各种抽象的方法和具体的方法，去认识"道"，那么，能够对"道"的基本特征作出什么样的归纳呢？"道"的基本特征体现在"知常容，容乃公。公乃全，全乃天，天乃道，道乃久，没身不殆。"也就是说，宇宙万物，有其一般规律，宇宙世界是稳定而可预知的，如果宇宙世界没有一般规律的话，那么，这个宇宙世界就不可能稳定，必然呈现混乱状态。正是因为宇宙世界是有规律的稳定系统，系统内部各构成之间才是兼容的、无偏的，宇宙才能是一个稳态的宇宙。自然系统如此，社会系统亦如此。即，"道"的基本特征是"知常"（稳态），而以"道"为基础的自然系统、社会系统，只有形成了一个稳态状态，才能够实现平衡、兼容、稳定、永续、可预期等状态特征。

17. "道"的基本特征是稳态，一个稳态系统具有平衡、兼容、稳定、永续、可预期等状态特征。将之应用于社会统治之中，那么，最好的统治秩序就是：一切都自然而然，亦即系统正常运转，而无须任何的外在干预。可见，统治者悠然自在而社会无事，是最好的社会状态；统治者无处不在，不断发号施令，则是社会系统运转不正常的状态。

18. "道"的统摄特征是"无为"，"道"的基本特征是"稳态"，违背这些特征就是"道废"。那么，社会系统中常出现什么样的"道废"表现形式呢？社会系统中常出现"仁义"等规范要求，其成因是部分群体无视自然系统规律之后，社会系统呈现无序状态时，统治者不从"道"出发纠偏而提出"头痛医头脚痛医脚"的"药方"。另一方面，"仁义"规范要求的强化，更进一步地导致自然系统规律被漠视，社会系统则呈现更加无序的状态。可见，人为的制度、人造的器物，不足以解决人类无止境之欲求；人为的孝慈行为，往往不是发自内心，也不足以解决人际间的利益冲突；人为的忠贞行为，个体动机或是良善的，但不足以解决社会无序的不稳定状态。

19. 对于社会系统中出现的"道废"现象，应当采取什么样的方法纠正呢？关键还在于如何回到符合"道"的正途之上，并远离那些偏离"道"的歧途。不要试图通过比他人更为智慧的方式获取财富竞争优势，如果大家都放弃了比较竞争，各得其所，实际上各自得到的收获要大得多，毕竟竞争过程中无谓地消耗了大量的资源；也不要试图通过比他人更易获得赞誉的方式去表现自己的孝慈，如果大家都不怀比较之心的话，各自都会回归到本性的孝慈行为；更不要试图通过巧取豪夺的方式去快捷地累积财富，如果大家并不比较财富累积的难易快慢，那么，也就不会有人以损人利己的方式去累积财富。要做到不与他人相比较，最根本的就是只关注你内心所真正需要的东西，在你的真正需求之上，不要额外增加任何外在的欲望。

20. 社会系统之所以常出现偏离"道"的现象，根本原因还在于人们对于"道"的认识偏差。人们对于"道"的认识，或是内心"遵从"、或是内心"排斥"，或是"价值判断其为好"、或是"价值判断其为恶"，或是因"众人畏避的"、或是"慑于众人看法而不得不畏避的"，都存在着巨大的偏差。之所以会出现这样的偏差，就在于人们自以为对世事规律了然于胸，往往认为"道"可以为人类解答一切问题。其实，"道"并不告知人们时空的终结、人生的意义、如何应对自然巨变之类的问题，"道"的根本只是告知人们顺应自然、顺应本性。

21. 怎样才能有效利用"道"的功用呢（这个有效的功用，称之为"德"）？应当先从认识"道"的表现形式入手。"道"是如何作用于各种事物的，通过思想实验或抽象思维，从其自然现象中隐隐约约可以感知一个有形的轮廓，又隐隐约约可以感知一个物体形态。再通过抽象思维，或可感知某些接近事物本质的东西（"精"）。这些东西，已经非常接近事物的本真了（"真"），而且还有着某些人类可以观测得到的证信特征（"信"）。这些特征，是事物本质特有的（"名"），不会发生改变。由此不变之特征，便可观测认识事物的发展过程。

22. 怎样才能更有效地利用"道"的功用？在认识"道"的表现形式的基础上，还应掌握系统思维的方法。对于事物，应从全局和时间全周期来看待，局部或一定时间点上恰当的"曲"，有利于全局的"全"。另一方面，认识到了自身的"曲"，也就认识到了自身与"全"之间的差距，有利于朝着"全"的方向去努力改进。深刻理解"道"的人，总是以系统的、全局的思维，作民众行为处事的示范。如果构成系统的每一份子，都能够以"系统"思维来看待事物的话，那么，就不会强调自身在系统中的强势地位。因为，某一部分强势了，系统反倒混乱了，那么，短时强势的部分也不可能因此获得好的结果。

23.系统思维是认识"道"及其"德"的核心思维。把握系统思维，首先要深刻认识到：稀疏不密，是自然系统统摄的基本特征，也应是社会系统统治的基本特征。自然系统中，即使是天地这样的统摄者，也只能在一定的时间点实施严格的统治，而在一般情形下只能是稀疏不密的统治。自然系统尚且如此，人类社会系统则更是如此。在稀疏不密的统摄背景下，"道者"则认识和选择了稀疏不密统摄的整体性；"德者"则认识并选择了稀疏不密统摄的规定性；"失者"则看到并选择了稀疏不密统摄的漏洞。选择整体性的，系统的整体性就适应他；选择规定性，系统的规定性就适应他；选择漏洞的，系统的漏洞也适应他。不能说是因为稀疏不密的统治缺乏严密性，使得"失者"有漏洞可钻。归根结底，还是"失者"自身的认识决定了他们的选择。

24.违背系统思维（与"同于道"相对，可称之为"同于失"），会有哪些表现，会有什么样的后果？自见、自是、自伐、自矜等"同于失"行为，通过刻意增加某种有利因素，表面上也许能够获得短暂的增益，但从稍微长远一点的视角来看，其结果是无效的甚至是适得其反的。其所获得的短时收益，如同"馀食赘形"一样，不仅是多余的消耗，而且给自身增加了不必要的负担。所以，真正认识"道"的话，就不会选择这样的"得不偿失"的非理性手段和路径。

25.要真正地践行"道"并有效发挥其功用，还应深刻地归纳"道"的基本特性及其在社会系统中的特性。综合而言，"道"是宇宙万物的规律，不以任何事物的存在与否为依存，是自然而然的客观存在。"道"有四大特征，即：从大、从逝、从远、从返（"大"表征的是宇宙规律的普遍性，"逝"是"大"的运动到一定程度的时空变化状态，"远"是"大"的运动状态，"返"是"大"的循环往复特征）。人类思维，从顺应自然世界过程中，也获得了从大、从逝、从远、从返的特征。所以，人类社会，作为一个系统，也必然遵从"道"所反映的自然规律。亦即，"道"及人类社会系统，都具有"大逝远返"及"法自然"的基本特性（"法自然"的含义就是，人类顺应地球之法则，地球顺应宇宙之法则，宇宙顺应自然而然之法则），这是践行"道"所必须遵循的规律。

26."道"的"大逝远返"和"法自然"原则，在现实世界中有什么样的启示？是否可以转化为一些更为具体的准则？"大逝远反"特性体现在一个系统之中，其表现形式就是：任何系统，无论是自然系统，还是社会系统，都以可预期的稳态为根本，通过系统的稳定机制克服可能出现的波动和不确定性。所以，在社会系统统治中，也应以系统的稳态为根本。偶有风险之举，当以保障"确定性"为根本；偶有波动之态，当以"稳定"为长期宗旨。

27.系统以稳态为根本。那么，社会系统如何实现这一"稳态"根本呢？社会系统之中，应当有通过无形而有效的机制（包括纠错机制），使万众皆有其理性的行为方式，万物皆有其理性的处置方式。这就可从多方面去顺应自然规律（"袭明"）。理性者、不理性者经验的相互借鉴，使得不理性的行为方式不断加以修正，逐步归于理性，这也是社会系统实现"稳态"的重要途径。

28.要真正地践行"道"并有效发挥其功用，还应深刻地认识显性特征和隐性特征的关系，也就是要深刻认知"道"之三性：婴儿之性，无极之性，朴之性。"婴儿"时期，有旺盛的生命力，显性与隐性特征同步发展而不会有所偏颇；"无极"状态，无法区分显性与隐性特征；"朴"阶段，尚不知何为显性、何为隐性。由此可知，践行"道"当秉持"常德"三性：不可离弃本真的生命力，不可异化偏离完整的本性，不可弱化本初生机。因为，如果刻意去关注显性特征，只关注其显性成长内容，即使顺应显性特征迅速发展壮大，那么，也很快会进入发展、成熟、衰退的发展过程。如果，更加注重隐性特征，关注隐性成长的方方面面内容，那么，顺应隐性特征的发展，就会是全面的成长、完善的成长，尽管其成长速度不是快速的，但它是稳健的，其成长、发展周期要漫长得多。由于其每一方面都在初始阶段得到了良好的发育，之后朝着任何一个方向发展，都会有其良好的发展空间。在这样一个有着良好基础的方向上发展，必定不会偏离正常合理的发展路径。总而言之，保障事物相关方面的平衡以使整体事物顺畅，而不是局限于某一方面，这样实质上就是保障了事物初始的运行机制不被改变。

29. 要真正地践行"道"并有效发挥其功用，极为重要的一个原则是：不可刻意关注"显性特征"，可称之"不可强为原则"。因为，天下之事，皆不可强行而为、不可勉强拥有，否则，强行而为必败，勉强拥有必失。任何事物有其自身的特性，或先行或追随，或强或弱，或适于安全或适于危险之境，总之，皆应顺应其特性，而不可违逆其特性。所以，以"道"行事者，并不刻意追求那些显性目标，而是远离那些过当、过分、过度的行为及要求。

30. 要真正地践行"道"并有效发挥其功用，必须遵循"不可强为原则"，亦即，不可以强制方式去实现目标。因为，天下万事万物，强制方法，通常都难以达成目标。尤其是以战争之类的强制方式来解决问题，既不可取，也难以持久有效。原因是，强制的方式方法，必然伴随着诸多负面的影响，并且难以消除。即使在不得已的情形下，使用了这一方式方法，也必然耗损其正常的生长潜力，而提前衰退。这就是"不道早已"规律的体现。

31. 要真正地践行"道"并有效发挥其功用，不可以强制方式去解决问题。即使在不得已情形下，使用了强制方式，也不应将之作为解决问题的常规方法。以强力行为实现竞争优势，或解决常规手段难以解决的矛盾，或两害相权取其轻的不得已抉择，无论何种情形，都只能作为极端条件下偶尔为之的方式途径，不可作为经常性的解决问题手段。以"兵事"为例，即使在其他手段难有成效情形下采取了这一手段并且取得了成效，也不应享受或赞美这种解决方法，而应以一种"灾难"心态来反思，全面地反思其后续成本和关联影响。以兵事解决问题的方式，不可作为后来者解决类似问题的经验，更不可作为后来者的行为示范。

32. 要真正地践行"道"并有效发挥其功用，须遵循"不可为原则"。但是，如何来认知其"可为""不可为"的范围"道"本身是没有明晰和固化的规定性的，即使有某种无形的规定性，也只是符合"道"这一宽泛的规定。"道"作用于万物，是以"朴"这一使事物收敛的内在机制实现的，"朴"似乎作用于万物，但这并不是"道"主观为之，而是万物顺应的结果。例如，天地相合以降甘露而自均，既不是遵从王侯的命令，也不是遵从老百姓的请求；而是内在机制决定的。根据对"朴"这一内在机制的认识，或可建立制度或规制，对"不可为"的行为有限制性的规定。有了规定性，就可以知晓并顾及可为、不可为的范围，如果能够使行为者处于可为范围之内，就不会导致不可预期的后果。如果遵从了"可为""不可为"的边界，其行为也就不会偏离"道"。

33. 要真正地践行"道"并有效发挥其功用，对于个人或群体而言，应当秉持什么样的原则呢？对于个人及群体而言，"自胜"和"不亡"是最重要的原则。即，以"知足"为准则并把自己放在最适当的位置上，自始至终不失其本心。相比于知他人、胜他人、知足于外物、不失其外在，知己、胜己、知足于己、不失己之本心，更难能可贵，更接近于"道"。

34. 要真正地践行"道"并有效发挥其功用，对社会系统统治者而言，则要认知并遵循"道"的"不自为大"的特性。"道"，并无其先决的利害关系。万物因之而获益，万物以其为中心，并非是它的主观意愿和它的主动作为。它不为万物之主却能使万物归一。以此类比，得道的社会统治者，要成就其"大"，也就不能有意识地去为万众谋福利，也不能有意识地凝聚万众而作万众之明主。

35. "道"虽然是可认知、可践行的，但是，由于其"无形"，虽可无阻碍地运行于天下万物之中，但也难以起到明显的影响效果。好听的音乐、好闻的美味，都能够吸引过客驻足，但平淡无味、无色、无声、无直接作用的"道"，则很难引起人们的关注。所以，才需要采用"将欲歙之，必固张之"等渐近式方法。

36. "道"虽然可认知、可践行，但因其"无形"，难以引起关注。需要采用渐近方法去认知。即，在认识事物的过程中，迂回的方式要比强行的方式更有效。例如，当我们要寻求某一事物的极值时，可让事物突破某一值之后观察其反向变化，就可认识到这一临界极值。再如，在面对某一目标时，路径稍作偏离，反倒容易最终实现；过程之中过于执着于终极目标，反倒难以实现。但是，使用这种渐近方法，一要适"度"，二要适"事"，否则就可能导致"鱼脱于渊""国之利器示人"之类的不可逆后果。

37.《道德经》上半部，对"道"的特性和循"道"的基本准则进行了归纳。综合而言，遵循"道"，最根本的就是遵从"道"的基本准则而明确"不可为"的范围，以此为原则而"为"及"不为"。如果，事物有突破"不可为"之意图，则要以"无名之朴"（事物内在的收敛稳定机制）以抑制之。万物的化育会自行收敛稳定，由万物构成的整个系统也会收敛稳定并正常运作。自然系统如此，社会系统如果遵循了"无为而无不为"的准则，社会系统中的万众万物和整个社会系统也将是稳定和正常运转的。

38.《道德经》下半部开篇提出，现实中认识和践行"道"的本质有其基本前提，即，层层去除人为施加的各种"规定"。"道"的核心本质是整体的系统性。要认识"道"并践行"道"的本质，就必须层层去除人为施加的各种局部"规定"，回归整体的系统性。各种人为的"规定"，都是从局部情形出发而作出的片面性规定，使得整体的系统性遭受破坏，使得人类行为越来越偏离"道"的本质。"故失道而后德，失德而后仁，失仁而后义，失义而后礼"表明：人类社会，在朝着偏离"道"的方向不断退化。在无法完全认识"道"的情形下，践行了"德"；在对"德"有所偏离的情形下，又践行了"仁"；在对"仁"又有所偏离的情形下，又践行了"义"；而对于"义"又继续偏离，转而就是"礼"，越来越偏向人为的规定性，而远远地偏离了自然而然的"道"。《道德经》批判"仁""义""礼"的逻辑基础是，自然规律、社会规律的系统性，是最为根本的，是各主体在任何时空条件下所需遵循的，人类社会某些群体以自身价值判断为依据所作出的人为规定性，不能损害甚至无视最根本的"规律"。（如果以"网"来比拟的话，那就是，不能在自然法则已编织好、且功能完好的系统之网上，再一重一重编织更加细密的网。）

39. 自然界、社会领域，都是一个有机联系的稳态系统。宇宙，作为一个有机联系的系统，才不再混沌，否则将持续动荡而难以形成一个稳定整体；"物种"，如果不具有一个完整的有机联系的遗传性，则无法显现其传承的"生命力"；"湖泊"，如果不具有一个完整的地下水系统，则无法充满湖泊；万物，如果不是一个生命体系统，则无法生生不息；帝王，如果不是把所统治的社会作为一个稳定系统来维护，所统治的王朝就难以持久稳固。所以，处于系统核心地位者，必须认识到构成系统各局部的重要性。运行最为良好的社会系统就是，没有任何一部分有突出的表现而总是能够正常运行的系统。

40. "循环往复"是系统稳态的特征，也是"道"的运行正常的基本表征。"弱者道之用"阐述的原则是："道"的功用受其"承载力"的约束，而"道"的承载力约束则是有限利用"道"的功用创生万物的基本前提。

41. "弱者道之用"，是一个非常简单的原理。对于这一简单原理，认识事物深刻的人（"上士"），会坚信并坚守这一认识；而认识事物并未达到完全理解程度的人（"中士"）对此则将信将疑；那些缺乏哲理思维能力的人（"下士"），听闻到这一浅显认识之后，反而会认为自己的认识更为深刻。能够认识"弱者道之用"这一简单原理，就能够认识到：任何符合"道"的现实事物，都不是极端条件下的"极致"。越是遵从"弱者道之用"的原则，越是顾及"道"的有限承载力，利用"道"之功用达成目标的可能性就越大。

42. "道"，与阐述"阴""阳""八卦"的《易经》，有相通之处。乾坤等六十四卦，可以阐释世间万物及其关联变化。一般来说，各卦象都有阴有阳，有虚有实，这样才能够交融和合，亦即，阴阳交合才能形成均衡和谐状态，才是吉利的卦象。但也有一些特殊的情形，比如，"乾卦"，六个爻都只有阳没有阴，一般来说是不吉祥的卦象，而"乾卦"的卦辞是"元，亨，利，贞"。这就如同：人们不喜欢"孤、寡、不谷"等词语，王公却以这些词语自称。其实，每一个卦的吉与不吉，都不是一成不变的。不吉祥的，只要稍微有所变化，就有可能转化为吉祥的；吉祥的，如果稍微有所变化，也可能转化为不吉祥的。《道德经》把"乾卦"的道理作为阐释和运用《易经》思想的依据。

43. 借用《易经》的"乾"卦可以阐述"道"的至阳之性，同样也可以借用"坤"卦的义理来阐述"道"的至柔之性。所谓"至柔"就是承载而不主动作为。"道"的基本特性是："无为之有益"，亦即，对于万物，并不主动作为，而只是承载。"无为""不言"，都是以其内在机制进行有效的承载，而"有为""有言"都是不当的主动作为。"无言"胜于那些主动的教导，"无为"胜于那些目的性极强的主动作为。但是在现实中大多数行为者都在作"有言之教，有为之为"。在社会系统的统治过程中，对于那些持久形成而难以改变的东西，通过强制性的发号施令是无法改变的，只有寻求那种"至柔"的内在机制，才能够使之潜移默化。只有那种"至柔"的内在机制，通过"不言而教"的方式才能够有效地统治之（承载之）。

44.任何承载与被承载的关系之中，无论是精神思想、物质财富、还是收获所得，只有能够被承载的才是真正有价值的。如果超过了承载力，必然导致更大的负面后果，无谓的过当追求和所得必然引致其后无可避免的巨大损失。因此，要以"承载力"为依据，"知足""知止"，这样才能使承载系统持续稳定。

45.只有系统收敛，才能使系统最终达成稳定状态，这就是"清静为天下正"的逻辑基础。当系统趋向一个萎缩状态之时，需要一个"发散"因素（如，正反馈因素）使之转向扩张状态发展，而后当发散到一定程度之后，通过"收敛"因素（如，负反馈因素）使之逐步趋向一个稳定值，使系统最终趋于稳态，这就是"躁胜寒，静胜热"的机理。

46.一个社会系统，是不是符合"道"，只要观察这个社会对难得之物（比如，远方的"好马"）的态度，就可以作出判断。凡是不用"好马"去交通远方的，说明这个社会及其成员是"知足"的，那么，这个社会的运行就是符合"道"的；反之，如果这个社会各地各阶层总是想方设法地得到"远方的好马"，这个社会及其成员就是"不知足"的，那么，这个社会的运行也是不符合"道"的。如同是否追求"好马"一样，各种"不知足"的"欲得"必然积累祸患，遗祸于全社会。只有全社会"知足"，才能够形成一个正常而稳定的社会系统。

47.如何获取一个系统的正确认识？站在系统整体性角度，逻辑一致是最为重要的，而那些支离破碎的观察现象，无助于系统的逻辑认识，反倒容易破坏系统的逻辑认识。

48.获取一个系统的正确认识（"为道"）的路径是，不断去除那些外在发展而来的形式性内容，逐步回溯到系统整体的本真要求，直至所留存的都是符合"道"之本质的认识。只有真正认识了符合"道"的"为"以及符合"道"的"不为"，并秉持这样的"为"与"不为"，才是真正"得道"。得道的社会统治者，也同样要遵循这一原则，秉持符合"道"（系统整体稳定性）的"为"和"不为"，一旦出现了不符合"道"的强"为"，那么，他就失去了统治社会的能力。治理天下，最一般的原则就是不人为地增加外在的"作为"。如果，到了不得不增加外在作为的境地，那么，这个社会就难以治理了。

49. 以"道"治理社会的统治者，并不会主动为社会成员设定其发展方向和行为准则，而是在其系统机制中，具有应对不同群体不同意向的因应机制：对于顺应"道"的意向，有其相应的因应机制，对于未顺应"道"的意向，也有其相应的因应机制。这些机制的目标都是符合"道"的原则，也具有促进相应群体回归到顺应"道"之方向的作用。

50. 从自然系统、到社会系统、到生命系统，都有类似的机理，系统是因各部分相互制约的平衡关系而达成稳态的，如果遇到外在的影响，也会通过这种相互制约的平衡关系使之消弭影响。如果，一味地强化某一方面，其结果必然是适得其反的，反而破坏了整个系统的平衡关系，加速了系统的崩溃。

51. 大自然赋予了种子繁育传承生命的能力，母体将种子孕育，外在的环境只是使之成长。所以，万物万众，都尊崇天地和母亲。天地的尊贵，母亲的尊贵，并不是她们有什么特殊的能力，她们只是自然规律的体现。而是万物万众的孕育成长之后，天地也好，母亲也好，都不会占有它们、索取它们的报答，也不会主导它们。

52. 加诸万物的外在影响都是人为的，要认识和保持万物的本性，就要去除一切强加的人为影响而回归到其初始状态、本真状态。

53. 去除外在的人为影响，回归本真状态，就是要避免走上那些表面上有吸引力的方向。比如，去往一个目的地，走大道是最好的选择，而那些有彩旗飘舞指引的小路，是最容易让人作出错误选择的方向。大路之所以成为大路，是众多经验的加总。但是人们却往往喜欢走捷径。这就犹如日常所见的那些贪婪行径，看似是"捷径"，却不是正道。过于贪婪、过于放纵欲望，都不符合自然之"道"，也不是理性的行为路径。

54. 一个建筑物能够千年不倒，一个系统能够持久稳定，一个家族能够百代延绵不绝，有其内在的本质。这种遵从"道"的本质行为的加总——通过空间上的扩散传播，时间上的传承累积，才能够形成并维持一个持久的稳态系统。

55. 为什么说初生婴儿最为接近"道"的本真状态？因为，初生婴儿最根本的特征是：器官与功能同步自适应成长。随着生长阶段的变化，"生长壮老矣"也是自然规律，不可人为地强力促进其生长，因为那是违背"道"的。

56. 要正确地认知"道"，就要遵从认知"道"的方法——玄同。在现实社会中符合"玄同"特性的表现就是"不可得其亲疏、利害、贵贱"。"道"的本质，它是难以以一定的概念予以界定的。如果能够使事物回归到更为平常的状态，那么，就能够更接近根本地认识"道"。"道"的本质，是一种客观存在，不能简单地以人类自身的价值判断（亲疏、利害、贵贱）去认知。

57. 在治国过程中如何认识"道"、遵从"道"？治国，当以常态、稳态为要，不可出"奇谋"以治国。用兵，有时不得不采用非常之策。统治，当以"无事"为常态，烽烟之事只可用于不得已之时。如果统治者，总有各种各样的要求，那么被统治的民众则无所适从；如果民众不得不预备好出征的武器，那么意味着国家已经陷入昏乱境况；如果社会风气追求各种机巧之术，那么，就会出现各种闻所未闻的怪诞之事；如果法令过于苛刻严厉，就会导致民不聊生而盗贼蜂起。总之，统治者不怀"教化民众"之念，则民众自然有序；如果统治者不肇无端之事，则民众可以常态生活；如果统治者不起"国强民富"之念，则民风自然淳朴。

58. 统治之道，是应当宽松无为而使民众淳朴自在，还是严格有为而使民众严肃紧张？执政者宽厚，民风淳厚，未尝没有个别民众因之钻营空子；执政者明察，民怀畏惧，或可使那些善于钻营者有所制约。两种形态，都不应当走向极端。任何事物的形态都是可能发生转化的，统治形态和统治成效也是如此，也会发生转化。常态过程中，也可能出现突变的情形；顺应的场合，也可能突然出现诡异的状况。不要过于追究哪一形态是正确的？在作出基本判断和对策之后，不要走向极端，而要对事物的转化有所预期、留有转圜余地。

59. 一族一国，其社会的稳态成型，当有长久的根植。只有一代人一代人地"积德"（国家及民众的行为持续不断地遵循"道"），民众对于"族国"及其文化才会形成"深根固柢"的根基，族国才能够"长生久视"。如果没有长久的根植，即使通过某种机缘而迅速繁盛，那么其结果必然也是"其兴也勃焉，其亡也忽焉"。

60. 君主治理大国，就如同祭献神祇一般，并不需要特别隆重，发自内心才是最重要的。以道莅天下，如同祭献的道理，祭献是有特定对象的，与之相关的鬼怪因享受到了祭献，而不会相扰，与之不相关涉的鬼怪因与之无关联，也不会相扰；与之相关的神灵不会相伤，不相关涉的神灵也不会相伤。所以，懂得"道"的统治者治国，相关的群体因得到了应得到的，不相关的群体认同与其不相关涉，都不会对国家秩序相伤，从而各群体之间，归于德性相融的和谐之境。

61. 国家内部如此，国家与国家之间也如此。强国与弱国，有各自追求的目标，两者之间是可以通过协作而纳入同一系统之中，在这一过程之中，强国应站在系统层级来行为，而不是在较低层级上与弱国直接争夺低层级的利益。

62. "道"是万物之中的"灵魂"。认识"道"，就是要学会顺应"道"、遵循"道"。只有这样，"道"才能在生活中给人们带来益处。如果把"道"仅仅当作一个"占有物"的话，那么，"道"对他们来说是没有任何意义和作用的。治理国家的统治者，有没有隆重的仪仗并不重要，最重要的是以道治国来获得民众的尊崇和追随。自古以来，尊崇"道"的人，与其说是为了求得什么，不如说是为了避免走入歧途而导致罪责。所以，顺应"道"才是最为值得尊崇的行为。

63. 顺应"道"，最根本的原则就是坚持符合道的"不为"。具体表现为：在小事、简事、局部方面，都坚持符合道的"不为"，以避免累积导致大的、复杂的、总体的困境。坚持符合道的"不为"，就是要坚持不轻易作为的原则。因为，天下各种难事、大事，都起于轻易作为。因此，理性的社会统治者不应轻易"些小之事"而累积大的障碍，不应轻易作各种起意而导致难成之结果。

64. 事物在其弱小之时，似乎是人们对其可为之时。但是，很多大的问题都是由微小问题累积而成的。只要为之累积之，哪怕是很微小的行为，也会导致失败的结果。所谓"为之于未有，治之于未乱"，自以为高明，却往往是导致各种问题的成因。所以，得道的人，哪怕是轻微的"作为"，只要是不符合"道"的，也是不为的，更不会累积这样的行为影响，所以，才不会造成有失的后果。从日常生活中，不难见到这样的例子，某一事物眼看就要成功了，结果却功败垂成。为什么会这样？因为一个事物的成功，需要每一过程都没有偏离正常的"为"；一旦在某一过程中出现了偏离正道的"为"，那么，就可能导致无成，之前所有的无为都将归于失败。所以，只有始终如一地"无为"，才能使事物得以完好地实现。总而言之，顺应"道"的原则是：在万物万众发展的整个过程之中，辅助万物万众顺其自然地发展，而不对其起"有为"的作用。

65. 得道的治国者，并不试图充分了解并掌控民众的预期行为，试图使民众处于完全可预知、可引导的地位。国家、民众，之所以不能有效地治理，就是因为统治者自以为比民众高明。因此，凡是以高明姿态治国，必然导致国家越治越难治；反倒是不以高明姿态治国，国家则会逐步走向稳定。以上两点是治国的基本原则，如果掌握了这个原则，就接近于"以道治国"的玄德之境了。"以道治国"的原理非常简单但又极为深邃，与人们的常理认识正好相反，治国者对民众并不过多引导而听其自然，反倒能够使社会和谐稳定。

66. 要成为民众乐于接受的统治者，必须以"不为之益，不言之教"的内在机制因势利导之。作为统治者，追求的是整个社会系统的稳定，而不与民众直接争夺利益。

67. 要顺应"道"，就要遵循三个基本准则。自然世界中，存在慈（自然伦理）的正当性和优位性、俭（自然效率）的合理性、不敢为天下先（自然发展时序）的时序性。这些准则，同样适用于社会系统。在社会系统中，知"慈"，实质上就是明确哪一类的行为是正当利益的追求，就懂得了每一世代当为则为、不当为则不为的担当（"勇"）；知"俭"，就懂得了每一个体在广阔世界的有限行动范围（"广"），只有注重效率，才能尽可能地扩大行动范围；知"不敢为天下先"，就懂得了每一主体都只能在"当下时空"完成当下的"使命"，不可超越时代去超前行为。

68. 要顺应"道"，就要合理处理竞争问题，基本原则是"果而勿强物""报怨以德"，不以过于激烈的方式完成竞争。因为，过于激烈的竞争方式，必然会有关联性的"报复性影响"（"其事好还"）和关联性的后续影响（"和大怨，必有余怨"）。所以，在竞争过程中，不能简单地解决直接矛盾，要从事情的整体性和关联性来考虑，尤其要考虑到竞争之后的后续关联影响和报复性影响，而以"不武""不怒""不与"（不作"零和"博弈、不作非理性的博弈、不作固化对手的博弈）的方式竞争，更加可以顾及整体利益和关联影响。"用人"问题，其本质上也是一种博弈，如何能够更好地发挥"用人"的作用从而增加整个系统的作用，"不武""不怒""不与"的基本思想，也是适用的。

69. 要顺应"道"，合理处理竞争问题，不妨以兵事为例，来认识社会系统中的博弈。秉持"不为主而为客"原则，也就是认识到，在博弈双方已经处于均衡状态之时，主动打破均衡，是非正义性的或者非正当性的。主动打破均衡，也就意味着己方增加了不确定性风险和成本，所以，也是非理性的，结果也会是得不偿失的。

70. 认识"道"、践行"道"，只需要遵循一个基本路径：符合"道"的哲理基础，并以此为逻辑基础来推展其他各种事物，充分认识那些不符合"道"的认知及行为。简单地说，符合"道"的认识和行为表现就是"知常""知足""知止""知和"……（即，认识规律，认识需求限度，认识行为边界，认识平衡……）不符合"道"的认识和行为表现为"不知常""不知足""不知止""不知和"……

71. 社会统治者也好，社会成员也好，能够不断认识和改进自身存在的"不知常""不知足""不知止""不知和"等弊病，就能够逐步走向符合道的"无为"境界。

72. 在自然系统中也好，在社会系统中也好，每一个构成者都有其自身的价值地位和作用，没有任何一个构成者优于或劣于他者。任何一方，都不可试图将他者的作用范围纳入自己的管束范围，更不可因扩张自身势力而挤压他者的生存范围。否则，他者为维护自身生存必然作出强烈回应，最终导致的结果必然是：受压者的反作用力大爆发，加压者难以承受。

73. 顺应自然的"道"是极为简单的，听任自然和本心即可，不必汲汲计较。对自然而言，只要你所处所行，是在你自己适当的位置上，并不需要你刻意竞争，也会给你取胜的机会；并不需要刻意的请求，也会给你相应的回应；不需要你的祈祷，也会救助于你。天道，似对万物万生的困难无所顾及，但其顾及未尝不周。统摄如同天网，稀疏不密，但对万物的关怀却不会有所偏失。

74. 自然系统也好、社会系统也好，系统有其主宰生杀予夺的机制，无须外在力量另行行使。外在力量不当地行使，不仅不会起到应有的作用，反而有极大风险危及自身。《道德经》既不主张在"自然之网"之外增加"仁义"规则，也不主张在"自然之网"之外增加"法条"规则。

75. 统治群体与被统治群体之间，应形成相辅相成的和谐关系，而不应形成你死我活的"零和"关系，更不应当形成统治群体为追求自身利益而过度掠夺本应属于被统治群体的利益的掠夺与被掠夺关系。否则，最终的结果必然是双方利益的恶性循环式劣化和双方关系的循环恶化。统治群体自身利益得以实现的惟一有效途径，是维护双方关系的和谐稳定，而不是设法从被统治对象那里掠夺更多。

这一道理，如果运用于社会领域，则有：民众基本需求得不到满足，是统治者的需求索取过重导致的；民众难以安分生存，是统治者的作为过多过当导致的；民众无法看重生命，是统治者作威作福过当导致的。只有那些并不过多考虑自身之威之福的统治者，才是贤明的统治者。

76. 顺应"道"还应遵循"道"的"柔弱性"。"柔弱性"是一个事物具有生命力及生命力向上的重要表征，而"坚强性"则是一个事物生命力向下的重要表征。一个事物在尚具"柔弱"调整能力的条件下，放弃柔弱调整能力而一味地表现"坚强",则人为地限制了自身生命力的向上。当然,在事物发展到一定阶段时,即使有意愿表现"柔弱性",也难以实现,最终还是会以失去生命力的"坚强"而告终,这是无可回避的自然规律。

77.自然之道的一个重要特征是,不追求有余,也不无视不足。统摄者应追求的是满足系统均衡稳定的要求,而不是追求先有富余而后去补足天下万物的需求。而以"道"为准则的社会系统统治者,则应秉持不与民众在同一层级上进行利益竞争的基本准则,以维持社会系统的稳定运行。

78.在一个系统内部,有处于主动、强势地位的构成部分,也有处于被动、弱势地位的构成部分。处于强势地位的主导者,应当把握这样的原则:要为弱势者的存在和运行留有必要的空间,一旦完全堵塞了弱势者的生存运行空间,那么,就必然引起弱势群体的反抗,导致弱势者"以弱胜强"的结果。这对于强势者、对于整个系统都是不利的。

79.自然之道还有一个重要特征是,虽然没有亲疏人情,但总是给出最为通情达理的路径。社会系统的治理过程,也应如此。在解决各种矛盾时,要从事情的整体性和关联性来考虑,尤其要考虑到解决矛盾方式的后续关联影响。

80.《道德经》全篇行文至此,可以初始社会状态作为参照系,对之前所分析的现实社会系统的种种现象进行归纳总结。"小国寡民",对照的是第六十章、第六十一章所讨论的"大国"问题;"使有什伯之器而不用",对照的是第十九章、第五十七章所讨论的"巧""利"问题;"使民重死而不远徙",对照的是是第七十二章、第七十四章所讨论的"民之轻死"问题;"虽有舟舆,无所乘之""邻国相望,鸡犬之声相闻,民至老死,不相往来",对照的是第四十六章"戎马生于郊"问题;"虽有甲兵,无所陈之",对照的是第三十章、第三十一章所讨论的"兵强天下"问题;"使民复结绳而用之",对照的是第七十九章所讨论的"无德司彻"问题;"甘其食,美其服,安其居,乐其俗",对照的是第五十三章所讨论的"服文彩,带利剑,厌饮食,财货有余"问题。

综合而言,如果能够将外在强加于自然事物的内容,回复到自然事物的本真状态,就能够认识到自然事物任何发展过程的本质;反之,就会对自然事物发展的任何过程都无法认识其本质。认识社会系统的发展变化，亦是如此。站在当下社会状态的视角来看，相对于"小国寡民"的初始状态而言，人类社会很难说是一种"进化"，一定程度上是在不断"退化"的。人类社会未来的发展，应当从"小国寡民"的初始状态之中吸收一些本质性的内容。

　　81.《道德经》全篇即将完结，可以对"道"的主要内容进行归纳总结。通过全篇的分析讨论，归纳起来说，"道"是一种理想化的完美状态，很难在现实中那么完美无缺地实现。如果，能够以尽可能不超越（"不多"）、尽可能遵循规律的一般性（"不博"）、尽可能不刻意追求功德（"不积"）、尽可能不妨害万物（"不害"）、尽可能不过分追求自身利益而损害系统（"不争"）的原则去行为的话，那么，也就是践行"道"的基本准则了。

附录二　《道德经》各章的核心概念及逻辑关系

核心概念	针对自然系统的概念或准则	针对社会系统的概念或准则	关于认识论的概念或方法	相关章目
道	道→无、有		道→无、有	第一章
无为				第二章—第十章
	道→无→无为			第二章
		道→无→无为→无为而治		第三章
			道→无→万物之宗、天地	第四章
	无为→天地不仁	无为→圣人不仁→守中、以免"多言数穷"		第五章
	道→无→天地→天地根（谷神不死）			第六章
	无为→天地不仁→不自生			第七章
		无为→圣人不仁→不争		第八章
		不争→功遂身退		第九章
		无为→涤除"有为"→德（玄德）		第十章

续表

核心概念	针对自然系统的概念或准则	针对社会系统的概念或准则	关于认识论的概念或方法	相关章目
无、有				第十一章—第十三章
	道 →"无""有"→"无—用""有—利"			第十一章
		"无—用""有—利"→去彼取此		第十二章
		"无—用""有—利"→去彼取此→以身为天下		第十三章
为道				第十四章—第二十一章
			道→为道→混而为一、道纪	第十四章
			道→为道（豫兮若冬涉川，犹兮若畏四邻，俨兮其若宾客，涣兮其若凌释，敦兮其若朴，旷兮其若谷，混兮其若浊，孰能浊以静之徐清，孰能安以动之徐生）	第十五章
	为道→知常（知常容，容乃公，公乃全，全乃天，天乃道，道乃久）→道	道→为道→知常（知常容，容乃公，公乃全，全乃天，天乃道，道乃久）	道→为道→知常（致虚极，守静笃。万物并作，吾以观复）	第十六章
		道→为道→知常→自然（百姓皆谓我自然）		第十七章
		自然→以免"道废""仁义"（大道废，有仁义）		第十八章

核心概念	针对自然系统的概念或准则	针对社会系统的概念或准则	关于认识论的概念或方法	相关章目
		以免"道废"→绝—弃—复(绝圣弃智,民利百倍;绝仁弃义,民复孝慈;绝巧弃利,盗贼无有)		第十九章
			绝—弃—复→贵食母→道	第二十章
			贵食母→以阅众甫→道	第二十一章
同于道				第二十二章—第二十四章
		道→不争→抱一、曲则全	道→不争→抱一、曲则全	第二十二章
		道→不争→抱一→同于道		第二十三章
		同于道→以免"同于失"		第二十四章
道法自然				第二十五章—第三十六章
			道→大逝远反	第二十五章
	道法自然→重为轻根、静为躁君	道法自然→重为轻根、静为躁君	道法自然→重为轻根、静为躁君	第二十六章
		道法自然→善行		第二十七章
	道法自然→常德(婴儿、无极、朴)	道法自然→知其雄守其雌→常德		第二十八章
		道法自然→常德→不可为不可执、去甚去泰去奢		第二十九章
		道法自然→常德→以免"不道早已"		第三十章
		以免"不道早已"→有道者不处		第三十一章

续表

核心概念	针对自然系统的概念或准则	针对社会系统的概念或准则	关于认识论的概念或方法	相关章目
	道法自然→朴	道法自然→朴→始制有名→知止		第三十二章
		以免"不道早已"→自胜、不亡		第三十三章
	道法自然→无欲→不自为大			第三十四章
	道法自然→执大象天下往	道法自然→用之不足既		第三十五章
		道法自然→用之不足既→微明→鱼不可脱于渊		第三十六章
道	无名之朴→道	无为而无不为→道		第三十七章
德		道→道—德—仁—义—礼	道→道—德—仁—义—礼	第三十八章
一	道→一			第三十九章
弱者道之用				第四十章—第四十六章
	道→弱者道之用			第四十章
		弱者道之用→上士、中士、下士	弱者道之用→明道如昧、建德若偷、大白若辱	第四十一章
	道→强梁（乾）		道→强梁（乾）→损之而益或益之而损→强梁者不得其死	第四十二章
	道→至柔（坤）	弱者道之用→无为之有益		第四十三章
		弱者道之用→知足不辱、知止不殆		第四十四章
	道→一、弱者道之用→清静为正	道→一、弱者道之用→大成若缺、其用不弊		第四十五章

核心概念	针对自然系统的概念或准则	针对社会系统的概念或准则	关于认识论的概念或方法	相关章目
		大成若缺、其用不弊→知足		第四十六章
不为而成				第四十七章—第五十五章
			道→为道→不行而知、不为而成	第四十七章
		为道→不为而成→取天下常以无事	为道→不行而知→为道日损	第四十八章
		取天下常以无事→圣人常无心		第四十九章
	不为而成→无死地			第五十章
	不为而成→莫之命而常自然			第五十一章
		不为而成→守其母	不为而成→守其母	第五十二章
		不为而成→行于大道、以免"非道"		第五十三章
		不为而成→守其母→修—德		第五十四章
		不为而成→守其母→知和、以免"强物"		第五十五章
玄同、以正治国				第五十六章—第六十一章
	道→玄同→不可得其亲疏、利害、贵贱		道→玄同→塞其兑、闭其门、挫其锐、解其纷、和其光、同其尘	第五十六章
		道→玄同→以正治国、以无事取天下		第五十七章
		以正治国→方而不割		第五十八章
		以正治国→方而不割→积德		第五十九章

核心概念	针对自然系统的概念或准则	针对社会系统的概念或准则	关于认识论的概念或方法	相关章目
		以正治国→治大国若烹小鲜→德交归		第六十章
		德交归→大者宜为下		第六十一章
善				第六十二章—第六十九章
		道→善、以免"不善"		第六十二章
		道→善→无为、不为大		第六十三章
		善→无为、不为大→以免"为之于未有"→无为无败		第六十四章
		无为无败→不以智治国		第六十五章
		不以智治国→不争		第六十六章
	道→善→慈、俭、不敢为天下先			第六十七章
		不争→不争之德配天		第六十八章
		善→慈、俭、不敢为天下先→不敢为主而为客		第六十九章
不我知				第七十章—第七十二章
			道→言有宗、事有君、不我知	第七十章
		道→不我知→知不知		第七十一章
		知不知→不厌		第七十二章
天网恢恢，疏而不失				第七十三章—第七十五章

核心概念	针对自然系统的概念或准则	针对社会系统的概念或准则	关于认识论的概念或方法	相关章目
	道→天网恢恢疏而不失			第七十三章
		道→天网恢恢疏而不失→以免"代大匠斫伤其手"		第七十四章
		不厌→以免"民之难治""民之轻死"		第七十五章
柔弱				第七十六章—第七十九章
	道→柔弱者生			第七十六章
	道→有余而又以奉天	道→不欲见贤		第七十七章
		道→柔弱者生→弱之胜强		第七十八章
	道→常与善人	道→常与善人→有德司契		第七十九章
道			小国寡民→道	第八十章—第八十一章
			使有什伯之器而不用→绝一弃一复→道；使民重死而不远徙→以免"民之轻死"→道；"虽有舟舆，无所乘之""邻国相望，鸡犬之声相闻，民至老死，不相往来"→知足→道；虽有甲兵，无所陈之→有道者不处→道；使民复结绳而用之→有德司契→道；甘其食，美其服，安其居，乐其俗→行于大道→道	第八十章
	利而不害→道	善者不多、知者不博、为而不争→道	信言不美→道	第八十一章

附录三 《道德经》构建的道—德—仁—义—礼递进关系

众所周知,《道德经》对于儒家所推崇的"仁""义""礼"是持批判态度的。但是,人们并没有认识到《道德经》批判"仁""义""礼"的逻辑基础是什么。

《道德经》诸多章节都涉及对"道""德""仁""义""礼"的论述,并以递进方式论述它们之间的逻辑关系。其中第三十八章对"道""德""仁""义""礼"的关系进行了完整的论述。

第三十八章原文[①]:上德不德,是以有德;下德不失德,是以无德。上德无为而无以为;下德无为而有以为。上仁为之而无以为;上义为之而有以为。上礼为之而莫之应,则攘臂而扔之。故失道而后德,失德而后仁,失仁而后义,失义而后礼。夫礼者,忠信之薄,而乱之首。前识者,道之华,而愚之始。是以大丈夫处其厚,不居其薄;处其实,不居其华。故去彼取此。

如何以合理的逻辑思维来认识第三十八章的哲学内涵?本文通过参详其他章节的相关内容,从以下几个方面来解读《道德经》所构建的道—

---

① 原文均引自:陈鼓应.老子今注今译[M].北京:商务印书馆,2003.该书正文前说明:老子书,错简、衍文、脱字及误字不少,今依王弼本为蓝本,参看帛书及傅奕本等古本,根据历代校诂学者可取的见解,加以订正。

德—仁—义—礼递进关系。

一、从"有德司契，无德司彻"来认识道—德—仁—义—礼的递进关系

如何更准确地理解本章"上德不德，是以有德；下德不失德，是以无德"中的"有德""无德"？第七十九章"有德司契，无德司彻"提供了一个很容易理解的释义。第七十九章原文为"和大怨，必有余怨；报怨以德，安可以为善？是以圣人执左契，而不责于人。有德司契，无德司彻。天道无亲，常与善人"。其含义是：和解"大怨"之后，必然还会遗留"小怨"，和解"小怨"之后，必然还会遗留其他"小怨"。总之，和解"怨"，是不可能一步到位实现的。在和解恩怨的过程中，不宜简单地解决直接矛盾，而要从事情的整体性和关联性来考虑，尤其要考虑到解决矛盾方式的后续关联影响。比如，有人欠债，拿着借据契约强迫他一次性还清，还不如让他在可承受能力下逐步还清，既不会难为他而造成后续关联影响，也能使两者间债务契约逐步了结。通过社会现象来比拟阐释自然世界的规律，是《道德经》的一种论述方式，第七十九章就是以"有德司契，无德司彻"的社会规律，来比拟阐释自然世界的"天道"。天道，虽然没有亲疏人情，却处处给出对人而言最为合理的路径。其阐释的哲学思想是：任何事物都会产生其关联影响，直接的问题解决了，却可能因解决这个直接问题而在关联领域产生其他影响。处理问题、解决矛盾，还应当从遵循"道"的整体性和关联性来考虑方式方法，寻找到能设身处地为相关者着想的解决途径。

第三十八章之中的"有德""无德"，与第七十九章"有德司契，无德司彻"，意涵是相通的。"有德司契，无德司彻"的含义就是：如果从遵循"道"的整体性和关联性来考虑问题的话（"有德"），那么，不宜以决绝的方式来执行契约，而应采取更和缓的方式，以保持稳定的关系（"司契"）；如果不从"道"的整体性和关联性来考虑问题的话（"无德"），那么，就会单一地考虑契约的执行，而导致不顾一切关联影响的后果，终结原有的关系（"司彻"）。参照"有德司契，无德司彻"的意涵，"上德不德，

是以有德；下德不失德，是以无德"的含义是，上德，遵循"道"的整体性和关联性来考虑问题，并不拘泥于以决绝的方式来执行某一约束，而以更和缓的方式变通，所以"有德"；下德，则不从"道"的整体性和关联性来考虑问题，单一地考虑约束的执行，而不顾一切关联影响的后果，所以"无德"。

参照"有德司契，无德司彻"，可以更好地理解"上德无为而无以为；下德无为而有以为。上仁为之而无以为；上义为之而有以为。上礼为之而莫之应，则攘臂而扔之。夫礼者，忠信之薄，而乱之首"的含义。即，以执行契约为典型之例来认识，上德，既没有采取强制执行行为，在本质上也没有违背契约；下德，采取了强制执行行为，虽然没有违背契约；上仁，没有采取强制执行行为，却在本质上变更了契约内容，虽然从个体意图来看是"良善"的，但却极有可能损害了整体的秩序和利益；上义，在本质上是有强制执行行为，也在本质上变更了契约内容，虽然从个体意图来看是"良善"的，但却极有可能损害了整体的秩序和利益，甚至违背了直接受益者的意愿；上礼，话语权大的小众群体，以自身认识变更契约内容，进而以变相的方式强制执行，变更的契约未必符合规律，也未必符合大众的意愿和利益。所以，礼，是破坏契约、不遵循规律、不顾及大众意愿和利益的行为，也是导致大众破坏契约、不遵循规律、不顾及整体利益的起因。

综合起来，就可完整地认识《道德经》哲学体系所构建的道—德—仁—义—礼的递进关系。"道"，是客观的自然规律；认识并践行"道"并有效发挥"道"的功用，就是"德"。上德，完全遵循"道"的行为，且这个行为对"道"的遵从是内化于心的自主行为，并非刻意而为；下德，完全遵循"道"而决定其行为，但这个行为对"道"的遵从是刻意而为，尚未内化于心；上仁，意愿上是遵循"道"规则而行为，但在行为过程中无意加入了"公平""仁爱"等其他的自身价值内容，尽管从具体相关者角度而言是"良善"的，但对于整体而言未必是合理的。但是这个行为并不是刻意而为，亦即，自身并没有意识到自身良善的意愿已经加于"道"规则之上；上义，与上仁的行为基本类似，但是这个行为是刻意而为，亦即，将自身价值强加于"道"规则之上；上礼，行为并不以"道"规则为主要遵循，而是以话语权大的部分群体的价值来规定，并采取具有一定强制力的方式予以推行。

二、从"天网恢恢，疏而不失"来认识道—德—仁—义—礼的递进关系

第二十三章"希言自然。……故从事于道者，同于道；德者，同于德；失者，同于失"句，可以认识到"仁""义""礼"，都可以归于"道""德"之外的"失"范畴内。第二十三章是以"希言自然"为逻辑基础来论述的，那么，怎样来认识"希言自然"呢？可以参照第七十三章提出的"天网恢恢，疏而不失"命题来理解其深刻含义。

第七十三章原文：勇于敢则杀，勇于不敢则活。此两者，或利或害。天之所恶，孰知其故？是以圣人犹难之。天之道，不争而善胜，不言而善应，不召而自来，繟然而善谋。天网恢恢，疏而不失。

"勇于敢则杀，勇于不敢则活。此两者，或利或害。天之所恶"的含义是，敢为，是一种勇气，但往往因此而招致祸患；不敢为，也是一种勇气，往往因此而得以生存。两种勇气，有的时候有利，有的时候则受害。上天到底喜欢哪一种勇气，其实也没有人能够说清楚。不过，"天之道"并不喜欢这种需要根据利害进行选择的东西。所以，"天之道"并不根据利害变化而变化，而是有自身的运行规律，不需要万物之争，不需要万物的请求，也不需要万物的召唤，在既定的情境下，就会出现相应的变化。这里所指的"天之道"，最典型的例子就是"季节气候的变化"，它所掌控的季节气候因素并不繁复，但是对于万物都有其相应的照应而不会疏漏。"是以圣人犹难之"的含义是，得道的圣人，对于此类孰利孰害的问题，采取任之自然的态度。"难"字在这里是"听之任之"的意思。"天之道"是这样的：并不需要你刻意争竞，也会给你取胜的机会；并不需要刻意的请求，也会给你相应的回应；不需要你的祈祷，也会及时救助于你。对于具体问题并不汲汲关切深究，却能有效把控解决。

"天网恢恢，疏而不失"句表达的是：自然系统、社会系统的统治，都必然是稀疏不密的，但对于整个系统而言又是严密的。第七十三章"天

网恢恢，疏而不失"命题所阐释的哲学思想主要是：天道，似乎对万物万生的困难无所顾及，但其顾及未尝不周。自然世界的统摄规则如同有天网，稀疏不密，但对万物的关怀却不会有所遗漏。人类行为中，"顺应自然"是极为简单的，听任自然而然和本心即可，不必汲汲计较。对自然世界而言，只要你所处所行，是在你自己的合适位置上，并不需要你刻意争竞，也会给你取胜的机会；并不需要刻意的请求，也会给你相应的回应；不需要你的祈祷，也会救助于你。

"天网恢恢，疏而不失"，实质上是对"道"的基本特征的描摹。人们在行为过程中如何认识和应对"天网"，反映了"道""德""仁""义""礼"的基本特征。以"渔网"来比拟"天网"。道者，遵循的是一张完整渔网的功能，不仅要遵循捕捞大鱼获得利益的功用，同时也要遵循放弃生长期鱼苗以保障生态持续性的功能；德者，遵循的是一根根网绳的规定性，虽然并不完全认识完整渔网的功能，但严格遵守了完整渔网的要求；而仁者，则可能在"网眼"部分，依据自身的价值判断增加一定的网格，虽然本意是堵塞"漏洞"，但它已经妨害了完整渔网的整体性功能；义者，则只是遵从仁者所"缔结"的网绳，而完全不再关注完整渔网的整体性功能；礼者，则是完全依据自身的价值判断来"缔结"过密的网眼，表面上是堵塞了"漏洞"，但使完整渔网的各种功能丧失殆尽。从这个角度来认识，就很容易理解《道德经》哲学体系中为什么要对"仁""义""礼"持否定态度了，因为，这些行为规范都是人为的，局部来看或是有益的，但整体上是妨害系统功能的。

三、从"希言自然"来认识道—德—仁—义—礼的递进关系

接下来就可以讨论以"希言自然"为逻辑基础论述"道""德"之外的"失"的第二十三章。

第二十三章原文：希言自然。故飘风不终朝，骤雨不终日。谁为此者？天地。天地尚不能久，而况于人乎？故从事于道者，同于道；德者，同于德；失者，同于失。同于道者，道亦乐得之；同于德者，德亦乐得之；同于失者，失亦乐得之。信不足焉，有不信焉。

如何认识"希言自然"的哲学涵义？《汉字源流字典》对"希"的释义是"本义为麻布织得不密①。引申指稀疏、不密"。所以，"希言自然"较为合理的释译应为：稀疏、不密，是"自然而为"的统治秩序的基本特征。与《第七十三章》所阐述的"天网恢恢，疏而不失"有基本相同的意涵。"希言自然"的意涵就是："希"（稀疏的规制）是自然宇宙世界统摄万物的重要特征。

"故飘风不终朝，骤雨不终日。谁为此者？天地。天地尚不能久，而况于人乎？"的含义是，狂风很难持续一个早晨，暴雨很难持续一整天。表明：即使是天地这样的自然统摄者，也只能在一定的时点实施严格的统治，在一般情形下，也只能是稀疏不密的统治。自然系统尚且如此，人类社会系统则更是如此。"故从事于道者，同于道；德者，同于德；失者，同于失"的意思是，论及"遵从"问题的话，遵从于"道"则同于"道"；遵从于"德"则同于"德"；遵从于"失"则同于"失"。本章的"失"就是"道""德"之外的"仁""义""礼"。其含义，依然可采用《第七十三章》所阐述的"天网"来比拟。不同的观察者，有不同的认识，也就有不同的行为选择。道者，看到的是一张功能完整的网；德者，看到的是表征规制的一根根纵横交错的网绳；失者，看到的是表征漏洞的一个个网眼。"信不足焉，有不信焉"的含义是，你的行为之所以会与真正的"道""德"有很大的偏差，是源自你的认识与"道""德"的偏离程度。这里的"信"，是指某人的内心认识，即，你认识到的是一张完整网所表征的系统功能，还是一根根纵横交错的网绳所表征的规制，或者是一个个的网眼所表征的漏洞？亦即，其认识与"道""德"本质的偏离程度。

第二十三章"希言自然"命题阐释的哲学思想是：系统的整体性是认识"道"及"德"的核心思维。把握系统整体性思维，首先要深刻认识：稀疏不密，是自然系统统治的基本特征，也是社会系统统治的基本特征。在自然系统中，即使天地这样的统治者，也只能在一定的时点实施严格的统摄，而在一般情形下只能是稀疏不密的统摄。自然系统尚且如此，人

---

① 参见：谷衍奎.汉字源流字典[M].北京：语文出版社，2008.

类社会系统更是如此。在稀疏不密的统摄背景下，"道者"认识和选择了稀疏不密统摄的整体性；"德者"则认识并选择了稀疏不密统摄的规定性；"仁""义""礼"等"失者"则看到并选择了稀疏不密统摄的漏洞。选择整体性的，系统的整体性就适应他；选择规定性，系统的规定性就适应他；选择漏洞的，系统的漏洞也适应他。不能说是因为稀疏不密的统治而缺乏严密性，使得"失者"有空子可钻，归根结底，还是"失者"自身认识决定了他们的选择。

四、从"天地不仁"来认识道—德—仁—义—礼的递进关系

第五章提出"天地不仁"的命题，还提出"多言数穷，不如守中"的践行准则。实质上也讨论了"道""德""仁""义""礼"的关系。"不仁"反映了"道"的一般特征，"守中"反映了遵循"道""德"的一般原则，"多言数穷"则反映了违背"道""德"原则的"仁""义""礼"的行为后果。

第五章原文：天地不仁，以万物为"刍狗"；圣人不仁，以百姓为"刍狗"。天地之间，其犹橐籥乎！虚而不屈，动而愈出。多言数穷，不如守中。

参照前文关于"仁"的含义的分析，可以认识到，本章之中的"不仁"，其意涵是：在遵循"道"的过程中，不会掺入自身的价值内容而强加于万物，也不会刻意而为。"天地不仁，以万物为刍狗；圣人不仁，以百姓为刍狗"的含义是，如何来看待天地与万物的关系？就犹如接受祭祀的神祇与祭祀物刍狗①之间的关系：其一，神祇不会去区分哪一个祭祀物是哪一个百姓供奉的，从而有所区别地对待；其二，神祇接受祭祀物，并不是真的要享受祭祀物的什么功用，而只是反映供奉者的一种信仰意愿表达；其三，供奉者持有"祭神如神在"的心念，神祇也同样表达"祭祀物在如供奉者在"之意。总之，天地对于万物之生命是重视的，赋予各自旺盛的生命力。但是，天地对于万物的成长生灭，是任其自生自成的，不会

---

① "刍狗"含义，参照《庄子·天运》："夫刍狗之未陈也，盛以箧衍，巾以文绣，尸祝齐戒以将之；及其已陈也，行者践其首脊，苏者取而爨之而已。""刍狗"，本指用草扎成的祭祀物，祭祀过程中是极其神圣的，祭祀完毕，就不再重视。所以，"天地不仁，以万物为刍狗"的完整含义是：天地对于万物之生命是重视的，赋予各自旺盛的生命力。但是，天地对于万物的成长生灭，是任其自生自成的，不会施加特定的影响。参见：陈鼓应.庄子今注今译[M].北京：中华书局，2016.

施加特定的影响。与此同理，遵从"道"的统治者与民众之间的关系，也应如此。"天地之间，其犹橐籥乎"的含义是，天地作用于万物，并不是直接对万物逐一施加影响，而只是通过"天地之间"的这个空间系统来影响。以现代学术思想来理解"天地之间"，类似于"自然生态系统"。这个空间系统，就犹如一个风箱，"天地"对空间系统产生一个影响，就犹如拉一下风箱，就会对整个系统产生各种影响，进而对系统之中的万物产生相应的各种关联性的影响。"虚而不屈，动而愈出"的含义是，天地之间的自然系统原本存在一种平衡关系，但是，你越是作为，那么，系统变化也就越多，也就越动荡。《道德经》主张"不要总去拉风箱，而造成无谓的动荡变化"。某些释译本解释为"不断拉风箱可获得源源不断的动力"，这是与《道德经》的基本哲学思想不符的。"多言数穷，不如守中"的含义是，不使系统秩序混乱程度增加，有效方法是减少无谓活动，以保持系统稳定性为上。"多言数穷"字面意思是：过多关注影响自己命运（"数"）的因素，反倒使得自己的人生无所适从。例如，气候变化，大体上有规律可循，偶尔气候反常，很快就会过去而回归正常。如果总是想方设法预测和应对气候的非正常变化，反而导致你无所适从，不如稳定遵循一般气候变化规律，顺应其变化，对于偶尔反常气候大可不必刻意关注。"多言数穷"，以现代学术思想来理解，某种意义上类似"熵增原理"，即一个系统发生变化，必然带来系统的"熵增"，亦即导致系统秩序混乱程度的增加。"守中"，就是遵循正常状态下的一般运动规律，而不过多地考虑偶尔的异常波动变化，"守中"就是要节制"虚而不屈，动而愈出"之类的无谓行为。

第五章"天地不仁"命题所阐述的哲学思想是："无为"，体现了自然世界统摄者与被统摄者之间的关系，"天地不仁，以万物为刍狗"是其基本逻辑。"天地不仁"，即，统摄者不可能特别地关注某一特定成员，只能任由各成员自身去寻求合适的位置而生存；"以万物为刍狗"，即，尽管总体而言，"天地不仁"，但对于微观个体，天地有其优先顺位，即初期生命处于优先顺位。如何顺应自然而行事？以"多言数穷，不如守中"为原则。如果你总是想方设法地预测事物的非正常变化，反而导致你无所适从，不如稳定地遵循一般变化规律，而顺应其变化，对于偶尔反常的变化大可不必刻意关注，即使刻意关注也不可能带来什么样的改进。对于社会系统，也是同样的道理，统治者的作为越多，系统秩序的混乱程度就必然加剧，所以，"多言数穷，不如守中"也应成为社会系统统治的基本原则。

五、从"大道废，有仁义"来认识道—德—仁—义—礼的递进关系

第十八章和第十九章提出了"大道废，有仁义"的命题，也讨论了道—德—仁—义—礼的递进关系。

第十八章原文：大道废，有仁义；智慧出，有大伪；六亲不和，有孝慈；国家昏乱，有忠臣。该章比较合乎逻辑的断句应为"大道废，有仁、义。（进而导致：）智慧出，有大伪；六亲不和，有孝慈；国家昏乱，有忠臣"。即，"大道废，有仁义"是"智慧出，有大伪；六亲不和，有孝慈；国家昏乱，有忠臣"的逻辑前提，亦即，"智慧出，有大伪""六亲不和，有孝慈""国家昏乱，有忠臣"三种情形，都是"大道废，有仁义"所导致的结果。"有"字，《说文解字》的释义为"有，不宜有也"[1]。"智慧出，有大伪；六亲不和，有孝慈；国家昏乱，有忠臣"句中的"有"的含义是，凸显了那些与"道"并不相宜的现象，即，智慧显现的情形下，反倒凸显了那些人为创设的事物或器物；父子夫妇兄弟之间六亲不和，反倒凸显那些孝慈行为；国家昏乱之时，反倒凸显了一些忠臣行为。但这些凸显的现象，相对于"大道废"而言是无济于事的，甚至可以看作是"大道废"的表征。

"大道废，有仁义"是什么意涵？根据前文的分析，"仁义"是指，意愿上遵循"道"之法则而行为，但在行为过程中有意无意间加入了"公平""仁爱"等自身主观价值规范，尽管从局部或个体角度而言它是"良善"的，但对于整体而言是妨害系统功能的。亦即，有意无意地将自身价值判断加诸"道"的法则之上，是对"道"之"系统的整体性"的破坏。

第十九章原文：绝圣弃智，民利百倍；绝仁弃义，民复孝慈；绝巧弃

---

① 参见：许慎.说文解字[M].北京：中华书局，2013.

利，盗贼无有。此三者以为文，不足。故令有所属：见素抱朴，少私寡欲，绝学无忧。

"绝圣弃智，民利百倍"的含义是，不过分追求"圣智"，民众的行为反而更加顺当、更无阻碍。《汉字源流字典》对"利"的一种释义为"顺当"，如"因其时而利导之"①。"绝仁弃义，民复孝慈"的含义是，不刻意追求"仁义"，民众的行为反而回归到那种发自本心的"孝慈"了。"绝巧弃利，盗贼无有"的含义是，不过分追求"因巧获利"，也就不会诱发盗贼者那种"不当获取名利"的心思，不会更多地诱发滋生出"不当取利"的实际盗窃行为。"令有所属"的含义是，不同的时令遵从其时令规律。《汉字源流字典》对"令"的一种释义为：古人认为，不同时节应有不同政令，各有所禁止，以顺应时节变化。笔者认为，"令有所属"采用此含义更符合《道德经》的整体思想，不宜释为"使人民思想有所归属"。"令有所属，见素抱朴，少私寡欲，绝学无忧"，是遵从"道"而避免走上"圣智""仁义""巧利"歧途的几个原则。即，遵从大自然的时令变化；无论内心和外在都只保留本真的东西；去除不必要的需求欲望；不从众求取不符合"道"的认识，不从众忧虑不符合"道"的问题。"绝学无忧"不宜解释为"拒绝文化学问，就不会招致忧患"。"绝学"的含义是，一切不符合"道"的认识，都要去除；"无忧"，一切不符合"道"的问题，都不去考虑。

第十八章"大道废，有仁义"命题所阐释的哲学思想是："道"的统摄特征是"无为"，"道"的基本特征是"系统的整体性"，违背这些特征就是"道废"。那么，社会系统中常出现什么样的"道废"表现形式呢？社会系统中常出现所谓的"仁义"规范要求，其成因是部分群体无视自然系统规律之后，社会系统呈现无序状态，而统治者试图治理无序状态时，不是从"道"的规范出发，而是倡导人为的规范。另一方面，"仁义"规范要求的强化，更进一步地导致自然系统规律被漠视，社会系统则呈现更加无序状态。人设的规制、人造的器物，不足以解决人类无限逐利的欲求；

---

① 参见：谷衍奎. 汉字源流字典 [M]. 北京：语文出版社，2008.

人为的孝慈行为，往往不是发自内心的，而且也不足以解决人群之间的利益冲突；人为的忠贞行为，个体动机是良善的，但对于解决社会无序状态无济于事。第十九章所阐释的哲学思想主要是：对于社会系统中出现的"道废"现象，应当采取什么样的方法去纠正呢？关键还在于如何回复到符合"道"的正途之上，而远离那些偏离"道"的歧途。其一，不要试图通过比他人更为智慧的方式去获取财富从而表现竞争优势，如果大家都放弃了比较竞争，各得其所，实际上个体乃至社会会更加顺当；其二，也不要试图通过比他人更易获得赞誉的方式去表现自己的孝慈，如果大家都不怀比较之心的话，各自就会回归到本性的孝慈方面；其三，更不要试图通过巧取豪夺的方式去快捷地累积财富，如果大家都不比较财富累积的难易快慢，那么，也就不会有人以损人利己的方式去累积财富。要做到不与他人相比较，最根本的就是只关注你内心所真正需要的东西，在你真正的需求之外，不要额外增加任何外在的追求。

六、《道德经》构建的道—德—仁—义—礼递进关系的完全释义

第三十八章完整地阐述了《道德经》构建的道—德—仁—义—礼递进关系。综合前文对"天网恢恢""希言自然""天地不仁""大道废有仁义"等内容的分析，第三十八章的完整涵义及其所阐释的哲学思想可归纳为："道"的核心本质是系统的整体性。要认识"道"并践行"道"的本质，就必须层层去除人为施加的各种局部"规定"，回归系统的整体性。各种人为的"规定"，都是从局部情形出发而做出的片面性规定，使得系统的整体性遭受破坏，使得人类行为越来越偏离"道"的本质。"故失道而后德，失德而后仁，失仁而后义，失义而后礼"表明：人类社会，在朝着偏离"道"的方向不断退化。在无法完全认识"道"的情形下，践行了"德"（基本遵从了"道"的客观规定性，但并没有完全认识"道"的系统功能）；而对于"德"有所偏离的情形下，又践行了"仁"（出于局部的认识，而在"道"的规定性之上附加了自身的价值规定）；而对于"仁"又有所偏离的情形下，又践行了"义"（偏重于遵从"仁"的人为规定性，而不再重视"道"）；而对于"义"继续偏离，转而就是"礼"（强

制遵从人为的规定性，而远远地偏离了自然而然的"道"）。《道德经》批判"仁""义""礼"的逻辑基础是，自然系统、社会系统的整体性，是最为根本的，是各主体在任何时空条件下所需遵循的，人类社会某些群体以自身的价值判断为依据所做出的人为规定性，不能损害甚至无视最根本的"规律"。（如果以"网"来比拟的话，那就是，不能在自然法则已编织好，且功能完好的系统之网上，再人为去编织更细密的仁义之网，更不能以人设的仁义之网去强行规制人类行为）。

《道德经》各章关于"道""德""仁""义""礼"的论述，可做如表1所示的归纳。

表 1 《道德经》对"道""德""仁""义""礼"的论述综览

	道	德	仁	义	礼
基本涵义	自然规律、体现为系统的整体性	遵从"道"的规定性	在"道"的规定性之上附加自身价值规范	偏重于遵从"仁"的人为规定性	强制推行"仁""义"的人为规定性，而罔顾"道"
第三十八章	上德	下德	上仁	上义	上礼
第七十九章	天道无亲	有德司契	无德司彻		
第七十三章	天网恢恢，疏而不失	不争、不言、不召	争、言、召		
第二十三章	同于道	同于德	同于失		
第五章	天地不仁	守中	多言数穷		
第十八章、第十九章	大道	令有所属	大道废，有仁义：智慧、孝慈、忠臣		

附录四　《道德经》关键词索引及新识

【不争】

【索引】

第三章

不上贤，使民不争。

第八章

上善似水。水善利万物而又不争，居众之所恶，故几于道矣。居善地，心善渊，予善信，政善治，事善能，动善时。夫唯不争，故无忧。

第二十二章

不自视故明，不自见故彰，不自伐故有功，弗矜故能长。弗唯不争，故莫能与之争。

第六十六章

故居前而民弗害也，居上而民弗重也，天下乐推而弗厌也。非以其无争与，故天下莫能与争！

第六十八章

善为士者不武，善战者不怒，善胜敌者弗与，善用人者为之下，是谓不争之德。

第七十三章

天之道，不争而善胜，不言而善应，不召而自来，繟然而善谋。

第八十一章

圣人无积，既以为人，己愈有；既以予人矣，己愈多。故：天之道，利而不害；人之道，为而弗争。

【新认识与新释译】综合各章有关"不争"的论述，"不争"的主要意涵是："圣人"之"不争"，是"圣人"在较低层级上，没有自身的利益追求，而是以系统整体的完好性为追求目标，"圣人"自身的利益体现在更高层级上。

【不殆】

【索引】

第十六章

知常容，容乃公，公乃王，王乃天，天乃道，道乃久，殁身不殆。

第二十五章

有物混成，先天地生。寂兮寥兮，独立而不改，周行而不殆，可以为天下母。

第三十二章

始制有名，名亦既有，夫亦将知止，知止可以不殆。

第四十四章

知足不辱，知止不殆，可以长久。

第五十二章

天下有始，以为天下母。既得其母，以知其子；既知其子，复守其母，没身不殆。

【新认识与新释译】综合各章有关"不殆"的论述，"不殆"的主要意涵是：某一系统长期稳定地运行，而不会走向发散的不可收敛状态。而维持长期稳定状态的路径有："知常""知止""守其母"。亦即，遵循规律、遵循适度原则、维持最本质的特性，是维持一个系统长期稳定的路径，否则，就必然走向不归的发散之路。

【不言】

【索引】

第二章

是以圣人处无为之事，行不言之教。

第五章

多言数穷，不如守中。

第十七章

犹兮其贵言。功成事遂，百姓皆谓：我自然。

第二十三章

希言自然。故飘风不终朝，骤雨不终日。孰为此者？天地。

第四十三章

不言之教，无为之益，天下希及之。

第五十六章

知者不言，言者不知。

第七十章

吾言甚易知、甚易行，天下莫能知、莫能行。

言有宗，事有君。

第七十三章

天之道，不争而善胜，不言而善应，不召而自来，繟然而善谋。

第七十八章

是以圣人云："受国之垢，是谓社稷主；受国不祥，是为天下王。"

正言若反。

第八十一章

信言不美，美言不信。

【新认识与新释译】综合各章有关"不言"的论述，"不言"及"知者不言，言者不知"的主要意涵是：如果真正认识"道"的本质并践行之，是不需要深奥的言语去阐释的，认同"道"之理就是"自然而然"。如果有人用深奥的言语来阐释"道"之理，则表明他并没有真正认识"道"。

【复归】

【索引】

第十四章

视之不见，名曰夷；听之不闻，名曰希；搏之不得，名曰微。此三者不可致诘，故混而为一。其上不皦，其下不昧。绳绳兮不可名，复归于无物。是谓无状之状，无物之象，是谓惚恍。迎之不见其首，随之不见其后。执古之道，以御今之有。能知古始，是谓道纪。

第十六章

致虚极，守静笃。万物并作，吾以观其复。夫物芸芸，各复归其根。归根曰静，静曰复命。复命曰常，知常曰明。

第二十八章

知其雄，守其雌，为天下溪。为天下溪，常德不离，复归于婴儿。知其白，守其黑，为天下式。为天下式，常德不忒，复归于无极。知其荣，守其辱，为天下谷。为天下谷，常德乃足，复归于朴。

第五十二章

天下有始，以为天下母。既得其母，以知其子；既知其子，复守其母，没身不殆。塞其兑，闭其门，终身不勤；开其兑，济其事，终身不救。见小曰明，守柔曰强。用其光，复归其明，无遗身殃，是谓袭常。

【新认识与新释译】《道德经》凡使用"复归"一语的各章，均涉及"道的本质"的认识问题。即，从繁复的现实世界现象中，以"复归本性、复归初始"的方式，来认识"道的本质"。"道的本质"特征包括：无物、静、婴儿、无极、朴、明。

【贵】

【索引】

第三章

不贵难得之货，使民不为盗。

第十三章

贵大患若身。

第十三章

故贵以身为天下。

第十七章

犹兮其贵言。

第二十章

而贵食母。

第二十七章

不贵其师。

第三十一章

君子居则贵左，用兵则贵右。

第三十九章

侯王无以高贵将恐蹶。故贵以贱为本，高以下为基。

第五十一章

是以万物，莫不尊道而贵德。道之尊，德之贵，夫莫之命，而常自然。

第五十六章

不可得而贵，不可得而贱。故为天下贵。

第六十二章

古之所以贵此道者何？不曰以求得，有罪以免邪？故为天下贵。

第六十四章

不贵难得之货。

第七十章

知我者希，则我者贵。

第七十二章

是以圣人，自知不自见，自爱不自贵。故去彼取此。

第七十五章

夫唯无以生为者，是贤于贵生。

【新认识与新释译】综合各章有关"贵"的论述，"贵"的主要意涵是：

突出重视某一事物。

【谷】

【索引】

第六章

谷神不死，是谓玄牝。

第十五章

旷兮其若谷。

第二十八章

知其荣，守其辱，为天下谷。为天下谷，常德乃足，复归于朴。

第三十九章

昔之得一者：天得一以清；地得一以宁；神得一以灵；谷得一以盈；万物得一以生；侯王得一以为天下贞。其致之一也。天无以清将恐裂；地无以宁将恐废；神无以灵将恐歇；谷无以盈将恐竭；万物无以生将恐灭；侯王无以贵高将恐蹶。

第四十一章

明道若昧；进道若退；夷道若纇。上德若谷；大白若辱；广德若不足；建德若偷；质真若渝。

【新认识与新释译】综合各章有关"谷"的论述，"谷"的主要意涵是：能够容纳万物的环境。

【利】

【索引】

第八章

上善若水。水善利万物而不争，处众人之所恶，故几于道。

第十一章

故有之以为利，无之以为用。

第十九章

绝圣弃智，民利百倍；绝仁弃义，民复孝慈。

第五十六章

故不可得而亲，不可得而疏；不可得而利，不可得而害；不可得而贵，不可得而贱。故为天下贵。

第七十三章

勇于敢则杀，勇于不敢则活。此两者，或利或害。天之所恶，孰知其故？是以圣人犹难之。

第八十一章

天之道，利而不害。圣人之道，为而不争。

【新认识与新释译】综合各章有关"利"的论述，"利"的主要意涵是：因势利导之功用。

【明】

【索引】

第十六章

复命曰常，知常曰明。

第二十二章

是以圣人抱一为天下式。不自见，故明。

第二十四章

自见者不明。

第二十七章

是以圣人常善救人，故无弃人；常善救物，故无弃物。是谓袭明。

第三十三章

知人者智，自知者明。

第三十六章

将欲歙之，必固张之；将欲弱之，必固强之；将欲废之，必固兴之；将欲夺之，必固与之。是谓微明。

第四十一章

明道若昧。

第五十二章

见小曰明，守柔曰强。用其光，复归其明，无遗身殃，是谓袭常。

第五十五章

知和曰常，知常曰明。

【新认识与新释译】综合各章有关"明"的论述，"明"以及"知常曰明"的主要意涵是：认识"道"的本质原理，并以符合"道"的方式行为。"知常曰明"的含义是，要善于从一般事物的运行现象中归纳总结其规律，并予以践行；"不自见，故明"以及"自见者不明"的含义是，不可在系统内来评判自身的方法论原则，如同"不识庐山真面目，只缘身在此山中"所阐释的哲理；"袭明"的含义是，通过双向或多向的途径来认识"道"的本质；"知人者智，自知者明"的含义是，能够客观地认识某一特定部分在系统整体中的作用地位，并充分认识其他部门在系统整体中的作用地位，且充分认识自身与其他部分之间的联系；"微明"的含义是，允许适当突破"道"的行为出现，以使人们更好地认识到"道"的价值，这实质上是符合"道"的认识和行为，但并不以显性形态显现；"见小曰明"的含义是，在细微之处认识并践行"道"的基本原则。在认识方面要"知微见著"。

【朴】

【索引】

第十五章

敦兮其若朴。

第十九章

见素抱朴，少私寡欲，绝学无忧。

第二十八章

知其荣，守其辱，为天下谷。为天下谷，常德乃足，复归于朴。朴散则为器，圣人用之，则为官长。故大制不割。

第三十二章

道常无名，朴虽小，天下不敢臣。侯王若能守，万物将自宾。

第三十七章

道常无为而无不为。侯王若能守之，万物将自化。化而欲作，吾将镇之以无名之朴。无名之朴，夫亦将不欲。不欲以静，天下将自定。

第五十七章

我无为而民自化；我好静而民自正；我无事而民自富；我无欲而民自朴。

【新认识与新释译】综合《道德经》各章有关"朴"的论述，"朴"的主要意涵是：构成"道"的基本元素，"朴"虽小，却完全具有"道"的本质特性——具有内在收敛的机制。

【弃】

【索引】

第十九章

绝圣弃智，民利百倍；绝仁弃义，民复孝慈；绝巧弃利，盗贼无有。

第二十七章

是以圣人常善救人，故无弃人；常善救物，故无弃物。是谓袭明。

第六十二章

道者，万物之奥，善人之宝，不善人之所保。美言可以市，尊行可以加人。人之不善，何弃之有？

【新认识与新释译】综合《道德经》各章有关"弃"的论述，"弃"的主要意涵是：出现某一现象苗头或出现某一念头之时，及时放弃①。

────────

① 《汉字源流字典》对"弃"本意的解释是"扔掉新生儿"。

【仁】

【索引】

第五章

天地不仁，以万物为刍狗。圣人不仁，以百姓为刍狗。

第八章

居善地，心善渊，与善仁，言善信，政善治，事善能，动善时。

第十八章

大道废，有仁义；智慧出，有大伪；

第十九章

绝圣弃智，民利百倍；绝仁弃义，民复孝慈；绝巧弃利，盗贼无有。

第三十八章

上仁为之而无以为。上义为之而有以为。上礼为之而莫之应，则攘臂而扔之。故失道而后德，失德而后仁，失仁而后义，失义而后礼。

【新认识与新释译】综合《道德经》各章有关"仁"的论述，"仁"的主要意涵是：在"道"的自然规定性之外，额外地增加"仁爱"等人为的规定性。

【柔】

【索引】

第十章

载营魄抱一，能无离乎？专气致柔，能婴儿乎？

第三十六章

将欲歙之，必固张之；将欲弱之，必固强之；将欲废之，必固兴之；将欲夺之，必固与之。是谓微明。柔弱胜刚强。

第四十三章

天下之至柔，驰骋天下之至坚。无有入无间，吾是以知无为之有益。

第五十二章

见小曰明，守柔曰强。

第五十五章

含德之厚，比于赤子。毒虫不螫，猛兽不据，攫鸟不搏。骨弱筋柔而握固。

第七十六章

人之生也柔弱，其死也坚强。万物草木之生也柔脆，其死也枯槁。故坚强者死之徒，柔弱者生之徒。是以兵强则灭，木强则折。强大处下，柔弱处上。

第七十八章

天下莫柔弱于水，而攻坚强者莫之能胜，以其无以易之。弱之胜强，柔之胜刚，天下莫不知，莫能行。

【新认识与新释译】综合各章有关"柔"的论述，"柔"的主要意涵是：具有较强可塑性的、处于生命旺盛向上发展阶段的事物状态特征，与之相对的"刚""坚强"的含义则是：不具有可塑性的、处于生命成熟或衰退阶段的事物特征。

【善为……者】

【索引】

第十五章

古之善为士者，微妙玄通，深不可识。

第二十七章

善行无辙迹；善言无瑕谪；善数不用筹策；善闭无关楗而不可开；善结无绳约而不可解。是以圣人常善救人，故无弃人；常善救物，故无弃物。是谓袭明。故善人者，不善人之师；不善人者，善人之资。

第三十章

以道佐人主者，不以兵强天下，其事好还。师之所处，荆棘生焉。大军之后，必有凶年。故善者果而已，不敢以取强。

第五十章

盖闻善摄生者，陆行不遇兕虎，入军不被甲兵。兕无所投其角，虎无所措其爪，兵无所容其刃。夫何故？以其无死地。

第五十四章

善建者不拔，善抱者不脱，子孙祭祀不辍。

第六十五章

古之善为道者，非以明民，将以愚之。民之难治，以其智多。故以智治国，国之贼；不以智治国，国之福。知此两者亦楷式。常知楷式，是谓玄德。玄德深矣，远矣，与物反矣，然后乃至大顺。

第六十八章

善为士者不武；善战者不怒；善胜敌者不争；善用人者为之下。是谓不争之德，是谓用人之力。是谓配天，古之极。

第八十一章

信言不美，美言不信。善者不辩，辩者不善。知者不博，博者不知。圣人不积，既以为人己愈有，既以与人己愈多。天之道，利而不害。圣人之道，为而不争。

【新认识与新释译】综合各章有关"善为……者"的论述，其基本句式均为"善为……者，不……"。其实质，都是对现实中意图达成某一目的而采取的手段（方式、方法）的根本否定。意即，现实中人们所采取的惯常方法，都是与其目标背道而驰的，根本原因在于人们对于事物的认识，缺乏从"道"理的理解和认识，所以，其解决问题的方式方法也就缺乏其逻辑基础，也就不可能真正实现其目的。

【用】

【索引】

第四章

道冲而用之，或不盈。

第六章

玄牝之门，是谓天地根。绵绵若存，用之不勤。

第十一章

三十辐共一毂，当其无，有车之用。埏埴以为器，当其无，有器之用。凿户牖以为室，当其无，有室之用。故有之以为利，无之以为用。

第二十八章

朴散则为器，圣人用之，则为官长。故大制不割。

第三十五章

道之出口，淡乎其无味，视之不足见，听之不足闻，用之不可既。

第四十章

反者道之动，弱者道之用。

第四十五章

大成若缺，其用不弊。大盈若冲，其用不穷。

【新认识与新释译】综合各章有关"用"的表述，"用"的基本含义是：功用、功能，但强调的是符合自然原理的功用、符合本性需求的功用。

【欲】

【索引】

第一章

故，常无欲以观其妙；常有欲以观其徼。

第三章

不见可欲，使民心不乱。是以圣人之治，虚其心，实其腹；弱其志，强其骨。常使民无知无欲，使夫知者不敢为也。为无为，则无不治。

第十五章

保此道者不欲盈。夫唯不盈，故能蔽不新成。

第十九章

故令有所属：见素抱朴，少私寡欲，绝学无忧。

第三十四章

衣养万物而不为主，常无欲，可名于小；万物归焉而不为主，可名为大。是以圣人终不自为大，故能成其大。

第三十七章

化而欲作，吾将镇之以无名之朴。无名之朴，夫亦将不欲。不欲以静，天下将自定。

第三十九章

是以侯王自谓孤、寡、不穀。此其以贱为本耶，非乎？故致数舆无舆。不欲琭琭如玉，珞珞如石。

第四十六章

罪莫大于可欲；祸莫大于不知足；咎莫大于欲得。故知足之足，常足矣。

第五十七章

故圣人云：我无为而民自化；我好静而民自正；我无事而民自富；我无欲而民自朴。

第六十四章

是以圣人欲不欲，不贵难得之货；学不学，复众人之所过。以辅万物之自然，而不敢为。

第七十七章

孰能有余以奉天下？唯有道者。是以圣人为而不恃，功成而不处，其不欲见贤。

【新认识与新释译】综合各章有关"欲"的表述，"欲"的基本含义是：超出自然之需以满足超出自身能力的欲求。"无欲"的含义是，既没有欲求之愿，也没有付诸行动之念，更没有付诸行动之为；"不欲"的含义是，有欲求之愿，却有克制行动之念，没有付诸行动之为；"可欲"的含义是，有欲求之愿，也有付诸行动之念，是否付诸行动尚在两可之间；"有欲"的含义是，既有欲求之愿，也有付诸行动之念，亦有付诸行动之为。

【正】

【索引】

第四十四章

清静为天下正。

第五十七章

以正治国，以奇用兵，以无事取天下。吾何以知其然哉？以此：天下多忌讳，而民弥贫；民多利器，国家滋昏；人多伎巧，奇物滋起；法令滋彰，盗贼多有。故圣人云：我无为而民自化；我好静而民自正；我无事而民自富；我无欲而民自朴。

第五十八章

祸兮福所倚；福兮祸所伏。孰知其极？其无正邪？正复为奇，善复为妖。

第七十八章

是以圣人云：受国之垢，是谓社稷主；受国不祥，是为天下王。正言若反。

【新认识与新释译】综合各章有关"正"的论述，"正"的主要意涵是：事物的一般形态、正常态、连续状态。而与之相对的字词是"奇"，即，非常态、突变状态。

参考文献

[1] 陈鼓应.老子今注今译[M].北京：商务印书馆，2003.

[2] 楼宇烈校.王弼注本《老子道德经》[M].北京：中华书局，2008.

[3] 唐子恒，边家珍点校.老子道德经·王弼道德经注[M].南京：凤凰出版社，2017.

[4] 廖名春.郭店楚简老子校释[M].北京：清华大学出版社，2003.

[5] 荆门市博物馆.郭店楚墓竹简[M].北京：文物出版社，1998.

[6] 肖钢.道论·帛书《老子》破译报告[M].上海：上海三联书店，2014.

[7] 李航.道纪[M].北京：同心出版社，2007.

[8] 刘黛.郭店楚简、马王堆帛书、王弼本《老子》版本比较与分析[D].北京：北京大学，2008.

[9] 任继愈.中国哲学史（第一册）先秦部分[M].北京：人民出版社，1979.

[10] 许慎.说文解字[M].北京：中华书局，2013.

[11] 谷衍奎.汉字源流字典[M].北京：语文出版社，2008.

[12] 陈鼓应.庄子今注今译[M].北京：中华书局，2016.

[13] 高华平，王齐洲，张三夕注.韩非子[M].北京：中华书局，2015.

[14] 陈晓芬，徐儒宗译注.论语·大学·中庸[M].北京：中华书局，

2011.

[15] 杨天才，张善文注．周易 [M].北京：中华书局，2011.

[16] 姚春鹏注．黄帝内经 [M].北京：中华书局，2010.

[17] 王海军．汤川秀树对老庄思想的现代诠释 [J].湖南科技学院学报，2006 (2) .

[18] 冯端，冯少彤．熵的世界 [M].北京：科学出版社，2016.

[19] 钟茂初．可持续发展的理论阐释——物质需求、人文需求、生态需求相协调的经济学 [M].北京：教育科学出版社，2004.

[20] 钟茂初．"人类命运共同体"视野下的生态文明 [J].河北学刊,2017（3）.

[21] 钟茂初．"可持续发展"的意涵、误区与生态文明之关系 [J].学术月刊,2008(7).

[22] 老子道德经 [EB/OL].道德经网．

[23] 何新：郭店简本《老子》简体复原本 [EB/OL].新浪网，2014-02-15.

[24] 峄山人．帛书《老子》的密码 [N].新华每日电讯，2015-05-08.

[25] 夏海．老子之伦理：见素抱朴 [N].人民政协报，2016-03-09.

后　记

　　年龄半百有四、教龄三十有二，身处此际对于自然哲学和社会哲学问题的思考似有更为强烈的意愿，而深刻体悟中国古代哲学思想之意愿则更为迫切。从以往对老子思想"道听途说"和"一鳞半爪"的了解，以为道家思想与笔者所从事的生态文明与可持续发展研究有某些可融通之处，以为与自己数十年来逐渐形成的"三观"似有某些契合点，因之而选择读懂读通老子《道德经》作为近一时期专业学术之余的探索目标。

　　既然确定了"读懂读通"的基本目标，就必须一字一句地琢磨推敲原著的文理表达和哲理表达。然而，浏览众多名家对于《道德经》的释译和解读之后，发现诸多释译者普遍存在文理逻辑问题和哲理论述逻辑问题，具体体现为：其一，同一章各句之间，理应存在文理逻辑和哲理逻辑的关联性。而现有释译文本中，若干章节句子与句子之间没有任何关联性；其二，上下章之间，理应存在文理逻辑关系。而现有释译文本中，若干地方上下章之间没有任何关联性；其三，整部《道德经》理应是逻辑严密的论述体系，所使用的任一哲学概念，在前后文理应有一致的内涵。所使用的任一"实词"，前后文理应是同一含义。而现有释译文本中，若干哲学概念、若干词语，在前后文做出不同的释译。对于这些文理逻辑和哲理论述逻辑问题，不知道释译者是"尊重"原著的行文，还是有意无意回避了。笔者自身有物理学和经济学的教育背景，作为有着30多年学术训练的研究者，对于千百年来诸多《道德经》释译著述中存在的逻辑问题，是无法接受的。因而决定自己动脑动手全新释译《道德经》全文，基本目标就是：从同一章各句之间、上下章之间理应存在文理逻辑和哲理逻辑的关联性，全书同一概念、同一词语的内涵相同的视角下，从《道德经》成书时代的汉语字词的本义出发，重新释译《道德经》全文，真正体现《道德经》是一部具有严密逻辑性的哲学著作。

重新认识和释译《道德经》，也要采用《道德经》的认识论思想，那就是"挫其锐，解其纷，和其光，同其尘"，也就是要将千百年来外在强加于《道德经》之上的种种"阐释"摒除，尽可能回复到《道德经》的本真之态，才能够认识到《道德经》所要表达的哲学本义。换言之，摒除千百年来各个历史时期和各种历史思潮背景下加诸于《道德经》的种种解读，对于各种司空见惯的认识都应打上一个问号。也就是说，只有回归到成书年代的语境，才能真正地认识《道德经》的本义。例如，任继愈先生所著《中国哲学史》，其中先秦部分有一章专门论述"老子的唯物主义体系和朴素的辩证法思想"[①]。笔者认为，其中不少说法是存在误读的。比如，第五十八章"祸兮，福之所倚；福兮，祸之所伏。孰知其极？"，任著认为，体现了朴素的辩证法思想，而笔者认为该章的意涵是：不要过多地去评判最终是福是祸，既要认识到其不确定性，也要对于可能的走向都有所预防而不要走向极端，主要想表达的是自然世界和社会系统的"不确定性"，而不是"要辩证地看待问题"。

重新认识和释译《道德经》，使笔者深切地认识到，《道德经》成书时代，老子所能观察到的自然世界、社会现象、人类与自然的关系，远没有现代人所能看到的丰富，但其关于自然系统、社会系统、人类—自然系统、人类认识自然之方法的思考和体悟，则可以远比后代人的认识更为深邃。例如，笔者在深刻认识《道德经》之前，对于老子批判"仁""义"，是无法理解的，总以为：即使现实世界中存在各种各样的"假仁假义"，但没有必要对"真仁实义"也采取贬斥的态度。但是当完整地理解了书中第三十八章"故失道而后德，失德而后仁，失仁而后义，失义而后礼"的

---

① 任继愈.中国哲学史(第一册)先秦部分[M].北京：人民出版社，1979.

含义后，深为老子的深邃认识所折服。这段文字所阐释的思想是："道"的核心本质是系统的整体性。要认识"道"并践行"道"，就必须层层去除人为施加的各种额外"规定"（"仁""义""礼"就是一层层的人为规定）。各种人为的"规定"，都是从局部情形出发而做出的片面性规定，或许从局部来看是合理的、良善的，但却使得系统的整体性遭受破坏，使得人类行为越来越偏离"道"的本质。人类社会，在无法完全认识"道"的情形下，践行了"德"（基本遵从了"道"的客观规定性，但并没有完全认识"道"的系统功能）；而对于"德"有所偏离的情形下，又践行了"仁"（出于局部的认识，而在"道"的规定性之上附加了自身的价值规定）；而对于"仁"又有所偏离的情形下，又践行了"义"（偏重于遵从"仁"的人为规定性，而不再重视"道"）；而对于"义"继续偏离，转而就是"礼"（强制遵从人为的规定性，而远远地偏离了自然而然的"道"）。《道德经》批判"仁""义""礼"的逻辑基础是，自然系统、社会系统的整体性，是最为根本的，人类社会不能在自然法则已编织好，且功能完好的系统之"网"的基础上，再人为地去编织一层一层更细密的仁—义—礼之"网"。其深刻性，怎能不让后人叹服？

笔者作为非文学、非哲学出身的经济学研究者，花相当的精力去写一部关于《道德经》的著述，是不是"不务正业"？真不是！《道德经》在阐述自然规律和社会规律的同时，也深刻地阐述了"为道"的方式方法，也就是认识事物规律的方式方法。笔者以为，这对我们今天的学术研究者也依然有极大的应用价值。例如，《第十五章》"豫兮若冬涉川；犹兮若畏四邻；俨兮其若宾客；涣兮其若凌释；敦兮其若朴；旷兮其若谷；混兮其若浊；孰能浊以静之徐清。孰能安以动之徐生"，深刻描述了"为道"的具体方法：应选择便于达到观察目的的时机；应了解相互关联的周边关系和边界条件；应遵循严格的前提条件和规范严密的逻辑推理；应观察事物由一种状态质变转化为另一状态时的转变过程（变与不变的内容）；应抛却先入为主的认识，探索初始的状态；应探索其在理想化状态下的特性；可通过某些活动使之发生某些变化，以透过观察这些变化来探索其本身的特性；可使其发生某种运动以观察其运动中的特性，以探索其静止状态的特性。在繁复的事物中，将无关事物澄清出去，则可认识所探讨事物；在貌似不变的事物中，感知到其变化发展。笔者以为，作为当代的学术研究者，如果能够养成并采用上述认识方法，而不以强求方式，则总能够在司空见惯的事物之中，有新的发现和新的认识。《道德经》之中关于"为道"方法的论述还有很多，对于当代各学术领域的研究者都有其参悟价值，上述所例举仅为其中之一。

　　《道德经》的哲学思想，对笔者所从事的生态文明和可持续发展研究，更有诸多的启示。例如，第四十一章"**上士闻道，勤而行之；中士闻道，若存若亡；下士闻道，大笑之**"，用于对照现实社会的话，真正将生态环境可持续性内化于心的人（"上士"），在利用"自然生态环境"发展经济时，时刻遵从"生态承载力"而不敢超载；对生态环境可持续性将信将疑的人（"中士"），在利用"自然生态环境"发展经济时，对于"生态承载力"将信将疑，总是意图更多地利用"自然生态环境"而带来更大的经济利益；根本不考虑生态环境可持续性的人（"下士"），在利用"自然生态环境"发展经济时，则罔顾生态承载力，总是无所顾忌地无限损耗自然生态环境。这不就是现实的真实写照吗？！再如，第六十七章"**慈故能勇；俭故能广；不敢为天下先，故能成器长**"，其对生态文明的启示是：只要是遵循"生态伦理"原则的行为（"慈"），大自然必然是"支持"的；只有对于自然资源和生态环境的利用精打细算，注重其效率（"俭"），才能发挥其最大效能；顾及代际可持续性而不搞"超越式"发展（"不敢为天下先"），就不会损害自然生态系统的完好性。"生态公平""生态效率""代际可持续性"，不正是生态文明和可持续发展所关注的三个核心问题吗？！

　　重新认识和释译《道德经》的过程，也使笔者对于人类成员在现实社会中的行为观念有着更为清晰的认识。笔者以为：《道德经》所论述的"**无为而无不为**"，理应是人们在现实社会中最恰适、最合理的行为规范。也就是说，我们在各种行为过程中，既要坚持"符合规律符合准则"的"为"，更要坚持"符合规律符合准则"的"不为"。尤其是在弥漫着"人定胜天""我定胜人"的亢奋氛围下，每个行为主体若能够秉持"符合规律符合准则"的"不为"思维，坚守"不为"准则，则是最为难得而可贵的。

　　以上是笔者重新认识和释译《道德经》的若干心路历程。在释译过程中，力图尽可能摒除固有的认知，还原《道德经》的本义。但由于人的固有认识是很难完全摒除的，加之自身认识能力和知识水平有限，本书便无可避免地存在些许有违《道德经》本义的解读。这一点必须向读者坦陈，也请读者不吝批评指正。

　　本书出版之际，正值南开大学建校100周年，谨以此书敬献，聊表南开一学人之心意。

　　本书的出版，得到光明日报出版社《博士生导师文库》的资助，谨致谢忱。

钟茂初

2019年元日于南开园